建筑企业战略透视
PERSPECTIVES ON STRATEGY

（第二版）

李福和　蔡　敏　著

中国建筑工业出版社

图书在版编目（CIP）数据

建筑企业战略透视 = PERSPECTIVES ON STRATEGY /
李福和，蔡敏著. --2版. --北京：中国建筑工业出版
社，2025.5. --ISBN 978-7-112-31085-2

Ⅰ. F426.9

中国国家版本馆CIP数据核字第2025L2L077号

中国建筑业跟随中国经济，经历了风风雨雨、悲悲喜喜。本书作者通过对二十年来建筑行业的发展进行综合细致的分析，与读者一起透过纷繁复杂的表面，透视建筑行业深层次的实质和未来的走向。本书共分5篇26章，包括：透视行业、透视战略、透视业务、透视组织、展望未来。书中选取内容重点突出，言简意赅，具有较强的指导性，可供建筑行业管理人员参考使用。

责任编辑：张　瑞　王砾瑶
书籍设计：锋尚设计
责任校对：赵　菲

建筑企业战略透视
PERSPECTIVES ON STRATEGY

（第二版）

李福和　蔡　敏　著

*

中国建筑工业出版社出版、发行（北京海淀三里河路9号）
各地新华书店、建筑书店经销
北京锋尚制版有限公司制版
北京市密东印刷有限公司印刷

*

开本：787毫米×960毫米　1/16　印张：19¼　字数：291千字
2025年5月第二版　　2025年5月第一次印刷
定价：**65.00**元
ISBN 978-7-112-31085-2
（44823）

当本书初版于五年前付梓时，我们未曾预见到，这份基于长期行业观察的研究成果，会获得建筑业界如此热烈的关注与讨论。收到百余位企业家、管理者的深度反馈，我们既感欣喜，更觉责任重大。正是这些真诚的对话，促使我们启动了此次修订。在此，谨向所有关注本书的读者致以最诚挚的谢意——您的每一条意见都是推动行业知识更新的重要力量。

本次修订的迫切性，源于建筑业正经历的深刻变革：传统投资驱动模式难以为继，大拆大建时代已结束，依赖新建和扩表思维的发展模式正面临巨大挑战；与此同时，工程存量庞大，维保和更新成为刚性需求，城市运营迎来新机遇。当前，政策、市场、需求、技术、人才都在经历新陈代谢，建筑行业已经"进入空气稀薄地带"，建筑企业正在"跨越行业剧变的河流"。

基于此背景，我们耗时半年对书籍内容进行了修订，我们希望提升本书的指导性，如新增了"如何对标""职能部门如何考核"等现实问题，以更贴近企业的管理实践；我们希望提升本书的时效性，更新了数据、案例和部分观点，使其更符合当前的行业环境，减少因外部因素变化带来的偏差；我们希望提升本书的思辨性，如在大客户战略等关键话题中，帮助读者从多个维度深入思考，避免片面结论，以做出更理性的决策；我们希望提升本书的可读性，优化了逻辑结构和语言表述，使内容更流畅、易懂，提高阅读体验；我们希望提升本书的严谨性，进行了更为细致的勘误和校核，尽可能避免低级错误。

本次修订主要由李福和、胡洪钢负责，尽管投入了大量精力，我们仍清醒认识到，书中仍有诸多待完善之处，也必定有许多读者关心的议题尚待解答。我们将持续地深入研究，也期待读者朋友们继续不吝赐教，让我们共同见证中国建筑企业战略管理的进化与生长。

时间过得真快，二十年前我和我的同事开始为建筑企业提供管理咨询服务。

那个时候，建筑业的市场化程度还不太高，建筑企业自身的规模还不大，建筑企业对管理也还不太重视。而我们对建筑行业认识还不深，我则刚刚三十出头，除了内心充满热情和勇气，一脸懵懂，拎着电脑包，四处奔走，但还是有很多建筑企业被我们的热情打动。中建是我拜访最多的企业，那时候孙文杰先生刚启动"零点行动"，开启中国建筑的新时代；那时候，中建前总经理王祥明先生还在三局的总承包公司任职，脸上充满着胶原蛋白；那时候，中建五局还在长沙井湾子的苏式建筑里办公，员工的工资都难以为继……我走过的大多数建筑企业，还没有高大上的办公楼，领导们用的也还是三合板的简单办公桌；二手研究的行业资料在网上也很难找到，我们只能靠年鉴及与企业的交流，得到些许想要的信息。

时代如一江春水，奔流不息。二十年来，中国建筑业产值从1万亿元增长到25万亿元，从业人员从1900万人增长到5500万人，建筑业的商业模式、建造方式、机械装备、技术手段，都发生了巨变，随着超级工程如雨后春笋般涌现，曾经追求温饱的作业队成长为数百亿元规模的建筑巨头，曾经困难重重的国企崛起为大国建造的担当者。

过去的二十年，我拜访过近3000家建筑企业，与5000位左右的建筑企业管理者相识，做过500次以上的演讲。过去的二十年，从东海之滨的上海建工到西部边陲的兵团建工，从黑土地的农垦建工到雪域高原的西藏天路，从大型建筑央企的总裁到穿着拖鞋的分包老板，我和他们聊天、开会、喝酒，感知他们的烦恼和快乐，感受他们的沮丧和梦想，感慨他们的担忧和信念；二十年来，我看见中型企业如苏中建设成长为参天大树，我看见专业公司如金螳螂装饰成为行业龙头，我看见一些企业的故步自封，我也看见一些企业的生死轮回。二十年不长也不短，而我已两鬓斑白，今天的建筑业已不是二十年前的建筑业，不知道是建筑业的二十年染白了我的两鬓，还是我斑白的两鬓见证了建筑业二十年的辉煌。

如何透视这个日趋复杂的行业？建筑业又如何走向未来？

从过往的研究和经历、对现实的观察和思考中，我们试图去寻找行业和企业未来发展的图谱：我们以为现在的建筑业市场处在高位，新建市场将会逐步萎缩，维保市场将会逐步增长；我们以为建筑业是为投资者做物化工作的被动行业，虽然可以参与PPP模式，但它终究成就不了建筑业务的持续发展；我们以为工程总承包是用户价值最高、核心能力塑造最难的模式，在漫长的能力塑造的煎熬中，企业终会迎来柳暗花明的"又一村"；我们以为建筑国企虽然有资源的优势，但民企依然能找到发展的机会；我们以为建筑企业的竞争格局正在从分化走向固化，但企业最终的竞争还在于效率和客户价值，没有哪个传统行业能逃脱这个永恒的规律。

二十年来，中国建筑业跟随中国经济，经历了"入世"，经历了"非典"，经历了"金融危机"，经历了"中美贸易战"，还正在经历"新型冠状病毒肺炎疫情"的冲击，风风雨雨、悲悲喜喜，但中国经济前行的主线没有改变，建筑业发展的趋势也没有改变。我们试图用有限的篇幅，跟大家一起探讨：透过纷繁复杂的表面，透视这个古老行业深层次的实质和未来的走向。

无论如何透视、观察和分析，文字终归有些苍白和单薄，因为环境总是快速变化、实践又是那么丰富多彩。如果，我们试图做的透视，能给你思考这个行业一点点启发，能为大国建造的前行增添些许动力，我们会继续为此孜孜以求，去探寻这个古老行业的真谛。

建筑业让你我的人生产生了交汇，让我们都成为大国建造前行的纤夫，"既然选择了远方"，就让我们"风雨兼程"。

李福和

2020年5月

第2篇

透视战略：明确目标，坚定信念   **59**

第3篇
透视业务：优化模式，久久为功　　99

第 1 篇

透视行业：被动行业，顺势而为

我们每个人都不是孤立的个体，每个组织也无法脱离社会和市场环境独立存在。因此，对战略的思考要从企业所处的环境出发。中国的建筑企业无疑享有世界一流的经济发展环境。尽管目前建筑市场仍存在很多不规范现象：压级压价、垫资施工、拖欠工程款、索取回扣等，但市场规模的增长也为建筑企业提供了施展能力的舞台。可以预见，在未来几年，投资依然是推动中国经济增长的主要力量，而投资也为建筑企业带来了诸多机遇。同时，中国政府塑造的良好国际环境，为国内建筑企业参与国际竞争创造了条件。无论是以中字头为代表的行业领头羊，还是江浙地区的优秀民营企业，近年在国际业务方面都取得了长足进步。除此之外，政府努力提升行业管理的规范性，也为建筑企业的发展营造了良好的环境。

1 看本质：建筑业到底是什么行业

人类的历史，某种意义上是一部工程发展的历史。工程，承载百姓生活、国家伟业，也承载时代梦想。在每一个国家城市化和工业化的发展过程中，建筑业都是迅速发展的行业，随着中国城市化和工业化进程的持续推进，中国建筑业也在迅速发展，2023年建筑业产值超30万亿元，从业人员超5000万人，近十年来建筑业增加值占国家国内生产总值（GDP）的比例近7%，就业人数占总就业人数的7%，这样的行业显然是支柱行业。

建筑业从业者有没有成为支柱的感觉？有！在飞驰的高铁上、在高楼林立的城市中、在没有红绿灯的高架桥上……但更多的时候没有！讨薪跳楼的进城务工人员、"短命"的豆腐渣工程、死亡数十人的超大事故……准入门槛低、利润率低、完工后收不到钱、技术进步缓慢，这些标签成为从业者难以摆脱的困境。这种巨大的反差，使这个支柱行业的从业者，难以找到属于自己的"支柱感"。

在建筑业市场和政策急剧变化的今天，每个从业者对这个行业既怀着满腔热爱，又充满困惑与彷徨。那么，建筑业到底是一个怎样的行业？

1.1 建筑业与国民经济的关系

宏观经济向好时，社会资本才会更积极地去投资。在大多数市场经济国家，社会固定资产投资很大程度上依赖于民间投资。在我国，2012年之后的十多年间，民间投资占比基本稳定在50%以上（图1-1），仍然是推动固定资产投资增长的中坚力量。

在我国特有的经济体制下，"集中力量办大事"成为显著的制度优势。国家经常强调"集中力量办大事"，"办大事"是国家力量在办，所以在相当长的

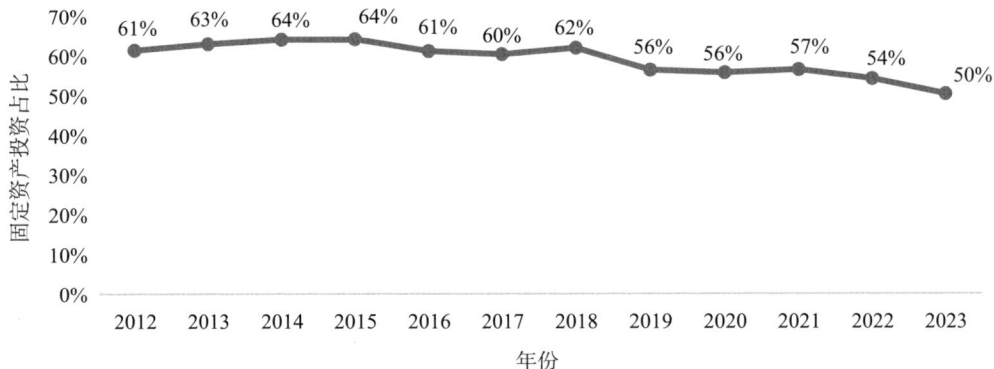

图1-1 我国民间固定资产投资占比情况

注：国家统计局2011年开始统计并公布民间固定资产投资的数据

数据来源：国家统计局

一段时期内，国家投资还会占相当的比例，这是与大多数市场经济国家不同的地方。

从宏观经济的好坏，到投资主体做出投资决策，往往需要一定时间进行分析和判断，因此，两者在相关性上会表现为一定程度的滞后性。正是因为民间投资和国家投资的共同驱动，各行业才能形成产值，尤其是建筑业，投资到建筑业产值的传导速度很快。

宏观经济形势的好坏直接影响固定资产投资的高低，固定资产投资的高低又决定建筑行业的好坏，这些因素的因果关系稍有滞后，但总体对应，统计数据验证了这一判断。从图1-2的增长率曲线来看，在2007年后的一轮经济增速下行过程中，全国GDP增速从2008年开始下降，而固定资产投资增速从2010年开始下降，建筑业总产值增速从2011年开始下降。由此可见，宏观经济下行到固定资产投资下滑的传导时间约两年，固定资产投资下滑到建筑业总产值下滑的传导时间约一年，这样的联动关系和敏感度足以说明宏观经济、固定资产投资、建筑业之间的紧密关系。

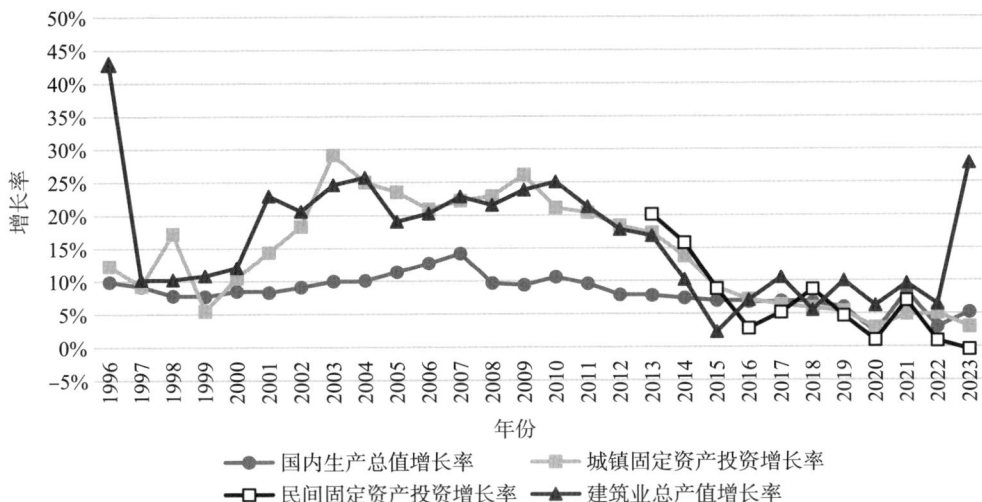

图1-2 国内生产总值、城镇固定资产投资、民间固定资产投资及建筑业总产值增长率

注：国家统计局2011年开始统计并公布民间固定资产投资的数据

数据来源：国家统计局

1.2 建筑业是主动还是被动行业

建设只是固定资产投资物化的手段，不管建筑业从业者承不承认，建筑业是被动行业，受其他行业发展和投资的直接影响，并不能自发式增长。建筑业是需要其他行业的投资带来建设需求的，比如制造业投资建设新的生产线、房地产企业投资开发新的楼盘、国家投资规划建设新的路网等。正如业内某知名人士所言"建筑业不能靠自己投资养活自己，就像开饭店的不能靠自己吃饭解决饭店的生意问题"。

在我国城镇固定资产的投资中，制造业、房地产业、基础设施领域加起来约占75%，其中，制造业占35%左右，房地产业和基础设施领域各占20%左右。此外，来自这三个行业的投资对建筑业的推动作用是有差别的。

首先来看制造业。作为固定资产投资的"大头"，制造业中厂房的新建、扩建、改建等，都会拉动建筑业的发展。那么，制造业的投资中有多少流向建筑业呢？研究发现，不同细分制造业情况差别较大：在传统产业，例如钢材加工工厂，其建安工程费占项目总投资的比例在30%～40%，在多数制造企业的固定资产投资中，设备购置费占比最大，大部分的资金用于工厂生产流水线设备，而建筑安装工程的投资一般不超过30%；在一些高科技产业，例如芯片、汽车制造等，建筑安装工程的投资比例则更低，例如，在某电子芯片产业基地建设项目总投资中，固定资产投资占项目总投资的83%，其中建筑安装工程投资仅占26%。总体来看，制造业的投资中流向建筑业的部分通常在25%～40%。

其次来看房地产业。房地产与建筑业息息相关，其投资态势直接影响到建筑业的发展，但其对建筑业的拉动作用并没有人们想象的那么大。房地产开发过程中的各项费用包括土地费用、建筑安装工程费、管理费用、贷款利息、税费以及其他费用等。其中，土地费用占比最高，通常达到30%～40%，并有进一步上升的趋势；前期工程费、贷款利息、税费、其他费用等加起来占比也已超过30%；真正形成建筑业产值的建筑安装工程费占比不会超过40%。因此，在房地产的投资中有30%～40%会流向建筑业。

最后来看基础设施领域。基础设施投资对建筑业的拉动作用最大，但不同细分行业差异明显。一般而言，地上工程对建筑业的拉动作用要远远高于地下工程，市政道路工程比城市轨道工程、铁路工程对建筑业的拉动作用更大。例如，某地铁工程的项目总投资中，建筑工程投资占比35%，安装工程占比5%，总投资中大约40%流向建筑业；某经营性高速公路的项目总投资中，建筑安装工程费占总投资比例达68%，总投资中大约70%流向建筑业。总体来看，基础设施领域的投资转化成建筑业产值的比例最高，某些细分行业的固定资产投资70%～80%都转化成建筑业产值。

正是得益于制造业、房地产业、基础设施领域的巨量投资，带动了近年来建筑业的快速发展。

2 看投资：建筑业市场到底由什么决定

建筑业是被动行业，无法自发式增长，因为建设只是固定资产投资物化的手段，没有固定资产投资，就没有建设需求。建筑业市场发展得如何并不取决于自身，而是取决于固定资产投资，如果没有投资，建筑业就没有市场。可以说，固定资产投资的高低决定了建筑业市场的好坏。因此，在分析建筑业自身行业形势之前，有必要先研究投资的变化。而要研究这一变化，至少需要思考三个问题：第一，谁正在投资？谁还会投资？第二，哪些行业还有回报，还会有投资？第三，哪些投资是可持续的，有空间和容量的？哪些投资是没有回报和容量的？

2.1 建筑业应关注哪些投资态势

由于建筑行业的被动属性，行业对国家投资政策的变化表现出高度敏感性。每当国家宏观调控引发投资水平变化时，都会直接引起建筑业产出的变化。从图1-2可以看出，过去二十年里，最典型的一次发生在2007~2009年的全球金融危机期间，固定资产投资增速和建筑业总产值增速的变化曲线呈现了明显的联动关系。基于此，建筑企业有必要去研究整个建筑行业的投资态势，而对投资态势的分析，可以从四个角度来研究。

第一是从行业大、中、小的角度，如铁路和城轨一年投资1万多亿元，市政一年投资2万多亿元，公路一年投资接近3万亿元，房屋建筑一年投资10多万亿元，这些都是大行业。中等规模行业如电力、水利，小规模行业如冶金、水运、民航等。作为被动行业，其规模的大、中、小存在一定的动态变化，与时代需求密切相关。

第二是从行业投资量上升、持平、下降的角度，随着大行业增量的整体见顶，总体来说投资上升的大行业越来越少、下降的大行业越来越多。行业走向对于企业战略决策有极大的影响，如果行业投资是上升的，就可以把资源配置上去，适度超前；如果某个细分行业的趋势是向下的，建筑企业还去收购这个细分行业的公司，那必然是一个不明智的决定。

第三是从投资持续时间的角度，有的行业持续时间依然会很长，有的持续时间适中，有的持续时间短，这种趋势决定了企业的资源应该如何配置。此外是投资的稳定性和波动性，有些细分行业虽然整体趋势是增长的，但是波动性非常强，企业做决策时，更要谨慎。

第四是从投资的密度角度。也就是通常所说的"一平方公里投下去多少钱"。例如，雄安新区这种千年大计的工程，投资密度就非常大，而像有些水利工程和美丽乡村建设等，投资密度很小，一亩（1亩=666.67m²）土地仅投资60万元、70万元。所以企业要看清楚，有些工程总量虽大，但如果工作范围有500km²的话，整个施工组织的难度会很大。

2.1.1 看总体投资态势

从近十年我国固定资产投资的总体态势来看，一是总量还在增长（包含通货膨胀因素），二是增长速度在下降，从2012年的18%持续下降到近年来的3%、5%（图2-1）。因此，未来建筑业如果仍然依赖于投资带来的增量生存，那么生存将变得越来越困难，行业已逐渐从增量时代过渡到了存量时代。

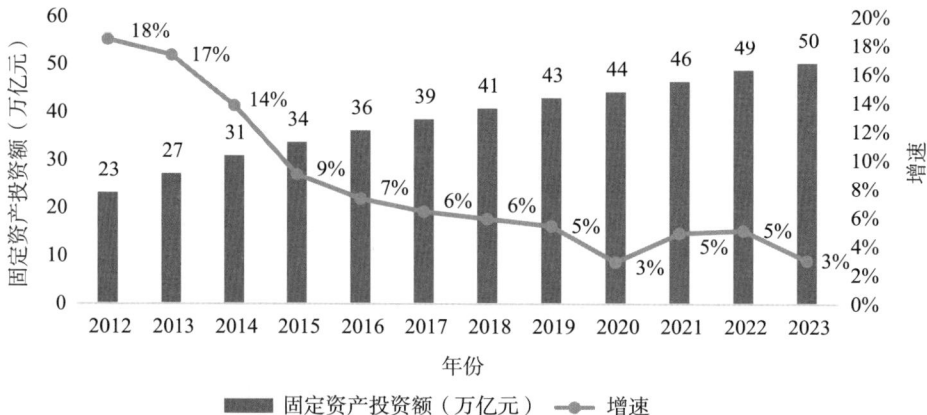

图2-1 2012～2023年我国城镇固定资产投资额（万亿元）及增速

数据来源：国家统计局

投资增长快，则市场需求增速快，对建筑企业是利好；投资降低或者停滞，则市场需求减少或者停滞，对建筑企业是挑战。

除了对国内总体投资态势的关注之外，从事国际业务的建筑企业，关注并研究国际总体的投资态势也是其基本功课，从长期来看，国际投资依然保持良性增长，这方面可以关注联合国贸易和发展会议（贸发会议）每年发布的《世界投资报告》。

2.1.2　看细分行业投资态势

近几年国家投资总量仍在增长，但各个细分行业的增长态势不太一样。在解读投资数据时，既要考虑增长速度，也应考虑投资的绝对值。有的细分行业很小，每年的投资只有200亿～300亿元，这样的细分行业即便每年以100%的速度增长，对建筑行业的贡献也十分有限，因为中国每年有50万亿元的固定资产投资，分母太大了。

未来投资还会增长的领域主要与经济高质量发展相关，土木领域如城市群交通（公路）、水资源与生态环境（水网建设、生态修复、水土保持）、地下管廊（海绵城市）、新基建（智慧城市）等，房建领域如工业建筑（工业上楼）、建筑工业化、高端公建等，其他还有城市更新、三大工程、新能源和新型储能等。

未来投资相对平稳的领域包括铁路、城市道桥与轨道交通、公共建筑等，投资预计下降的领域包括火电、煤炭、冶金、有色、低端工业、住宅等。因此，思考并寻找"下行趋势里的上升机会"是每一个企业领导必须面对的重要课题。

2.1.3　看区域投资态势

由于区域经济发展的轮动，全国的投资热点也在轮动，不同地方的投资增长速度是不一样的，近五年投资增速较快的是甘肃、新疆、内蒙古、浙江等省（区）。有些省的固定资产投资量一直很大、很稳定，如山东、江苏、浙江、广东、河南等。建筑企业看区域投资态势，既要关注投资总量大的区域，也要关注投资增速快的区域。

从国内市场看，区域投资与区域经济发展紧密相关，明星市场集中在经济发达地区。攀成德对2023年全国各地区的市场规模和潜力进行了测算（图2-2），矩阵图所显示出来的情况与行业从业者的直觉判断基本上是一致的。

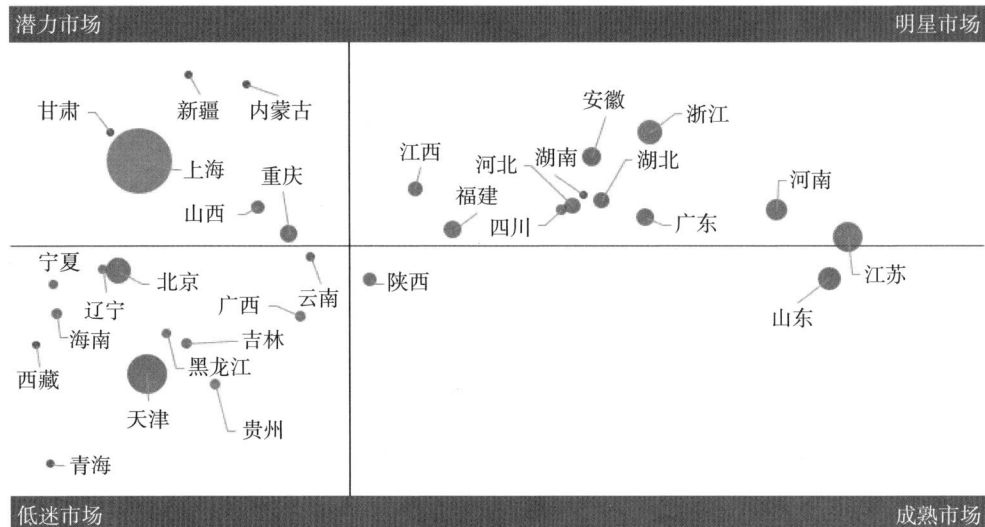

图2-2　全国各地区市场规模与潜力矩阵图

注：横轴为各地区2023年固定资产投资额，纵轴为各地区2018～2023年固定资产投资年均复合增速，圆圈大小表示单位面积的投资额。原点是2023年全国固定资产投资的平均值2.8万亿元、2018～2023年全国固定资产投资年均复合增速3.7%。

数据来源：国家统计局

不管投资热点如何轮动，这五大热点区域都是当前国内值得关注的区域：以上海、江苏、浙江为核心的长三角城市群；以广东省、香港和澳门特别行政区为核心的粤港澳大湾区；以北京、天津、河北为核心的京津冀城市群；以武汉、长沙、南昌为核心的长江中游城市群；以成都、重庆为核心的成渝城市群。2023年，五大城市群以47%的人口贡献了60%的GDP（表2-1），资源的集中将带来投资的持续快速增长。

2023年五大城市群发展情况   表2-1

五大城市群	面积（万km²）	GDP（万亿元）	占全国GDP比例	常住人口（亿人）	占全国人口比例
粤港澳大湾区	6	14	11%	0.9	6%
长三角城市群	36	31	24%	2.4	17%
京津冀城市群	22	10	8%	1.1	8%
长江中游城市群	33	12	10%	1.3	9%
成渝城市群	19	8	7%	1.0	7%
合计	116	75	60%	6.7	47%

数据来源：公开数据

从国际市场看，我国建筑企业的重点市场不在发达国家，并且国际市场本身也存在阶段性的市场热点。未来一段时间，围绕国家"一带一路"倡议、RCEP和中欧投资协定等带来的机遇，国际市场发展可期。其中，有四大区域值得关注：一是东南亚，紧抓RCEP签署的机遇，关注越南、马来西亚、柬埔寨、印尼、新加坡等国家市场；二是非洲，重点关注北非市场，并关注国家在西非、东非、南非重点国别市场的投资动向；三是中东，关注阿联酋、科威特、卡塔尔、沙特等海湾国家市场；四是欧洲，重点关注中国对欧盟的重要投资领域，包括新能源、房地产、数字电子三大投资领域。

2.2 投资的增长能持续吗

过去二十年间，中国一直维持着投资拉动的经济增长模式。在投资的构成中，基础设施投资仿佛政府的有形之手，对促进经济增长功不可没，每当经济遇到困难时，政府都会开动基础设施投资这部机器。研究表明，2008年实行的4万亿元投资规划中，就有将近3.3万亿元投资与基础设施建设相关，占比超过了80%。

然而，基础设施投资这部机器不是万能的，它在拉动经济增长的同时，会使社会杠杆率水平不断提升，经济泡沫越来越大，投资效果也越来越差，最终不得不由政府强行对其调控。从数据来看（图2-3），2014～2017年基建投资的

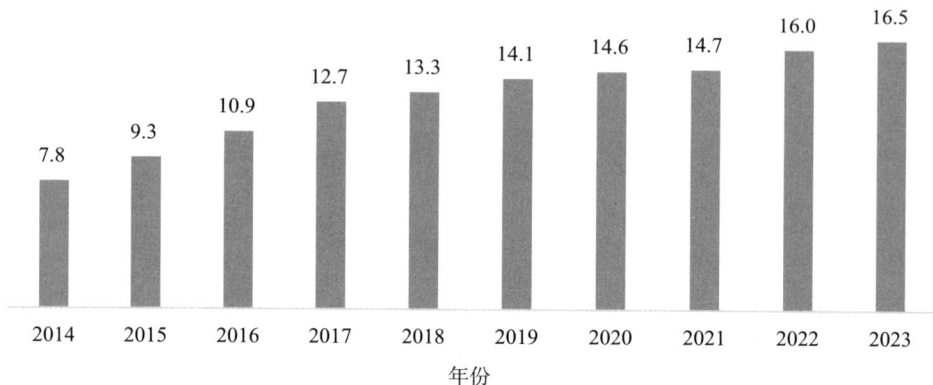

图2-3 2014～2023年基建投资总额（万亿元）

注：基建投资总额为广义基建行业（交通运输、仓储和邮政业，水利、环境和公共设施管理业以及电力、热力、燃气及水生产和供应业）的建筑安装工程投资总和。

数据来源：国家统计局

复合增速达到18%，2018～2023年复合增速已降低为4%，尽管基础设施投资在短期内仍能持续，但不会再回到以前的高位水平。

为什么基建投资难以回到以前的高位水平？

首先是没钱和低效。从土地出让情况看，全国卖地收入最高的时候近9万亿元，而2024年前三季度的卖地收入是2.3万亿元，折算成全年约为3.2万亿元，比高峰期减少5万多亿元。从基建投资的回报率来看，据一位大学老师统计，地方融资平台的平均总资产回报率持续下降，截至2019年底仅为0.5%。虽然地方融资平台的盈利能力不断下降，但地方政府会采取一些"增信"措施，让它们更容易获得银行的贷款（资料来源于《大国经济学》）。

其次是运营难。从我们耳熟能详的"铁公机"来看，国铁集团的带息负债从2019年的4.84万亿元增长到2023年的5.1万亿元，亏损时每年亏六七百亿元，2023年扭亏为盈，净利润33亿元，铁路行业虽然亏损，但是给大家的出行确实带来了很大便利。公路与铁路不相上下，2021年高速公路通行费收入6000亿元，支出1.2万亿元，缺口6000亿元。机场方面，全国主要的十家机场集团，2023年营业收入739亿元，净利润-110亿元，只有三家赚钱。"铁公机"应该是最具运营特点的，但赚钱仍然非常难。

最后是投资难以为继。从国民经济的角度来看，投资对GDP的贡献度不断下降。张维迎老师曾经讲过：经济教科书有一个最简单的假设，经济是单一的产品，这个产品叫"GDP"。这个单一产品的假设有时会导致非常荒唐的结论，比如一个人花100万元盖一栋房子，另一个人花100万元造一门大炮，然后用大炮把房子炸了，结果社会财富损失了200万元，但统计上，我们的GDP反倒增加200万元。这就是只关注总量分析的迷误。

最近出版的《大国经济学》一书中提到，如果把形成的资本总量占投资总额的比值作为投资效率，可以看到这些年投资效率明显下降。在2004年之前，投资效率基本在100%左右，相应的投资支出能够形成对等的资本总额；2004年之后投资效率逐渐下降，到2016年降到52%，其中48%的投资支出无效。

ShoreVest Capital Partners的合伙人Andrew Brown撰文称，从宏观经济视角来看，世界正轮番经历对债务过剩的压缩，20世纪90年代初是日本，2008年后是美国，如今已经轮到了中国。Brown认为，在2009～2014年中国这一轮债务爆发期之前的15年内，中国的边际资本产出率（每单位GDP增长需要的投入）稳定在2～4，即每2～4元的固定资产投资，就能带来1元的GDP增长；但如今，边际资本产出率已经飙升到13。从这个角度来说，投资已经解决不了经济增长的问题了。

3 看市场：大变局下，建筑市场何去何从

从新中国诞生到现在，建筑业历经了一系列变革，不断调整发展方式，推陈出新、与时俱进，实现了飞跃发展，尤其是近三十年的大发展，为整个行业的发展奠定了坚实的基础。从统计数据来看，更震撼人心：1952年我国建筑业总产值57亿元，1956年突破100亿元大关，在1988年突破1000亿元大关，在1998年突破1万亿元大关，在2011年突破10万亿元大关，在2017年突破20万亿元大关，到2022年建筑业总产值已突破30万亿元大关。1952～1980年总产值年均增长6%，1980～2000年年均增长21%，2000～2023年年均增长15%；1949年建筑业对GDP的贡献率为1.1%，1952年为3.2%，1980年为4.3%，2023年约为7.0%。如今，这个超30万亿元产值，拥有超15万家企业、5200万从业人员的行业，已经成为世界上最大的建筑业市场，自身的规模已经达到行业顶部，未来的增量不再。顶峰之后，行业的未来会走向哪里？

3.1 总体市场规模到了顶峰区间吗

每当经济增长速度下降时，人们就寄希望于国家经济政策调整，尤其是建筑企业和建筑人，总想着"靠投资来拉动经济增长，那么建筑业就又有快速增长的机会了"。但无论政策怎么调整，建筑业市场就这么大，不可能再有明显的增长了，建筑业未来都是"没有增量的竞争"，这样一种竞争形势的表象有哪些？原因是什么？

3.1.1 行业顶部，增量不再

2000年以后，我国建筑业的发展进入年增长20%以上的高速发展阶段，且这一阶段维持了十余年，直到2011年之后，建筑业总产值的增速进入20%以下区

间，尤其是2015年开始，进一步进入个位数增速区间，2023年已下降至3%，建筑业总产值的增长牛市已经结束，未来的3～5年甚至可能变为负增长，如图3-1所示。

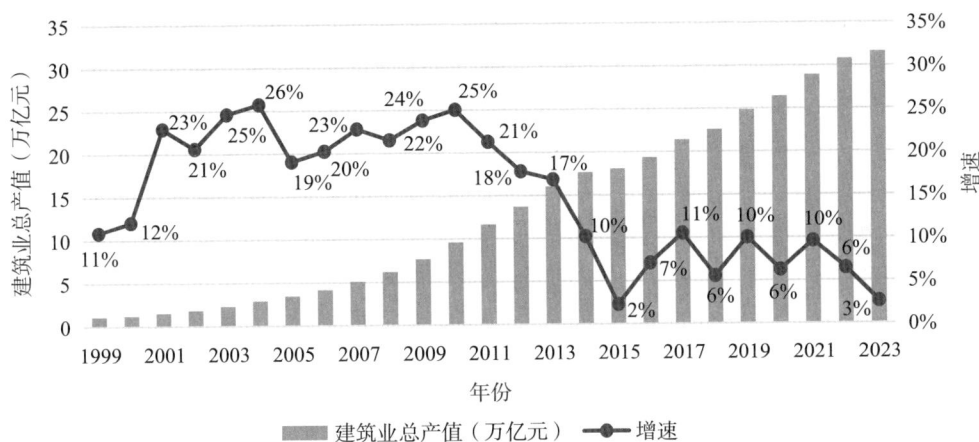

图3-1 建筑业总产值（万亿元）及增长率变动

数据来源：国家统计局

如果以此就说明建筑业处于行业顶部，不免过于武断，不妨从主要材料、业务类型、投资、工程生命周期四个角度进行验证和分析。

第一，从主要建筑材料用量的角度看。

目前国家统计局、建筑业行业协会统计的建筑业产值数据还在增长，但这并不表明建筑业工程量还在增长，因为还要考虑到价格因素，水泥价格涨了，砂石料价格涨了，人的工资涨了，这些都会带来建筑业产值的增长，而真正的工程量并没有增加。2023年建筑行业的总产值31.6万亿元，国家统计局统计的数据总量确实是增长的，而且是真实的，但是增长主要是因为建材价格涨了、人工涨了。

从主要建材用量来看，近几年基本稳定。以水泥为例（图3-2），水泥消耗量最高峰为2012年的37亿t，2013年骤降至24亿t，之后经过几次波动，近几年慢慢稳定在24亿t；从37亿t到24亿t，下降了近35%。

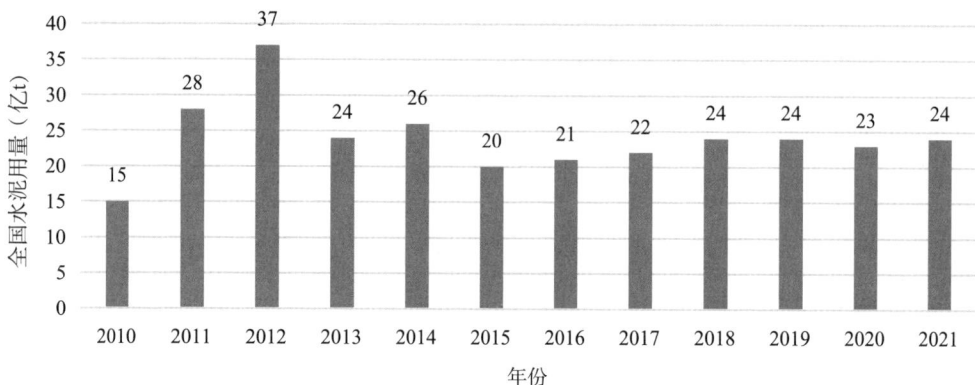

图3-2　全国水泥用量（亿t）

数据来源：国家统计局

第二，从业务类型的角度看。

业务类型之一，房屋建筑市场，增速放缓。

房屋建筑市场占建筑业产值和营业收入的约60%，整个市场处于高位，并开始下降。这里看两个主要指标：一是房屋建筑业的产值，从图3-3可以看到，行业的产值每年都在增长，但增长率其实已经在下降了；二是房屋新开工面积和竣工面积，近年来新开工面积逐年下滑，竣工面积保持稳定（图3-4）。

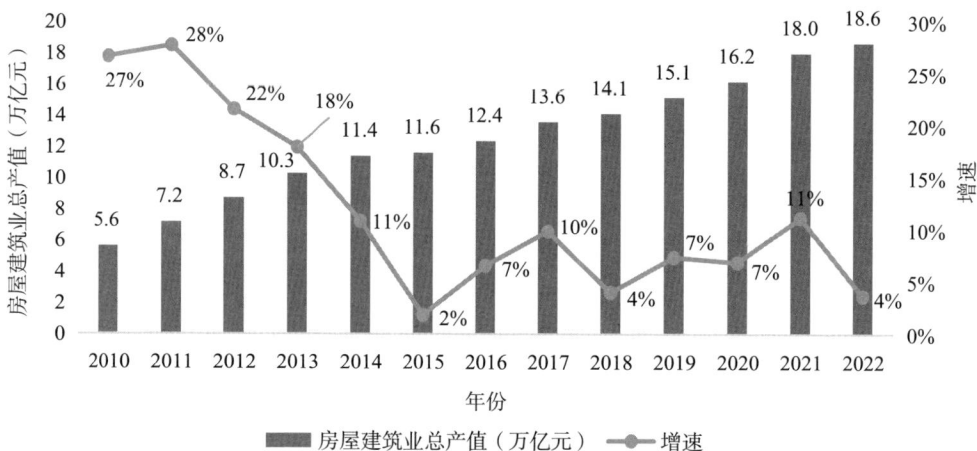

图3-3　我国房屋建筑业总产值（万亿元）及增速情况

数据来源：国家统计局

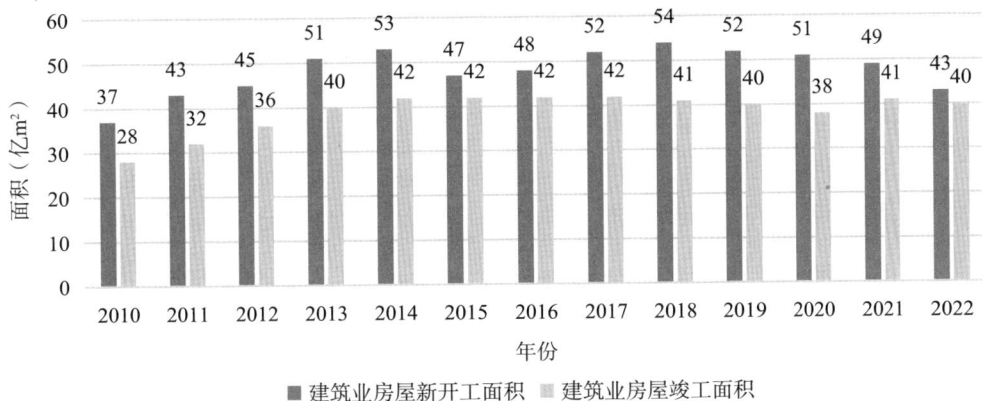

图3-4 全国建筑业房屋建筑新开工面积、竣工面积（亿m^2）

数据来源：国家统计局

业务类型之二，基础设施建设市场，增速回落。

基础设施建设市场受国家宏观经济政策和固定资产投资影响大，呈现出波动情况，2015～2023年总体上增速回落（表3-1），究其原因，一方面，目前中国经济正在从高速增长阶段转向高质量发展阶段，固定资产投资在过去高基数的基础上继续保持快速增长的空间和条件有限。另一方面，受地方债务控制的影响，PPP监管的加码，以及金融政策收紧等多重因素的叠加影响，基础设施投资市场观望情绪浓厚，特别是资金方参与动力不足。

近几年基础设施投资（不含农户）增长率　　　　　　表3-1

类别	2015年	2016年	2017年	2018年	2019年	2020年	2021年	2022年	2023年
基础设施投资增长率	17.2%	17.4%	19.0%	3.8%	3.8%	0.9%	0.4%	9.4%	5.9%
铁路运输业全社会固定资产投资增长率	0.3%	0.2%	3.3%	−5.1%	−0.1%	−2.2%	−1.8%	1.8%	25.2%
道路运输业全社会固定资产投资增长率	16.7%	15.1%	22.4%	8.2%	9.0%	1.8%	−1.2%	3.7%	−0.7%
水利管理业全社会固定资产投资增长率	21.0%	20.4%	14.8%	−4.9%	1.4%	4.5%	1.3%	13.6%	5.2%
公共设施管理业全社会固定资产投资增长率	20.2%	22.9%	20.2%	2.5%	0.3%	−1.4%	−1.3%	10.1%	−0.8%

注：1. 基础设施投资的范围主要根据国家统计局的口径，包括铁路运输业、道路运输业、水利管理业以及公共设施管理业投资，不含电力、热力、燃气及水生产和供应业；增速为未扣除价格因素的名义增速。

2. 数据来源：国家统计局。

业务类型之三，工业建筑市场，"升级"是主旋律，传统领域回落，新型业务虽然增长，但建设投资比例不会太高。

传统工业产能过剩、需求减少。标准工厂的建设如钢铁厂、水泥厂、机械厂等，由于这些领域的产能过剩，建设空间越来越小；基础工厂建设基本饱和，高精尖工业建筑物仍然有市场需求；简单的工业建筑施工需求不断减少，对工业建筑EPC总承包的需求仍然存在。

新型工业业务增长，但建设已经不是核心环节。产业转型升级将使新型工业企业的核心竞争能力由厂房建设向资金、技术、人才、品牌等方面转变；在高端的工业投资中，设备投资占比很大，建设投资比例将不会太高。

第三，从投资的角度看。

建筑行业是一个被动行业，其他行业（主体）进行固定资产投资，建筑企业通过建筑工程把投资物化，相当于制造业的OEM模式。如果没有投资，建筑业就不会有市场，也就是说，固定资产投资的高低，决定了建筑业的好坏。

从固定资产投资来看，未来很难有大的增长，且转化为建筑业产值比例差异很大。我国整个城镇固定资产的投资中，制造业、房地产和基建加起来占75%，其中制造业的投资占固定资产投资的1/3，房地产和基础设施投资各占20%多。而且，这三个领域的投资，对建筑行业的推动也是有差别的，制造业投资除了建厂房，还要买很多装备，大约有1/3的投资额转化成了建筑业产值；房地产投资大约有40%转化为了建筑业产值；基础设施投资的转化比例较高，为50%～55%。这三个领域的投资如何，决定了我国建筑业的未来市场。2023年，制造业投资增速为6%左右，房地产行业为-10%左右，基础设施投资增速为6%左右，总体看，都很难为建筑业带来较高速度的增长。

第四，从生命周期的角度看。

工程存量规模庞大，2020年底我国存量建筑约700亿m^2，根据国家规划，2030年我国城镇化率将达到70%，城镇人口约10亿人，按照发达国家的人均房屋建筑面积85m^2进行测算，2030年底存量建筑约为850亿m^2，2021～2023每年新增加的建筑面积约15亿m^2。作为对比，当前每年竣工面积约40亿m^2。当然，新增并不是新建总量。800亿m^2建筑，按四十年平均寿命来算，每年需要拆旧建新

20亿m²。相比而言，存量建筑面积越来越庞大，行业开始进入存量时代，随之而来的则是维保市场的兴起。

综上所述，无论是从建材使用量、业务类型、投资，还是从工程生命周期的角度来看，建筑业快速增长的时代已经结束了。

3.1.2　为什么增量时代会结束

增长时代为什么会结束呢？这里有三个原因：

第一，"后城镇化时代"到来，城镇化增长进入1%时代。

1996年我国城镇化率约30%，1996～2010年是我国城镇化速度增长最快的时期，平均每年增加约1.4%，到2010年城镇化率已经接近50%，"十二五"开始城镇化增长逐渐放缓，近十年平均增加约1.3%（图3-5），未来随着农村人口的减少，每年城镇化人口的数量可能进一步下降。像北京、上海、广州、深圳、合肥、武汉这样的城市，由于房价的居高不下，城镇化的速度也会被抑制，生活成本太高，进城难度加大，速度会进一步下降。

第二，固定资产投资领域的投资效率和投资回报率持续下降。

投资总是想要回报的，如果投下去没有收益的话没人愿意继续投。研究显示，过去十年中国固定资产投资的回报率在持续下降，同时，虽然民间投资已

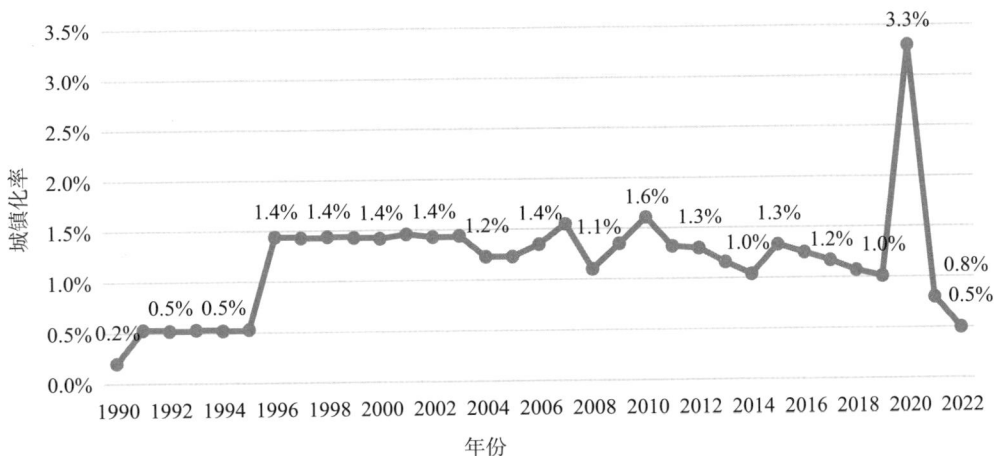

图3-5　中国城镇化率增长情况

数据来源：中国社科院《城市发展报告》

经成为我国固定资产投资增长的中坚力量，但占比却在持续下降，民间投资从2013年的63%下降至2023年的50%。如果民间投资的不再增长，未来中国整体的投资增长堪忧，由此，建筑业市场也难有大的增长。

第三，市场需求弱于供给。

最后是市场需求弱于供给。以房屋建筑为例，房屋建筑包括住宅、办公楼、医院、工业建筑等。从城镇住宅存量来看，2020年末已达到700亿m²，其中住宅面积约340亿m²，城镇人口约9.0亿人，人均房屋建筑面积约80m²，人均住宅建筑面积约40m²，都已基本满足需求，人均住宅面积与发达国家已经比较接近（图3-6），市场需求减弱，未来供给会迅速回落。

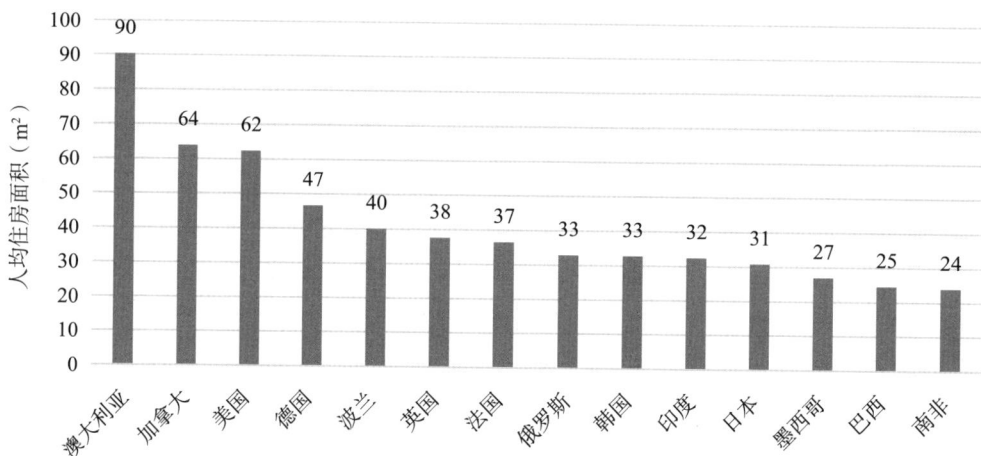

图3-6　2021年各国人均住房面积（m²）

数据来源：世界银行，国联证券研究所

3.2　细分市场加速分化

过去二十年，经济飞速增长、人口快速涌入城市、外资进入中国，为建筑业提供了巨大的市场需求，几乎所有的细分行业都同步增长，但这样的态势正在改变，细分建设市场的发展正加速分化，且细分市场发展的差异与细分行业投资态势的差异基本一致。

水利、水资源与生态环境、城市更新领域的投资还在增长，公路、城市道路桥梁、铁路领域的投资基本平稳。基础设施领域建设模式的创新，为少数企业带来了巨大的新签合同。当前的一些迹象表明，随着基础设施补短板力度的政策不断推进，短期来看，有利于"调结构、补短板、惠民生、强后劲"的基础设施项目仍有一定需求，但长期来看回落的趋势是不可逆的。

房屋建筑市场不再增长，稳中缓降是大趋势。在总量逐步回落的同时，房屋建筑市场的结构和竞争态势也在发生变化，建筑工业化逐步挤占房屋建筑传统项目模式的市场，市场的竞争形势会愈发严峻；房屋建筑市场受地产调控政策的影响大，易波动，这必然会给房屋建筑企业的业务稳定性带来压力。

电力（特别是火电）、港口、航道、矿山、化工、机械等细分市场的投资开始快速下降，市场也会随之急剧下行，可能受短期政策影响产生波动，但从长期来看，这些领域的建设需求不会再有太多空间，而去产能的领域，除了改造和维保的需求，新建需求几乎会进入冰封时代。

除了细分建设市场的分化，区域市场也在加速分化。按"十四五"规划，国内十九大城市群为：长三角城市群、珠三角城市群、京津冀城市群、山东半岛城市群、粤闽浙沿海城市群、哈长城市群、辽中南城市群、中原城市群、长江中游城市群、成渝城市群、关中平原城市群、北部湾城市群、山西中部城市群、呼包鄂榆城市群、黔中城市群、滇中城市群、兰州-西宁城市群、宁夏沿黄城市群和天山北坡城市群（图3-7）。

十九大城市群之间的差异与特色十分鲜明。十九大城市群覆盖了全国257座城市、75%的人口，创造了全国85%的GDP产值，也面临着不同的问题和挑战。通过十九个城市群的常住人口、总人口占比、GDP、GDP贡献率、人均GDP、城镇化率等关键数据对比，按区域成熟度、区域发展潜力两个指标，评估十九个城市群所处的发展阶段和发展现状，可以大致分为明星市场、成熟市场、潜力市场、低迷市场四类。

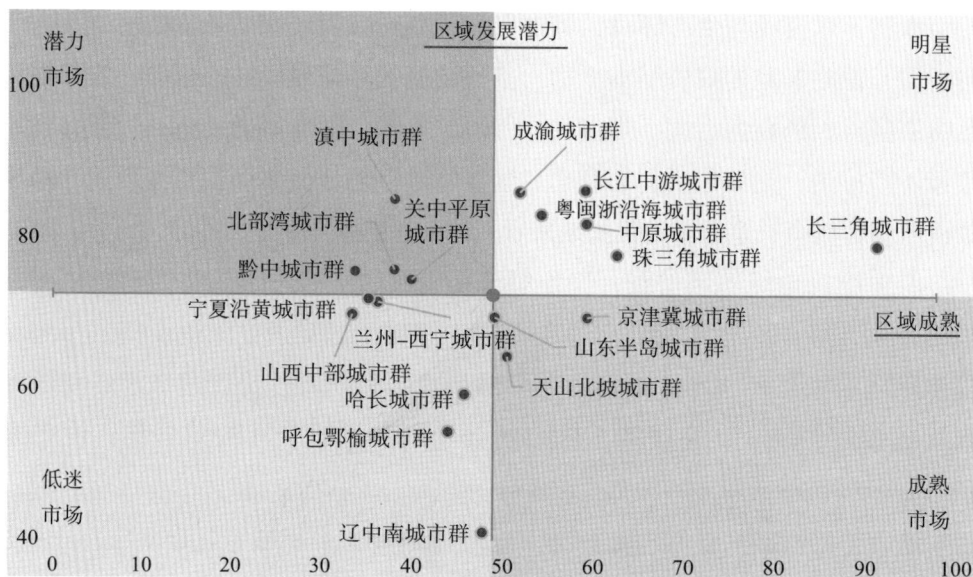

图 3-7　十九大城市群发展评估

3.3　建设模式发生了哪些变化

3.3.1　各环节割裂的建设模式面临挑战

　　一个完整的工程项目要经历可行性研究、规划、投融资、设计、征地整理、施工和运营维护等诸多阶段，传统建筑企业往往只完成其中的一至两个阶段的工作，甚至某些阶段的工作也会受各种因素的影响进一步被割裂。各阶段的任务被细分给不同的服务商，一定程度上提高了服务的专业性，但也带来了新的问题：建筑工程项目的整体性被人为割裂，出现"只见树木、不见森林"的情况，尽管每个人把自己承担的那一部分做好了，工程整体的功能却不尽如人意。这就是人们常见的市政建设的情况：电缆埋得很好，但未考虑通信线路，市政道路必须再次被挖；高架桥的质量没有问题，但是交通问题并没有解决，十年以后就很可能会被炸掉。

　　工程各阶段、各环节的割裂，过去常被视为正常，认为其显示出专业性并能够防止腐败。然而，现在这样的做法已受到广泛质疑。要使每一个项目发挥其应有的价值，必须从整体出发，对工程的各个环节进行有效管理，以达到整体的有机组合，这个角色可以由业主承担，也可以由工程总承包商承担。

中国建筑行业消耗了全球最多的钢材、水泥和木材，从工程量、投资金额来看，已经成为世界最大的建筑市场，其巨大的需求主要分为工业建筑、基础设施、房地产等领域。随着中国市场经济不断成熟，除了城市基础设施是以政府为采购者以外，其他的投资主体基本以市场为主。即使是政府投资，多数也通过政府全资控股的投资公司实施。在这些投资主体中，最市场化的当属房地产投资者，最不市场化的是基础设施的投资者。

过去工程环节割裂的模式正逐步受到挑战，这种模式对业主的专业性提出较高要求，业主要么是工程内行，要么就必须组建专业的团队来进行管理。然而，并非所有的业主都具备这样的综合能力，作为提供服务的建筑企业，其服务内容和产品也需要随着市场的需要而发生改变。

3.3.2 产业链前后延伸的"动能"

就工程价值链环节的利润来看，无论是中国还是世界的其他地方，基本上遵循"微笑曲线"的规律：工程前期的投资、设计环节和后期的运营环节利润更高，而中间的建设环节相对较低，呈现出"两头高中间低"的分布。中国传统建筑企业主要提供施工环节的服务，尽管整体投资的大部分集中在这一环节，但相对于前后环节，施工环节工作量大，技术含量相对较低，附加值也比较低，往往是干了最多的事，却实现了最小的回报。

基于客户需求的变化和"微笑曲线"的利润率规律，建筑企业向价值链两端延伸服务的趋势不可避免，在做好中间施工环节的基础上，通过前后两端业务环节的延伸，是多数中国建筑企业的必由之路。

第一，朝前端发展，企业逐步走向将施工能力与规划能力、技术以及综合管理能力相结合的道路。

与技术相结合的道路主要是设计建造（DB模式）或者设计、采购、建造相结合的EPC模式。住房城乡建设部关于特级资质就位的核心思想之一，就是推动传统建筑企业把施工总承包向前端设计环节延伸，无论企业是否具备设计能力，至少需要具备整合和管理设计环节的能力。从目前的情况来看，尽管艰难，但还是有诸多实践者，采用EPC模式的项目数量在持续增长，接受EPC模式的业主群体也在不断扩大，有企业采用EPC模式，也起到了很好的效果。在工业、电力、有色黑色等领域的大型工程上，EPC模式已经具有相当大的市场；部分公共建筑如体育场馆、政府行政中心，也在大力推行这类模式；在一些专业领域，如装修和幕墙工程，这一模式已经被广泛采用。

第二，朝后端发展，企业逐步走向与工程运营维护相结合的道路。

绝大多数工程在建设完成后都会移交业主进行运营管理或被分散出售，如工业厂房、基础设施中的发电厂、房地产开发的住宅等。但部分工程的建设，主要是从社会效益来考虑的，如城市的隧道用于缓解交通压力，污水处理设施用于环境保护，高速公路用于促进区域经济发展，剧院、体育场馆用于丰富人们的生活，这类工程通常由政府作为投资主体，政府本身主要追求社会效益而并不过分追求其经济效益，而企业的高效率运作不仅使这些项目实现预期的社会效益，还能进一步提升经济效益。因此，成为运营的管理者，是建筑企业朝价值链后端发展的选择之一。

在工程的全生命周期中，建设只是其中一个相对短暂的阶段。就全生命周期而言，建设的投入，也许只占其总投入的50%，正如一辆车价20万元的汽车，在其后使用的十年甚至更长的时间内还需要保险、保养、修理、加油，未来可能还需要超过20万元来维持其运行。工程亦是如此，维护成本低的如住宅，维护成本高的如桥梁、高速公路、工厂等。

巨大的工程存量，酝酿着巨大的维护市场。目前我国既有建筑面积已达到惊人的1280亿m^2，随着建筑使用年份增加、材料自然老化、设计施工缺陷以及规范的不断变更，不少既有建筑亟需更新改造，包括外立面改造、加装电梯与维养、管道改造提升、防水渗漏修复等。据中国建筑防水协会统计，渗漏现象在存量房中非常普遍，目前国内65%的新建房屋投入使用1～2年内会出现不同程度的渗漏，渗漏占房地产质量投诉的65%，65%的建筑其防水工程6～8年后需要翻新。

除了房屋外，铁路、公路、城市轨道交通等基础设施改造养护领域也将爆发较大需求。以公路为例，根据美国、德国等国家的公路数据，原规划使用75年的公路设施在40年左右就会出现损坏。我国自1988年修建了第一条沪嘉高速公路以来，高速公路网络经历了30余年的高速发展，当前公路里程数居全球首位，如此庞大的存量公路网络，将大量进入改造、养护阶段。

是朝工程价值链的前端走，还是朝后端走，或者前后都走，也许并没有标准答案。每个企业的资源不同，机遇不同，企业管理者的追求不同，发展思路会存在显著的差异。企业很难抓住所有领域的机会、所有区域的机会，但必须抓住其中一些关键机会。市场环境的变化多数情况不是急风暴雨，而是每时每刻都在缓慢变化，在经历时间的累积后，最终的变化却是惊人的，建设行业和建筑业市场的变化也是如此。

3.3.3 产业链前后延伸的"势能"

攀成德公司的团队在2017～2019年期间，持续在行业内开展工程总承包专题的调研，在调研的优秀建筑承包商中，中建八局、中建三局、北京城建、上海宝冶、上海建工、隧道股份、陕西建工、中铁一局等建筑企业都在积极推进其工程总承包业务。领先的中建三局、中建八局，早在2017年签订的工程总承包合同已超过1000亿元，约占全年新签合同的四分之一。此外，这些企业在战略上，已将工程总承包视为提高客户服务质量、增强核心能力的重要手段。

调研团队曾经反复向企业提问：是什么力量在推动工程总承包？得到的回答总体一致：第一，工程总承包模式在实现社会效益、业主效益、承包商效益方面高度一致，是市场参与者的共同选择。第二，目前工程总承包市场还不成熟，其竞争远不如施工总承包激烈。在资质管理的大政策背景下，施工总承包市场还有很多挂靠现象存在，而工程总承包很难采用挂靠模式，同样规模的项目，工程总承包模式的投标参与者是施工总承包投标参与者的五分之一至十分之一，竞争压力显著降低。第三，工程总承包模式在降低业主成本的同时，仍然能够为承包商实现良好的效益，一个工程总承包项目产生的综合效益，大致相当于三五个施工总承包项目。显而易见，是商业的力量促使优秀的承包商积极参与工程总承包业务。

在中国建筑行业，很少有一种模式能够让政府、业主、承包商之间形成多赢的一致选择，工程总承包在社会效益、业主效益、承包商效益上能够达成一致，成为政府推动、市场参与者积极选择的模式，这一点，与PPP、建筑工业化，存在显著的差异。当一些参与者还在抱怨工程总承包模式环境恶劣时，优秀承包商已经看到了工程总承包的未来，它们正在积极调整内部的资源布局、组织结构，建立适应的管理体系。或许，建筑企业对待工程总承包的不同态度，正在拉开新一轮行业分化的序幕。

3.4　海外市场是坦途还是陷阱

自2013年9月"一带一路"倡议提出以来，中国建筑企业出海的规模、规格、影响力显著提升。2023年，我国对外承包工程完成营业额1.13万亿元，新签合同额1.86万亿元，中国建筑企业逐渐成为国际工程建设舞台上的主角，中国速度、中国模式、中国标准不断赢得国际同行的认可。然而，中国建筑企业也遇到了诸多挑战：部分企业因为不熟悉所在地的政治和文化而导致巨大的履约风险，部分企业因为照搬国内低价签约再高价索赔模式而导致的巨额亏损……

中国建筑企业在国际化征程中要真正实现"走出去、走进去、走上去"，还有很长的路要走。中国建筑企业要具备国际竞争力，就必须到海外参与竞争，必须学习优秀国际工程公司的领先经验，"去发达国家做存量市场，在发展中国家做增量市场"是中国建筑企业国际化征程的主要思路。

3.4.1　海外市场必须面对的现实问题

中国建筑企业参与海外竞争，既有自身的优势，也有不可忽视的劣势。相比我国其他传统行业，建筑业在国际上的地位相对很高，我们建设了国内巨量的高铁、高速公路、跨江跨海桥梁、隧道，建设了超大面积的机场航站楼、商业中心和摩天大楼。这些梦幻般的世纪工程，以惊人的速度和质量完成，充分展现了中国建筑企业的实力，也为其参与国际竞争奠定了坚实基础。

然而，中国建筑企业"走出去"仍然存在不少问题：一方面，项目人员的外语水平和沟通能力不足，造成原来做翻译工作的人员被迫担任商务经理或项目经理；另一方面，国际化思维的缺乏使企业难以完全适应国际规则，建筑企业要想走向海外，需要思考如何适应外部环境、靠什么竞争。

从感受走出去的兴奋，到感受走出去的艰难，海外不同区域的文化差异、政治差异、经济差异、社会差异、技术差异、税收差异，都困扰着"走出去"的企业。海外业务是中国建筑企业的新机遇，但走向哪里？如何走？如何控制风险？都将是一个长期的挑战。有六个方面是我国建筑企业制定"走出去"战略时需要思考的：

第一，国际关系不可避免地影响建筑业的海外发展深度，如中美高铁合作停止；

第二，海外国家政治和经济动荡影响建筑业发展，如委内瑞拉高铁停止；

第三，国开行和进出口银行的贷款模式能持续多久？

第四，海外中低端市场是否被所在国实行市场保护？

第五，海外中高端市场化竞争能力塑造需要多长时间？

第六，海外业务的发展是竭泽而渔还是与人共生？

海外市场绝不是坦途，企业必须认识到短板在哪里，并且有针对性地去补短板。如果只看到自己的优势，不去补短板，海外市场就是"陷阱"。

展望未来，我国建筑企业还需要多长时间才能追赶上国际工程公司？纵观韩国的工程公司，它们与欧美接轨的过程用了近六十年，唯一的弱项是国家没有那么强大。相比之下，我国建筑企业有国家的大力支持，尤其是"一带一路"倡议的推动，所需时间可能大幅缩短，很有可能在未来的十年内就能慢慢与国际工程公司接轨。然而，与欧美接轨，对我国建筑企业的专业能力要求更高，对风险管控能力要求更高，只有实现"卓越的专业能力+强大的风险管控能力"，我国建筑企业才能走得更久、走得更远。

3.4.2 国际工程公司的关键成功因素

攀成德公司的专家曾与多家知名国际工程承包商在中国的团队进行深入交流，对它们的发展情况与经营理念有了较为全面的了解，并基于此发表了若干调查报告，这些信息能对国内企业制定海外业务战略和解决实际困惑有一定的启发。

第一，国际工程公司的管理体系趋于成熟，"平稳发展"是主基调。

"转型、升级"是国内建筑企业最"老生常谈"的话题，急速发展的建筑业市场，让企业都普遍"求变"，认为不变就很快会被市场淘汰。但是国际工程公司的管理体系在进入中国的这二三十年，基本没有大的变化，变的只在三个方面：一是薪酬水平的调整，以适应经济水平的变化；二是不断地将项目经验进行总结和固化，每个项目结束后都会进行全面总结，总结成果在以后的项目过程中经常会被翻出来再温习和借鉴，以此不断优化项目经验，提升项目管理水平；三是管理制度的升级，当然绝大多数时候是为了适应各国、各地的法律要求。

此外，国际工程公司的兼并、收购行为非常频繁，被兼并、收购的公司在合并后，不管是在管理制度、管理流程还是人员方面，通常不会发生大的调整，这样做大大提升了并购的成功率，也有效地保证了人员的稳定性。

第二，国际工程公司把风险管控放在第一位，纯利润低于10%的工程坚决放弃。

当国际工程公司看到中字头建筑集团大几万亿元的新签合同额数据，都非常的震惊，一是震惊于我国大型建筑央企在承接项目上如"秋风扫落叶"般"疯狂"，二是震惊于它们3%的净利润率。对于很多国际工程公司而言，这似乎不可想象，一般的国际工程公司不会为3%的净利润率冒整个工程项目全生命周期的风险。即便有些项目的利润看似诱人，但经评估风险较大，它们也会果断放弃。在它们的理念中，风险管控必须放在首位，绝不会一味地追求做大规模而承接项目。

第三，国际工程公司在中国实践最多的业务模式是EP/EPCM模式。

目前，国内设计院和施工单位都在尝试和突破EPC模式，但国际工程公司在中国实践最多的业务模式却是EP和EPCM，尤其EP模式居多。EP模式，即设计采购（Engineering Procurement）。EPCM模式，即设计采购与施工管理（Engineering Procurement Construction Management），承包商全权负责工程项目的设计和采购，并负责施工阶段的管理，这是一种目前在国际建筑业界通行的项目交付模式，但由于它对工程承包企业的总包能力、综合能力，以及技术和管理水平的要求很高，EPCM模式在国内尚未得到普及和推广。国内建筑企业的施工能力已有显著优势，因此外资的国际工程承包商进入中国市场后，一般都不直接参与施工环节，更不会自带施工队伍。当业主有需求时，可以参与施工管理。当然，除了中国，在越南、缅甸这些国家，国际工程承包商也同样以EP模式为主导。

第四，国际工程公司既做工程总包，也做分包。

发达的分包体系是国外建筑业的重要特点之一，在日本、美国、新加坡等国家，总承包项目模式极为普遍，分包体系也相对成熟。一些大型承包商经过过渡，甚至将具体的施工任务全部分包出去，仅从事项目管理，当然，这并不意味着国际工程公司都只做工程总包，它们在总包还是分包的问题上从来没有过多的纠结，既做总包也做分包。

作为总包方时，它们能充分发挥管理优势，作为分包方时，它们能充分发挥专业优势。尤其是国际工程公司在中国的分支机构，它们借助"一带一路"倡议承接国外工程时，更多的是以分包的形式参与。我国有超15万家建筑企业，绝大部分成规模的企业都在追求更高、更多的总承包资质，未来行业真的容得下或者需要这么多总承包企业吗？如果到2030年，1000人以上的大型建筑总包企业只有500家，我国建筑企业在今天又应该做出怎样的选择？

尽管外部行业环境带来的挑战很大，我们仍需充满信心，建筑业是一个古老的行业，可以被称为"万年的建筑业"。人类只要存在，建筑业就有发展的空间，人类的历史，某种意义上就是一部工程发展的历史。建筑业与人类的基本需求"衣食住行"都紧密相关，直接涉及"住"和"行"，房屋、公路、桥梁等建筑都是人类生产发展的基础条件。同时，建筑业也为"衣食"提供必要的加工场所，各种加工厂、生产基地都是通过建筑形成的。随着时代的发展，建筑业不仅不会被淘汰，反而会焕发一新。

4 看企业：行业下行，企业的未来在哪里

城市经济改革三十多年，建筑业遇上了最好的时代，建筑企业赶上了人类历史上最大的建筑业牛市，大水漫灌、水大鱼大、高杠杆、流动性泛滥。在这样的环境下，建筑企业纷纷乘势而起，提出雄心勃勃的发展目标。

一家30亿元规模的建筑企业，在业务及布局方面提出"五大主业、国内外并举"，在产品方面提出"进军超高层、高新电子厂房、地铁轻轨"；一些不到50亿元规模的建筑企业，动不动就立志三五年成为综合服务商、运营商，甚至是生态圈集成商，规划了十几个业务，机构遍布五湖四海，涉足PPP、投资、工业化、工程总承包；一些百亿元规模的建筑企业试图做互联网、做平台。

与此同时，大、中、小型企业纷纷提出大胆的五年规划目标，20亿元收入的企业目标是要达到100亿元，100亿元收入的企业目标是要达到400亿元，200亿元收入的企业目标是要达到1000亿元；优秀的专业分包企业都在朝总包转型，优秀的劳务分包企业也纷纷朝总包转型。几乎所有企业都想在规模上做大、在业务上做全，都想挤进500强名单。

然而，当行业达到顶峰之后，以建筑央企为代表的国企团队或许还有进一步做大的空间，其他企业却面临越来越大的增长瓶颈，那么，企业的出路究竟在哪里？做大做强到底是谁的归宿？只有"一亩三分地"的企业，未来又将走向何方？

4.1 企业走向大分化

建筑业正经历着快速的变化，从需求结构到建设模式，从国家政策到技术与管理，每一环节都在重塑行业格局。这场变革推动了企业的快速分化，优势企业乘势而上、持续增长，而更多企业感觉到的是拂面的寒风甚至刺骨的寒

冷，部分企业正发出痛苦的呻吟、绝望的呼喊。这是发展的时代，也是财富的时代，更是分化的时代，无论我们多么茫然和彷徨，加速分化的趋势已经到来。

4.1.1　企业分化的情况

建筑企业的分化与细分市场的分化息息相关，不同细分市场呈现出截然不同的生存状态，几家欢乐几家愁。总体来看，处在上升行业的企业发展状况明显好于下跌行业的企业；处在下跌行业的企业，要么经受市场下跌的痛苦，要么快速转型寻找新的出路，但成功转型并非易事，管理体系难以构建、团队难以形成，众多的房建、矿建、水电企业涌入地铁、高铁领域，而项目亏损已经成为领导者的梦魇；即便是处在增长行业的企业，也在经历分化，未必家家喜气洋洋，前几年基础设施PPP模式的突飞猛进，固然给从事基础设施的企业带来了繁荣，但居于底层的中小企业依然面临生存困境。

建筑企业是从什么时候开始分化的？2015年行业产值增速降至2%，标志着市场快速增长的时代结束，2016年成为市场和企业分化的起点，2017年分化的态势开始呈现，我们看到了"几家欢乐百家愁"的新态势，自由竞争时代还未过去，垄断竞争的新时代正在到来，推动建筑业形成了全新的商业形态与发展新动力。2016年，是这种分化态势的分界点。

企业的分化有三种表现：

第一，国企与民企的分化。

2000年后的国企改制，大量小型国有、集体建筑企业改制成民营企业，未改制的国企大多为大型集团，虽然数量不多，但规模巨大。在2015年以前，建筑业总体呈现国企和民企齐头并进的态势，随着大规模的PPP项目推出，国企和民企开始分化。即使以施工总包的形式发包，政府也更愿意把项目给实力强大、资源丰富的大型国企，大型项目、政府项目基本上被国企承包，民营企业被挤入夹缝中生存。据攀成德研发院统计，市场大概每年以2.75%的速度向央、国企集中，民企的市场空间在缩小。九大央企及部分地方国企新签合同额市场占有率见表4-1。

九大央企及部分地方国企新签合同额市场占有率　　　表4-1

公司名称	新签合同额（亿元）					新签合同额市场占有率				
	2018年	2019年	2020年	2021年	2022年	2018年	2019年	2020年	2021年	2022年
中国建筑	26271	28689	32008	35295	39031	9.6%	9.9%	9.8%	10.2%	10.7%
中国铁建	15845	20069	25543	28197	32450	5.8%	6.9%	7.9%	8.2%	8.9%
中国中铁	16922	21649	26057	27293	30324	6.2%	7.5%	8.0%	7.9%	8.3%
中国交建	8909	9627	10668	12679	15423	3.3%	3.3%	3.3%	3.7%	4.2%
中国中冶	6657	7878	10197	12048	13456	2.4%	2.7%	3.1%	3.5%	3.7%
中国能建	4505	5098	5778	8253	10162	1.7%	1.8%	1.8%	2.4%	2.8%
中国电建	4558	5118	6733	7803	10092	1.7%	1.8%	2.1%	2.3%	2.8%
中国化学	1450	2272	2512	2698	2969	0.5%	0.8%	0.8%	0.8%	0.8%
中国核建	859	971	1099	1242	1390	0.3%	0.3%	0.3%	0.4%	0.4%
九大央企合计	85976	101371	120595	135508	155297	31.5%	35.0%	37.1%	39.4%	42.6%
央企+部分地方国企合计	104155	123648	148694	162964	182034	38.2%	42.8%	45.7%	47.3%	49.7%

注：地方国企包括新签合同额大于500亿元的19家企业。

在市场增长迅速放缓的大背景下，我们依然看到大型国企普遍显示出强劲的增长趋势，而民企，除少数头部企业外，大多数进入增长停滞甚至下降的阶段。国企民企的分化，是当下建筑业阶层固化最残酷的现实，只要国企自己不犯错误，民企要战胜国企，似乎不太可能。

第二，好企业和差企业的分化。

2000年，中国建筑业总产值为1.25万亿元，2023年达到31.4万亿元，二十多年增长了25倍。今天的世界建筑业可以分为两部分：一个是中国建筑业，另一个是中国以外的建筑业。中国建筑业消耗了世界一半以上的水泥和钢材，正是风起云涌的大建筑市场，造就了众多优秀的建筑企业，但也为一些非正常模式的企业提供了生存空间——以资质生存的挂靠模式和陪标模式，以挂靠、代开票返税的模式。涨潮时，它们也可以活得很滋润，现在开始退潮了，好企业和差企业便高下立判。

在行业增速下降的大背景下，建筑行业的龙头企业依然保持高速增长。建筑央企优势工程局的数据显示，它们在新签合同、营业收入、利润各方面都依然能保持10%以上的增长率；人们熟悉的优秀民营企业，也能在这三项指标上保持10%以上的增长。可见，当下的建筑业市场，也可以这样表述，"市场是国企的，也是民企的，但归根结底是优秀企业的"。

在一些大型建筑央企内部，其二级子公司也出现了明显的分化。有兴趣的读者可以去查阅大型央企的年报，中国建筑的二级子公司在分化，中国中铁、中国铁建、中国交建等企业的二级子公司同样如此，优秀的企业更加优秀，存在问题的工程局，想要实现逆转却难上加难。市场很残酷，给弱势企业机会的时代已经慢慢远去，项目承接、履约的资源都在向优势企业集聚，弱势企业、困难企业只能感叹"门前冷落鞍马稀"。银行资金冷落它们，人才市场、分包商、材料商莫不如此。

第三，低杠杆企业和高杠杆企业的分化。

在经济快速扩张时，高杠杆企业往往能取得超额回报；在经济增速下行和去杠杆的大环境下，高杠杆企业则要承受巨大的还债压力，不得不"断臂求生"，因而造成比较大的资产损失。企业的杠杆与股市炒股的杠杆没有多大差别，牛市加杠杆赚大钱，熊市加杠杆亏大钱。在这一轮去杠杆的过程中，有高杠杆的大集团倒下，也有高杠杆的建筑企业倒下，如海航集团，如东方园林，在倒下之前，它们无一例外地都风光过。

除了倒下的高杠杆企业，还有尚未倒下的高杠杆企业正苦苦支撑，这些企业日子异常艰难，领导者夜不能寐，资金链的压力如影随形。一些企业不得不出售资产，"哪怕八折也要尽快出售，现在卖比将来卖要强，活下去比什么都强"。华中第一高楼的停工事件，以及流传出来的"关于项目因业主欠付工程款停工相关事宜"的公告，引发人们对建筑业上游企业资金紧张的无穷遐想。毫无疑问，在去杠杆的大背景下，投资商去杠杆的压力必然传导到建筑行业。无论是建筑企业自身去杠杆还是其业主去杠杆，都将影响企业的经营生产。资金流紧张时，可接可不接的项目，要么不敢接，要么无力接，可付可不付的钱尽量不付，这样一来无疑会减少企业的机会，继而推高企业的经营成本。

4.1.2　企业分化的原因

为什么建筑业会分化？市场、客户需求、政策正在发生快速变化，而技术和企业能力的差异加速了企业分化的进程。

原因一，市场年需求总量接近临界点。

过去二十年，经济飞速增长、人口快速涌入城市、外资进入中国，为建筑业提供了巨大的市场，市场如摆着的空桶，它们是如此饥渴，每个桶都需要装水，建筑企业如拼命往桶里装水的搬运工，只要努力，总会有项目，总能盈利。目前来看，全空的桶已经很少了，几年前还是全空的海绵城市、地下管廊，如今已经灌了不少水，热度也在下降；装60%～70%水的桶是公路、轨道交通、高铁，但灌水的人很多，灌水的速度很快；最大的桶当属房屋建筑，桶装了80%～90%，未来还有一定空间，但装水的速度正在放慢；装满的桶是火电、水电、水工等，空间已经极其有限；有些桶的水已经外溢，煤炭、钢铁、水泥、平板玻璃等去产能的领域，几乎没有建设空间了。2014年比尔·盖茨公布了一项数据，此前一百年，美国使用水泥45亿t，而中国2019～2021年的水泥用量就超过了70亿t，何等惊人的数字，市场不可能是永远吃不饱的贪吃蛇。可以预见，建筑业市场需求总量的临界点已经到来，不会有更高的总量。

原因二，客户需求改变。

PPP模式的兴起，彰显了公共建设需求方式的改变。资金宽裕时，大项目会分为很多标段，大中小的企业都可能拿到或大或小的合同；资金紧张时，PPP模式横空出世，建筑业的生态也随之改变。例如，2017年初，某地级市公路新建和改造投资100亿元，被中交以PPP模式一次性通吃，类似项目在此后越来越多。有钱时，100亿元投资是一批中小企业几年的"口粮"，而今天则是"大树下面不长草"。建筑企业的分层已经非常明显，大工程垄断竞争，小工程自由竞争，建筑业"各阶级的分析"需要重新书写。

房屋建筑领域的生态未必比市政、交通等公共建设行业好。随着众多民营地产开发商的暴雷，房地产开发市场的集中度日趋提高，开发市场的垄断竞争预示着房屋建筑市场的垄断竞争，"门当户对"的商业逻辑，让多数中小房屋建筑企业、民营建筑企业日趋艰难。

工业建筑领域工程总承包市场正逐年扩大。工程总承包这一模式在进度、质量、成本、综合管理方面的优势正在被越来越多的制造企业接受，总承包市场增大，并挤占过去价值链分割的建筑市场。但工程总承包显然不是所有人的盛宴，能从事这一业务的企业需要具备相当的专业能力、管理能力、团队能力，大型企业，即便是投入相当资源，要建立这些能力也非易事，中小型企业则更难，大多数没有核心能力的企业都会被排除在外，这也必将导致企业的分化。

原因三，政策变化。

党的十八届三中全会提出"市场在资源配置中起决定性作用"，2014年开始，政策进入快速变化时代，其核心思想是简政放权，推动建筑业从资质竞争向能力竞争转变。经过几年的改革，建筑业大的改革思想已经基本清晰，企业资质逐步淡化，过去一批依靠资质竞争的企业逐步失去生存的空间，建筑强省江苏、浙江特级企业的对比给我们展示了一幅图景，近百家特级资质企业之间的差异巨大。过去资质固然给某些企业提供了发展的契机，但今天形势已经大变，无论是倒闭的特级企业还是年经营额20亿元左右的特级企业，都告诉我们一个残酷的事实，没有能力、依赖挂靠，资质再好的企业都会出局。建筑企业信用体系四库一平台上线，让人证不合一的投机取巧成为历史，野蛮生长、浑水摸鱼将难以为继，而"营改增"则进一步把联营挂靠、管理不规范的企业推向深渊。

原因四，技术进步。

曾经有"厨子"修高铁的笑话在建筑业流传，大意是建筑业不存在技术门槛。然而，技术正推动建筑业从"能做"向"做好"转变，还在蓬勃发展的建筑工业化是分化企业的技术之一。攀成德公司的专家和从事建筑工业化的人士探讨过，也深感做建筑工业化的难度。某大型民营企业投入近10亿元的巨资从事建筑工业化的产品研发、制造，据公开资料，其申请的专利已经超过1000项，但仍倍感艰难。15万家建筑企业中，能投入5亿元以上从事建筑工业化研发的企业屈指可数，在技术标准和行业并不成熟的背景下，没有研发投入，成功概率可想而知，这对一般企业来说是难以承受之重。BIM、企业管理的信息化、互联网等新兴技术也会加速企业的分化，新技术是企业进步的动力，使用者未必一定成功，不使用则可能直接导致企业的失败。

原因五，管理进步。

过去二十年，规模、利润与企业管理同步的企业不少，在大型优势企业规模利润增长的背后，是管理、技术、团队、文化的同步前进。但这并非行业的普遍现象，很多建筑企业依然缺乏完整的团队、完整的组织、完整的管理体系，多半停留在"老板能力即组织竞争力""老板文化即组织文化"的阶段，无法与时代同步前进，也难以应对外部环境的快速变化，无法实现企业的开放、包容和创新，这同样加速了建筑企业之间的分化。

4.1.3　从分化走向固化

企业不断分化并形成分层。中国建筑行业超30万亿元产值、15万家企业（2023年），表面上看是一个纷繁复杂的"大江湖"，但若深入洞察，这个江湖可以简化为上、中、下三个层次，随着企业分化越来越明显，企业之间的竞争明显分层，而且越来越"层级分明"。

行业的顶层，无疑是大型央企、优秀的省级建工集团和极少数的优秀民企。央企凭借品牌声誉、资金实力、人员团队、丰富的项目经验等多维度形成的综合优势，已经高出一般建筑企业多个身段，市场垄断和综合实力突出，成为行业顶层的猎食者。而大型国有建筑集团的核心领导频繁与省市主要领导洽谈合作，凸显了国企的政治优势，与此对应的是建筑民企被边缘化的残酷现实。毫无疑问，未来一段时间，无论重组是否继续，顶层的竞争，依然是优秀国企之间的较量。行业顶层竞争者，将持续把基础设施建设项目、房屋公建的高端项目、制造业领域的大中型项目尽数收入囊中。

行业的中层，是普通国企、优秀的大型民营企业和具备特色、聚焦专业的中小型企业。中层企业主要集中在房屋建筑领域寻找生存空间，尤其是以房地产开发为主的住宅建设领域，这是市场化程度最高、成本竞争最激烈的市场。

在这个建筑业最大的细分市场中，竞争激烈、利润微薄，企业无须高大上的技术能力，只需要在成本控制、资源组织、人员管理和服务方面显示出足够的竞争力。在横流的沧海中，依然有企业，尤其是民营企业展现出做大规模、做出利润的能力，务实和坚韧向前的民营建筑企业，依然能找到生存的空间。也就是在这一领域，国企和优秀民企"八仙过海、各显神通"。它们之间的竞争，似乎还没有结束，但最终也必将形成相对的垄断竞争格局。

行业的底层，则是大多数普通中小型建筑企业。建筑业的底层，有芸芸众生，它们或依附大中型总包企业生存，或在小型市场偏安一隅，低成本是它们主要的竞争策略。虽然在夹缝中随波逐流，它们依然如小草、如蝼蚁般顽强生存。大约90%的建筑企业居于建筑业的底层，一些案例大致反映出这些建筑企业生存的艰难和生命的顽强：2017年9月，福建柘荣县1000万元的市政项目1100家企业参与投标。2019年10月安庆市公共资源交易监督管理局发布公告，826万元的改造项目有416家企业参与投标，其中146家企业因商务标雷同而受到处罚，标的800多万元的项目，没收保证金2300多万元。2024年，江苏省南通市一控制价为424万元的学校运动场地改造工程，投标企业达995家，中标金额为328万元；同年，江西省奉新县一控制价为2866万元的文旅基建项目，投标企业达7993家，中标金额为2627万元。

这样的分层逐步固化，并形成稳定的竞争态势。"固化"的状态可以总结成四个方面：

第一，国有企业和民营企业的竞争格局已经固化。20世纪八九十年代，江浙的民营企业开始给国企做分包，后来慢慢与国企同台竞争，2005年前后，有些民企开始并购国企，浙江的广厦、宝业都曾经并购过国有企业。然而，时至今日，行业顶尖的超级工程、世纪工程基本上是国企在做，民企仍主要做房地产项目。从国优工程、鲁班奖工程的获奖比例，也大致可以看到国企在行业中的压倒性优势。甚至各类建筑业会议上，国企和民企嘉宾发言的数量，同样也能反映竞争格局的固化。

第二，不同细分市场的竞争格局也基本固化。有一些央企在转型升级时，突破传统业务领域，拼命去做铁路、港口、码头等自身不擅长的领域。例如，中建做了不少基础设施，基础设施承包商中交也进入了铁路领域，中铁、中铁建也做了很多房建项目，但很难说因此而改变了竞争格局。央企如此，民企的转型自然更难。很多企业经过三五年、七八年的努力，却发现转型并不容易，做出深度的转型更难，就像拳头打在沙发上，怎么打也打不进去，沙发还是那个沙发，拳头还是在皮子外面，外面怎么攻也攻不进去。如今，人们也慢慢看清楚了细分行业的竞争格局。

第三，优秀企业和一般企业的竞争格局慢慢开始固化。走捷径的企业永远依赖捷径，捷径的尽头往往是企业的尽头。与之相比，重视能力建设的企业，则绵绵用力、久久为功，逐步成为优秀企业，这些企业才有望成为未来的百年老店。攀成德公司的团队曾在中部某省帮助一家联营挂靠的企业朝自营转型，但在与这家企业接触的过程中发现：企业上下已经形成了联营挂靠的思维惯性，且基本固化，很难改变。优秀企业是长期进步的累积，一般企业也是长期进步的累积，只是累积的速度和特点不一样，在传统行业，很难出现突破性的剧变，时间越长，越能看到优秀企业和普通企业竞争格局的固化。

第四，大型企业内部分层且局面难以变化。无论国企还是民企，其实都是优秀的企业在增长，差的企业不再增长。企业内部也在分化，拿万亿元级别收入的中建来说，所属各工程局其实也在分化，优秀的越来越优秀，基数高增速快，例如中建八局2023年营业收入已超过5000亿元；一些大型三级公司的收入和利润甚至超过了很多二级公司。不仅中建如此，类似的现象在其他建筑央企中也非常普遍，这对建筑央企的管理能力提出了严峻考验。

从企业的分化到竞争格局的固化，是大多数传统行业发展的必然趋势。家电行业、汽车行业大抵如此，建筑业竞争格局的固化来得更晚，但终将到来。建筑业竞争格局从分化到固化，是长期竞争的结果，既受到外部环境、政策的影响，也受制于企业自身能力的差异。无论企业处在哪个层次，传统建筑行业"赚大钱、快钱、急钱"的时代已经过去，企业的思路必须向"赚小钱、慢钱、长期钱"的方向转变。没有这种观念的改变，即使身处行业顶层，也会被挤压到底层，这是社会发展、时代发展的必然，也是建筑行业发展的必然。

分化和固化的趋势不可避免，值得我们不断观察和研究。

4.1.4　竞争绝不会弱化

建筑业的分化已形成了明显的企业分层：行业的顶层是大型央企、优秀的省级建工集团和极少数的优秀民企；行业的中层是普通国企、优秀的大型民营企业和具备特色、聚焦专业的中小型企业；行业的底层则是大多数普通中小型建筑企业。

即便未来行业竞争格局固化，竞争也不会弱化。一个关键原因在于建筑企业之间战略的趋同（关于"战略趋同"，本书第2篇第7章会详细分析），大企业的战略很相似，除了业务趋同之外，业务模式、资源、能力都趋同。正是由于企业战略的趋同，企业之间同质化竞争激烈，所以竞争不会弱化。

处于不同竞争层次的建筑企业各有优劣，民企很难抢夺国企的业务，国企也很难抢夺民企的业务。多年前，攀成德公司的团队去某水电企业调研，负责接待调研组的企管部负责人认为它们转型房屋建筑很容易，"我们长期做水电站，处理钢筋混凝土的能力比中建和江浙民营企业强得多"。调研组提醒他"也许你们做钢筋混凝土的能力强，但水电站单方混凝土给的造价比房屋建筑高一倍，如何控制成本可能是水电企业转型房建业务的关键"。

在房屋建筑领域，即便如中建三局、中建八局这样的特种兵，也仅是在高端市场具有绝对竞争优势，而在房地产开发的普通住宅项目上，未必比优秀的民企强。江苏优秀的民营建筑企业，在房屋建筑项目上直接管到小班组，墙壁粉刷完，落地灰非常少，连砂浆颗粒都很罕见，可见成本管理之精细，这样的企业，可以从最苛刻的房地产开发项目上盈利5%以上。相比之下，对于大手大脚从事大型铁路、港口、水电站、地铁、电厂等基础设施项目的企业而言，江浙民营企业的成本控制水平，是它们无法比拟的。

同一层级的企业，朝前走是出路，朝上（下）走是难路，因此同一层级内的竞争才会更加激烈。未来，建筑行业"弱肉强食"的竞争将持续深化，央企、国企会更加疯狂地"开疆扩土"，不断挤压中小型企业的生存空间，以求在竞争格局完全形成之前争得一席之地。需要警惕的是，在未来的中国建筑业生态中，"有质量的吨位才是吨位，没有质量的吨位只会雪崩"。

4.2 风险剧增，行业新生态带来哪些新挑战

建筑企业是不太容易破产的，为什么这么说？

第一，建筑业是订单生产，这与船舶、飞机制造行业很类似，由于采用订单生产模式，建筑业不像汽车、服装、食品等有存货的行业，一般不存在跌价损失，多数财务账目上的存货是在建工程、材料和周转物资等。

第二，建筑业的运营模式与制造业不同，不需要大量的固定资产、生产线和稳定数量的工人。经过长期磨合，总包、专业分包、劳务分包、设备租赁、材料供应等企业之间已经形成了相对稳定的生态体系，能够有效控制风险，企业无须沉淀过多的固定资产，应对业务的波动也存在很大的调整空间。

第三，建筑行业十分传统，高度依赖经验，技术更新缓慢，因此建筑企业无须投入大量的研发费用。与华为这些高科技企业营业收入10%的研发投入相比，建筑行业的研发投入几乎可以忽略不计，但这并不影响建筑企业的竞争力。

第四，建筑材料的通用性强、采购便利，即使价格出现波动，也可以通过甲方的调价进行补偿。

建筑行业能产生历史悠久的企业已毋庸置疑，在欧、美、日等市场经济比较发达且成熟的地区，百年建筑企业屡见不鲜，尤其是大型的建筑企业更为常见。但随着企业走向大分化，并由分化走向固化，企业面临的各方面风险都在剧增，"不死"神话已被打破，新的竞争格局和行业生态正在形成。

4.2.1 企业分化后，"不死"神话已被打破

"不死"神话在现阶段的中国正在被打破，无论是东部地区还是中西部地区，不少建筑企业正在走下坡路并逐步难以为继，甚至走向破产的边缘，尤其是这一轮地产暴雷，加速了这种趋势。

这一态势首先会在大部分联营挂靠企业中出现。工程项目的好坏受制于多种因素，存在很大的不确定性，联营挂靠模式往往依赖于项目老板个人。在行业上行阶段，即使项目出现问题，多数项目老板也会咬着牙做下去，毕竟对未来仍有希望，项目出现亏损，也可通过自身负责任的形象争取到新项目，在下

一个项目弥补损失。但在行业下行阶段，一旦项目出现问题，项目老板就很难对未来寄予希望，往往把项目风险推给挂靠法人。收取少量管理费的法人单位，虽然能承受个别项目的风险，但当系统性崩塌时也无法承受。遗憾的是，这类情况近几年在不断增加，并呈现蔓延趋势。一些营业收入达到百亿的挂靠企业，可以在短短几个月内迅速崩盘，陷入大批诉讼，最终成为"僵而等死"的企业。

其次是部分管理薄弱、项目微利或亏损而导致公司长期亏损的企业，它们因拿不到项目或者项目减少而滑向破产边缘。行业下行无疑是对企业经营和管理能力的试金石，外部市场环境良好时，充裕的现金流可以让企业玩"锅多盖少"的游戏，掩盖企业的经营和管理问题，七个锅五个盖与十四个锅十个盖，并没有多大差别。但在行业下行时，拿走七个锅、七个盖后，剩下的三个盖很难再盖住七个锅，在迅速下降的现金流面前，企业真实的经营质量原形毕露，如果再叠加甲方付款不及时，企业的现金流困局会直接导致危机发生。

最后是盲目投资的企业。在全民投资的中国，拥有大量现金流的建筑企业很难抵挡住投资的诱惑，事实上，大多数企业已经走上投资的转型之路。然而，在这个充满短期暴富神话的领域，也隐藏着无数陷阱。这个看似最好的行当，实际上充满了世界上最惨烈的厮杀和最悲惨的故事。部分建筑企业从传统模式发展为"建筑+房地产""建筑+PPP"，成为兼具建筑和投资特点的企业，其风险已经不仅仅来自建筑业。一些企业由于需要资金，不仅需要他人为其担保，还要为别人担保，稍有不慎，便可能卷入巨大的金融洪流，一有风吹草动，企业就陷入惊涛骇浪，难以自拔。

4.2.2　自由竞争与垄断竞争并存

自由竞争和垄断竞争，是两种特点各异、参与者不同的竞争模式，但并不能完全反映竞争的强弱。自由竞争时代，企业之间的实力差距不大，能获得大致相同的生存机会和利润，以中小规模企业为主，力量单薄，彼此分散；而垄断竞争时代，对手实力雄厚、势均力敌，竞争因此更加激烈、持久。目前，我国建筑业正处于自由竞争与垄断竞争并存的局面。

在人们的印象中，建筑业是高度分散的，市场是高度自由竞争的。的确，在当下的中国建筑市场，一个1000万元的项目可能有几百家甚至上千家企业报名投标，企业"八仙过海、各显神通"已不是个案，这就是目前建筑市场惨烈的自由竞争的真实写照。

然而，细心的研究者或许会发现，建筑业垄断竞争的时代正在到来：

第一，PPP业务等投资类业务。过去，数万亿PPP业务实质上已经成为龙头企业之间的竞争，无论是各级政府拥抱建筑央企的口号，还是银行提供资金的心态，抑或是最终签约的统计数据结果，无不显示这是真实的现实，在人口最多、建筑业规模最大的国家，不超过50家的建筑企业拿走了90%的PPP业务，二八定律显现无遗，显然这已经不完全是自由竞争的市场了。

第二，工程总承包业务。工程总承包不是所有人的盛宴，能真正开展这一业务的企业，预计并不会比开展PPP业务的企业多。15万家建筑企业中，95%以上的企业没有从事工程总承包的能力，在可预见的未来也不太可能塑造出工程总承包能力。

第三，建筑工业化业务。还在蓬勃发展的建筑工业化业务，又能有多少成功者？攀成德公司的专家和从事建筑工业化的人士探讨，他们一致的看法是，在中国建筑工业化领域很难有超过20家的成功者，此外可能还有50家左右的生存者，其他进入者恐怕多数是失败者，即使乐观估计有100家成功者，占15万家企业的比例又有多高？

第四，企业的兼并收购。从行业内公开的并购信息看，有收购意愿的主要是大型企业集团，要么是央企，要么是地方大型集团，它们要收购设计院完善自己的能力，要收购过去未做过的业务来完善自己的专业领域。如果没有战略雄心，没有资源，它们大概不会随意伸出橄榄枝，去收购那些能力并不算强、规模也并不算大的企业。与此形成对比的是，来自大型民营企业的收购信息寥寥无几，来自中小型企业的收购信息更是几乎绝迹。

统计数据告诉我们，建筑业的竞争态势正在悄然发生变化。据攀成德公司研究部统计，建筑央国企已经获得超过50%的行业市场，而在一些特别的领域，如PPP模式，央国企的市场份额会更高，高铁建设、高速公路、轨道交通等领域也大致如是，特殊领域的垄断竞争已经实际成型。

随着垄断竞争在不同细分行业的深入，中小企业的传统生存空间被不断挤压，这注定了中小企业要么积极改变，去适应新生态、寻找新空间，要么面临淘汰。这表明，在建筑业的中高端市场，正在结束自由竞争时代，垄断竞争时代正在到来。而垄断竞争群体内部，企业的江湖地位也在分化。2000年前后，中建与一些地方企业在房屋建筑领域旗鼓相当，二十年后，尽管地方企业在房屋建筑技术和高端领域仍具竞争力，但在规模、效益、业务布局、团队能力、资金实力等方面，已不可与中建同日而语，竞争天平已经倾斜。企业二十年来实力的分化，也会在更多的垄断竞争企业之间出现。事实上，国企与民企之间、央企和地方国企之间、央企之间的竞争天平正在倾斜且愈发明显。

当我们站在这里畅想2030年甚至更远的中国建筑业，那时的分化结果如何？或许1000人以上的大型建筑总包企业会减少到500家，具有工程总承包能力的企业300家，从事建筑工业化的企业30~50家。更多的企业将融入垄断竞争者主导的建筑业生态，为其提供总包配套服务，如分包、维保、材料供应或者运输，而这些大型企业则肩负起推动建筑业技术进步、管理进步、品质保障、系统集成的责任。旧生态逐步过去，新生态逐步形成，这便是分化后的结果。

4.2.3　未来的行业生态

或许在2030年，又或许在2035年、在2040年，终有一天，我们会发现建筑业会像今天的汽车行业：谁是"整车厂"？谁是"零部件商"？谁将做"4S店"？这样的图景正慢慢清晰，无论企业的愿望如何，图景所显示的现实正一步步走来。未来的行业生态是从过去普遍"大而全"，转变为围绕少数超级平台型企业，形成无数"专而精"的企业群。

中国超15万家建筑企业，绝大部分成规模的企业都在追求更高、更多的总承包资质。然而，未来行业真的容得下或者需要这么多总承包企业吗？以美国为例，美国每年的建筑业产值不到中国的40%，但注册的建筑企业有70多万家，其中绝大部分企业人数少于100人，都是聚焦于某个细分行业的专业型公司。或许发达国家成熟的建筑业市场格局就是中国建筑业的明天：顶端是一批顶级总承包企业，同时也是资源整合的平台；基础是数以十万计的专业公司，它们专业能力突出、集约化程度高，依托总承包平台，为总承包项目提供服务，形成互利共赢行业生态。

我们已看到行业内有不少企业开始类似的尝试：

其一，某顶级央企从产业价值链及行业价值链的维度构建生态链，形成多个企业集群；

其二，某大型建筑企业建立穿透所有组织层级的垂直管理体系，并要求下属业务单位必须聚焦于细分业务、产品领域（如聚焦宗教文化、医药洁净室设计施工一体化等），在全公司打造多个专业领域的行业冠军；

其三，某劳务公司立志做成中国最大的劳务提供商，并打造公司在多个技能领域的核心竞争力。

4.3 大趋势下如何赢得未来

在行业大趋势下，做大做强是极少数企业的归宿，而对于绝大多数建筑企业而言，首要任务是生存，其次是思考怎样活得好。

第一，活下来，避开死亡的威胁。

在快速变化的环境中赢得未来，并不容易。企业要想活下来，必须更加理性地思考并看待企业的发展。

要基于理性的战略思考，在"做大做强做久"中做出优先顺序的选择。中国经济的快速发展为企业带来了巨大的机遇，多数企业以只争朝夕的心态抓住了过去三十年千载难逢的机会。如果说，过去"先做大再做强"的模式是抓住机会的必然选择，那么在市场逐步回归理性、"做大"之风已经刮过的今天，无论企业规模如何，磨炼能力的"做强"时代已经到来，尤其对于多数民营和中小企业，做强某个自身擅长的细分领域或者模式，是战略的首选。能继续走在"做大做强"这一康庄大道上的企业必然越来越少，做大而能够屹立不倒的企业更不会太多，即使在建设市场十分成熟的日本，至今号称"超大手"（日语，意思是超大规模，通常指排名前十的企业）的企业也只有大成、鹿岛、清水、竹中工务店及大林组五家。在今天的中国，以建筑央企为代表的国企团队或许仍有进一步做大的空间，而其他企业做大的难度将不断增大。

要理性看待转型，"不转型是等死、转型是找死"这句近乎真理的"名言"在建筑业却未必正确。建筑业有巨大的生存空间，很多的细分行业，真正能够完成转型的企业并不会太多，建筑业也无须那么多的企业转型。日本和美国至今都有超过60万家建筑企业，传统的领域总会给不同的建筑企业留下生存空间，不转型显然不是等死。当然，不转型并不意味着不进步，在某个领域做精做专，应该是多数建筑"不死鸟"的最佳选择。"大鱼吃小鱼、小鱼吃虾米"适用于规模经济效应明显的行业，而在传统建筑业，目前依然无法验证规模经济的规律，否则，就不会形成今天具有世界建筑业特点的总包和分包、大企业和小企业并存的独特竞争态势。

要理性看待经营和内部管理。并非所有的业务都要接，业务也不是越多越好。在内部管理上，无论是企业层面还是业务层面，都需要加强风险管控，需要加强应收账款管理，约束各种类型和组织层面的担保行为，无论选择什么样的发展思路，企业既要防止明处的风险，也要防止暗处的陷阱。

第二，要活得好。

建筑企业未来的定位大致有四种：多价值链融合的大型工程公司、专业领域设计和施工结合的大型工程总承包公司、施工总包企业、专业和劳务公司。

大型企业需要随时关注、研究、适应变化，并控制风险。"关注""研究""适应"变化大致代表着三个层次。"关注"是最基本的层次，市场、客户需求、模式、竞争态势、政策、技术都在变化；"研究"是一个更高的层次，如何看目前市场下行的趋势？是短期的还是长期的变化？是结构变化还是总量变化？要得出比较靠谱的结论并非易事；"适应"是最高的层次：是否要进入新市场？采取什么进入策略？采取什么激励策略？调整策略是整体调整还是局部调整？快速调整还是均衡调整？

中小型企业则需要在变化的环境中坚定自身定位，并努力塑造核心能力。在分化的态势下，中小企业的战略定位变得更加重要。几年前，一位做劳务的老总提问，"是走向总包还是坚持做劳务？"攀成德公司的团队给的建议是坚定做劳务，做成细分行业最好的劳务！这家企业在分化的态势下，劳务管理能力不断增强，成为优势总包企业战略生态中的重要合作伙伴，从而实现了持续发展。

大型强势企业和中小型弱势企业都注定不会一帆风顺。大型强势企业需要应对迅速变化的环境和全新的商业模式，需要在快速前进的道路上控制风险，在机遇与风险并存的江湖中会不会出现"黑天鹅"？风险的天平总是那么晃晃悠悠、无法预计，狗熊和英雄、先烈和先驱往往是瞬间的角色转换。而中小型弱势企业的处境则更加艰难，阳光很难照到它们，雨露不会滋润它们，但即使命如草芥，只要在春天得到一点雨露和阳光，就会展现出顽强的生命力，或许它们中的一些企业，会在十年后成为建筑业绚丽的风景。

沧海横流，在这个分化和固化的时代，做大做强只是极少数企业的归宿，对于绝大多数建筑企业而言，要赢得未来，除了追求成为细分领域（专业或价值链环节）的隐形冠军/强势竞争者，似乎没有别的选择。

5 看竞争：市场化是梦想还是现实

经历过四十多年改革开放的人，都有很深的体会：在计划经济时期，大多数人为吃饱饭而战天斗地，即使如此，也未必能吃饱。四十多年的改革开放，让中国成为世界瞩目的第二大经济体，人们的生活水平得到飞速提升。改革开放是中国不断推进经济市场化的过程，而经济发展和人们生活水平的提升印证了市场化在国家发展中展现出的巨大力量。作为极度传统的行业，建筑业市场化的力量究竟有多大？企业又如何应对市场化带来的机遇与挑战？

5.1 统一开放的外部市场离我们有多远

2015年9月18日，中国铁建前董事长孟凤朝先生在国企混改座谈会上谈到，中国铁建旗下共有700多个子公司，其中有200多个是为了投标注册的"空壳公司"，这揭示了建筑业市场分割的现实状况。

2015年9月21日，住房城乡建设部发布了《关于推动建筑市场统一开放的若干规定》，为解决区域市场分割的问题提供了具体操作策略，15条规定2100多字，非常简明，可以大致将其归纳为三个方面：一是简化企业在工程承揽地的信息报送流程；二是直接提出禁止八个方面的变相违规行为，这些行为曾是过去各个地方主要的"作孽"方式；三是建立省际协调联动机制名单，随时沟通相关情况。

为什么解决市场分割如此困难？或者说，为什么多年来令建筑企业饱受困扰的政府管理模式变革如此艰难？其实，建筑业市场的分割只是中国各行业市场分割的缩影，而建立统一开放的建筑业市场只是全国建立统一开放市场的一部分。建筑业作为中国目前最大的行业市场之一，打破分割局面，实现统一开放，具有非常重要的示范意义。未来，这一进程也许还会碰到很多利益博弈和人为障碍，但统一开放的市场是大势所趋，而《关于推动建筑市场统一开放的若干规定》，更多是"术"和操作层面的问题，那么"道"在何处？"法"在何处？

第一，建筑业统一市场的改革之道：党的十八届三中全会提出，市场在资源配置中起决定性作用。

2013年11月，党的十八届三中全会通过的《中共中央关于全面深化改革若干重大问题的决定》明确提出，使市场在资源配置中起决定性作用。然而，建筑业长期存在市场秩序不规范问题，以不正当手段谋取经济利益的现象广泛存在；市场规则不统一，部门保护主义和地方保护主义普遍存在；市场竞争不充分或竞争方式不公平，阻碍优胜劣汰，这些问题早已引起中央政府和行业主管部门的重视。

从市场起"基础性作用"到"决定性作用"，党的十八届三中全会为市场经济赋予了全新的定位，明确市场在资源配置中起决定性作用，而不是政府起决定性作用。有了这个"道"层面的决定，我们有理由相信建筑业建立统一开放的市场是不可逆的过程。

第二，建筑业统一市场的改革之法：《国务院关于促进市场公平竞争维护市场正常秩序的若干意见》（国发〔2014〕20号）和《住房城乡建设部关于推进建筑业发展和改革的若干意见》（建市〔2014〕92号），都从国家和行业层面对市场统一做出具体的要求。

2014年6月，《国务院关于促进市场公平竞争维护市场正常秩序的若干意见》，提出了七个方面的工作任务。首先就是放宽市场准入：凡是市场主体基于自愿的投资经营和民商事行为，只要不属于法律法规禁止进入的领域，不损害第三方利益、社会公共利益和国家安全，政府不得限制进入；改革市场准入制度、大力减少行政审批事项、禁止变相审批、打破地区封锁和行业垄断、完善市场退出机制。

这是国务院层面的文件，如果用心研究这个文件，可以看到文件中对涉及的主要事项都提出了具体的牵头部门，所有行业、所有部门、所有区域政府都要遵守国务院的这一文件要求，建筑行业也不例外，显然，现在建筑业的某些准入规则与这一文件的要求是不相符的，必须改革。其他六个方面包括：强化市场行为监管、夯实监管信用基础、改进市场监管执法、改革监管执法体制、健全社会监督机制、完善监管执法保障。

《住房和城乡建设部关于推进建筑业发展和改革的若干意见》（建市〔2014〕92号），五部分23条，关于建立统一开放的建筑业市场的内容是着墨最多的部分。沿着市场起决定性作用这条主线，把建筑行业如何发挥市场配置资源的作用放在显著位置，这些措施包括：统一国内市场，消除区域和行业的进入壁垒；淡化建筑企业资质，使行业的竞争转向能力竞争而非资质竞争；非国有投资自主选择是否招标发包，降低交易费用、减少交易环节；工程造价体系与市场接轨，价格由市场说了算；总体上市场能解决的事情让市场去办。这些措施对建筑业建立信用经济、契约经济、客户经济将起着重要的推动作用。

显然，"建筑业市场起决定性作用"管理逻辑上主要的障碍基本打通，要实现统一市场的目标，则需要有具体的操作办法，那就是需要操作的"术"。

第三，建筑业统一市场的改革之术：《住房城乡建设部关于印发推动建筑市场统一开放若干规定的通知》（建市〔2015〕140号）。

《住房城乡建设部关于印发推动建筑市场统一开放若干规定的通知》（建市〔2015〕140号）主要是三个方面的内容：第一是明确建筑企业进入新的市场只要简单报送信息，并明确了信息为四项内容，两项注明为复印件，并强调不得要求重复报送。第二是禁止变相行为，排列出八种情况，比如其中"以本地区承揽工程业绩、本地区获奖情况作为企业进入本地市场条件"和"要求企业法定代表人到场办理入省（市）手续"的文字非常有趣，前者采用鸡生蛋还是蛋生鸡的模式刁难人，后者是"要来挣钱先拜山头"的官本位主义。当然，我们不知道将来还会有什么新的模式出现，不过规定最后一条是"其他妨碍企业自主经营、公平竞争的行为"，为文件的操作保留空间。第三是建立省际协调联动机制名单，建设部由市场监管司负责相关联络工作，但联络机制如何，并没有明述。

看起来，建筑业建立统一开放的市场，在"道""法""术"三个层面上基本的体系已经形成了，建立统一开放的建筑业市场似乎可以预期。然而，果真如此吗？对于建筑业建立统一开放的市场，人们担忧什么？

一方面，对于部门、行业、区域利益难以协调的担忧。建筑业不是建设部一个部门能管得了的，没有多部门的协作和支持，一个简单文件的作用就会大打折扣。另一方面，文件谈到的主要是区域市场准入的问题，只是开放市场的第一步，区域市场分割的主要原因是税收利益问题，不解决税收利益问题，企业即使进入一片新的市场还是会被以另外一种方式"收拾"。

无论如何，建筑业建立统一开放市场在"道""法"两个层面已经具备了很好的基础，这是潮流，而《住房城乡建设部关于印发推动建筑市场统一开放若干规定的通知》（建市〔2015〕140号）在"术"层面已经开启了一个好的开端，我们期待它能产生好的执行效果，即使不能解决全部问题，只要走在进步的路上，就值得期望，我们也开始期待更多政策，使其产生组合拳的效果。而这样的政策，也已在加速推出。

2022年4月，《中共中央 国务院关于加快建设全国统一大市场的意见》发布，要求打破地方保护和市场分割，加快建设高效规范、公平竞争、充分开放的全国统一大市场。其中，涉及加强对工程建设领域统一公正监管和清理招标采购领域违反统一市场建设等。2024年12月，国家发展改革委印发《全国统一大市场建设指引（试行）》，全国统一大市场建设再次提速，也必将再次推动建筑业市场的统一开放进程。

虽然目前离统一开放的建筑业市场还有一定的距离，但不可否认的是，建筑行业的市场化程度总体来说比较高，竞争较为激烈。随着建筑业市场的统一开放程度越来越高，企业面临的竞争环境将更为激烈，这样的外部环境对企业提出了更高的要求。

5.2 企业如何应对外部市场化的挑战

5.2.1 国有大集团市场竞争制胜的法宝

2015年6月26日，SOHO潘石屹先生在微博中写道："在刚刚结束的丽泽SOHO总承包工程定标会上，北京城建、上海七建、中建八局、中建七局、中建一局、中建二局三公司、中建三局、中建一局发展、中国铁建设共计九家单位参与竞标。祝贺中建八局中标"。建筑市场经常出现这样的场景：当一个项目投标机会来临时，大型集团内部好几家单位同时参与投标，彼此真刀真枪对阵，竞争铁面无私，毫不含糊。潘石屹先生一点也不担心中建内部六家机构相互围标。

　　大型央企、省级建工集团内部多家单位参与同一项目投标的现象非常普遍：大型房屋建筑项目，中建下属多个工程局同时参与投标；大型港口项目，中交下属几个航务局同时参与投标；大型铁路项目，中铁、中铁建的工程局同时参与投标；省级建工集团，也经常派出多个下属机构同时围猎同一项目。这种现象，放在其他行业会如何？当你采购空调时，格力的几个下属公司来投标，当你采购通信设备时，华为的几个下属公司来投标，你一定会感到匪夷所思。然而，在中国工程行业，人们已经习以为常，潘石屹先生能接受，大多数甲方和乙方似乎都能接受。

　　这种奇怪的现象，为什么会普遍存在？

　　甲方乐于接受是因为竞争越激烈，对甲方越有利。有能力完成其工程的参与单位越多，竞争就越激烈，甲方就越能选择到质优价廉的服务。房屋建筑工程，中建的每个工程局都能做好，潘石屹先生乐于看到中建几家单位在自己门口"厮杀"，选择范围大了，议价能力就强了，明显利于自己的事情为何不干？虽然这些"乙方"相互间是"友军"、是"一家人"，但潘石屹先生心如明镜，不怕它们相互"勾结"，坑害自己，他知道这些兄弟有如"皇子"争夺"皇位"，动的是真功夫。

　　乙方乐于接受是因为当市场竞争不规范时，越多的下属机构参与，对大集团越有利。工程项目招标时，符合报名条件的投标单位太多，初选时有时甚至采取抓阄方式，抓中的企业参与后期投标。在大集团内部，报名的下属企业越多，被抓中参与投标的概率越大，这就增加了大集团中标的概率，碗里的、瓢里的、终究都是锅里的，大集团并不吃亏。只要进入竞争程序，也存在大集团内部协调、相互陪标的可能，"一家人"有相互竞争的时候，也有相互"配合"的时候。

　　复杂的历史渊源和二级单位利益的不一致，使得大集团内部的协同和协调变得困难。中国的大型建筑央企，其历史比较复杂，大集团多是先有"儿子"后有"老子"，中建如此、中交如此，中能建、中电建亦如此。下属单位业务同质化程度高，中建的工程局、中交的航务局、中铁的线路局，所做业务大致相同，规模庞大的工程局要实现差异化竞争或区域划片，在大集团内部很难实现。人为的划片可能会导致竞争力强的企业无法进入某些区域市场，竞争力差的企业失去这些区域市场。在同一市场，下属单位累积了相当的资源，无论是叫谁退出这些市场，显然都会导致业绩的下降，而大集团给下属单位的绩效考核压力很大，人为捆住下属机构的手脚，还不如让它们自由竞争。此外，内部竞争一定程度也提升了下属机构的竞争力，中建在房屋建筑领域强大的竞争力，既得益于与民企的激烈竞争，也得益于内部之间的激烈厮杀，市场的血雨腥风，比任何保护更能提升企业的竞争力。即便中建能协调内部的竞争，也无法解决中建和民企、中建与上海建工等地方强手的竞争。

在建筑行业，大型国际公司下属机构内部竞争很少见，民企内部竞争也很少见，大集团内部的这种竞争现象合理吗？黑格尔有句名言"存在即合理"：凡是合乎理性的东西都是现实的；凡是现实的东西都是合乎理性的。那么，内部竞争现在合乎理性吗？将来还会合乎理想吗？

在过去的建筑业市场和政策背景下，建筑大集团允许内部竞争是存在一定合理性的，有利于抢占市场，有利于提升自身的生存能力。但就长远而言，这样的合理性将逐步降低。内部的竞争、相互的拼杀需要消耗大量的资源，建筑大集团需要从全局和长远视角审视这一问题。随着行业转型发展，系统规划、择机调整二级机构的市场布局、业务结构，将是大型集团重大的战略挑战。中国建筑早在"十二五"战略规划期，就将"区域化"作为战略举措之一，试图减少内部竞争、减少资源消耗，尽管推进效果不理想，但"区域化"这一策略还是富有远见的举措。从长远看，逐步减少内部竞争，让内部同质化竞争转变成差异化竞争，将是大型建筑集团业务战略、组织战略的发展方向。

5.2.2 关注资源使用效率，提高内部市场化程度

市场化的巨大力量能推动一个国家的发展，能推动一个行业的发展。那么，作为市场化主体的企业，又该如何理解市场化的力量？如何应对外部市场化的挑战？

总体上，企业面临外部和内部两个市场。外部市场化是指企业面对竞争，通过提供产品和服务赢得客户，而客户支付相应的对价，以"利他"实现"利己"，这是正常的市场规律。市场上能提供相似产品或服务的企业较多时，客户

自然会有选择，企业之间就会形成竞争，最终客户选择性价比高、服务好的企业，这是企业外部的市场化。内部市场化则是指企业通过优化资源配置和提升效率，以更低的成本提供更高性价比的产品和服务，从而赢得市场。内部高度的市场化运作，能降低企业的成本，提升企业的利润率。

企业通常只能适应外部市场。不同行业、不同产品，外部市场化程度存在显著差异。市场化程度低的行业，如城市的自来水、电力、煤气等公用事业，属于垄断性产业，没有竞争。没有竞争的产品或服务，其品质往往不会很高，消费者即使不满意，也无可奈何。所以无论在资本主义国家还是社会主义国家，大多数公用事业类企业的管理水平都不高，服务也不尽如人意。而市场化程度高的行业，如零售、中低端的餐饮等，是高度竞争的市场，很难构建竞争的护城河，企业稍有松懈，便可能面临生死存亡的危机。公开数据表明，2023年5月，上海餐饮店数量约为20万家，截至2024年8月，上海大约有16万家存量餐饮店，而在此期间有9万家以上关店，新开店铺有5万家以上。像餐饮业这样高度市场化的行业，企业之间竞争激烈，其出生率和死亡率都很高。

建筑行业总体上是高度竞争的，但不同细分行业的市场化程度也存在很大的差异。其中，房屋建筑是市场化程度最高的，其中，房地产开发商发包的业务又比政府发包的业务市场化程度更高；市政道路、轨道交通、高速公路、冶金、黑色、水工等建设领域，市场化程度属于中等水平；某些特殊建设领域，市场化程度比较低，如军工领域和核电领域，前者由于其保密的特殊性，后者由于技术和安全的特殊性，业务市场化程度都不会太高，属于低竞争程度的细分市场。

在高度竞争的业务市场中，参与者众多，竞争激烈，企业必须不断降低盈利期望，在低毛利的业务中寻找利润。低毛利则要求企业不断提升效率、降低成本，否则就会面临财务亏损，无以谈竞争优势。而市场化程度低的业务市场，特殊的门槛让竞争的参与者大幅度减少，这些业务的毛利通常较高，即使企业效率不高、管理粗放，依然能够盈利，企业也活得比较滋润。

内部市场化关注的是企业内部资源使用效率，内部市场化程度越高，资源使用的效率越高，其成本越低。对于大多数建筑企业来说，内部资源主要包括人、材、机和资金。企业需要不断提升资源的内部市场化程度，比如资金使用要计算成本，提高周转速度，机械使用要大量依靠市场，材料采购要招标，人员要考核和激励等，企业总在不断寻找好方法来提升这些资源的配置效率，以提升企业的竞争力。

不同性质的企业，在资源的市场化程度上存在显著的差异。比如，国有企业人力资源的市场化程度往往低于民营企业。在国有企业内部，高层领导的市场化程度又远低于底层员工的市场化程度：数千亿元、上万亿元营业收入的建筑央企领导，收入不到百万元，几十亿元收入的民企，总经理也可以达到几百万元年薪。如果拿建筑国企比较，不同行业的企业之间，往往也存在市场化程度的差异，外部竞争越激烈的企业，其内部市场化程度越高。建筑央企的领导们，总体上比较认可中国建筑市场化的内部管理。"房屋建筑市场是高度竞争的，不提高内部市场化程度，活不下去"，很多中国建筑的领导这么解释。

企业的内部市场化程度，首先体现在激励机制上，僵化的、与市场脱节的机制，其结果往往是"坏的不臭、好的不香""好人留不住，差人赶不走"。内部市场化程度，也体现在组织设计、岗位编制、制度体系等诸多方面。相似业务、相似业务模式的不同企业之间对比，内部市场化程度高的企业，组织结构往往比较精简、岗位编制数量少，企业推进各项工作的速度快，运行顺畅、效率更高，同时企业制度体系的合理性高，可执行性也往往比较强。而内部市场化程度低的企业，往往组织臃肿，岗位编制多，人浮于事，制度僵化死板、脱离实际，企业的工作要么开展困难，要么效率很低，最终的工作成果较差。非项目人员比例一定程度上可以反映出企业的内部市场化水平，据攀成德公司研发院的统计，内部市场化程度高的建筑企业，非项目人员占企业总人数的比例只有12%，而内部市场化低的企业，非项目人员占企业总人数的比例高达25%以上。

建筑企业的生存竞争，某种意义上是外部市场化竞争和内部市场化机制的匹配过程。企业需要不断优化内部市场化机制，以应对外部的市场化竞争。如果将外部市场化和内部市场化做一个匹配，大致可以分为三种情况：

第一，外部市场化和内部市场化程度相当。如果没有大的战略性错误，这类企业在市场竞争中，能较好地生存。大多数建筑企业处于这样的状态：业务不好不坏，盈利不多不少，人员效率不高不低，竞争能力不强不弱。

第二，外部市场化高于内部市场化。如果没有特殊的竞争优势，这类企业往往生存比较困难，碰上好的形势、好的细分行业，日子尚可，一旦形势变差或者细分市场萎缩，则原形毕露，迅速成为亏损企业。如果没有大的改革来迅速提升内部市场化程度、提高效率、提升服务品质，这类企业会逐渐走向死亡。

第三，内部市场化高于外部市场化。这类企业可以成为行业的佼佼者，在行业发展好时，它们能快速发展，成为耀眼的明星，而在行业退潮时，它们也能顽强地活下去，成为笑到最后的"剩者"。

建筑企业的外部市场化程度总体比较高，竞争较为激烈。企业要成为佼佼者，有效的途径是不断改善内部的市场化程度，以提升企业的竞争力。某位建筑央企的董事长说，传统建筑企业的改革，核心在于提升人的效率，而提升效率的途径就是紧紧抓住"三项制度"的改革，"能上能下、能多能少、能进能出"。某位江苏建筑企业的董事长说，企业和员工在业绩上都要用"阿拉伯数字说话"。

5.2.3 苦练内功，坚定地向自营转型

建筑业从事挂靠的企业很多，国企民企都有。资质管理孕育了挂靠模式，过去二十多年的时间里，部分企业依靠这种模式获得了快速发展，规模达到100亿元甚至几百亿元，在一些区域的中低端市场，挂靠几乎是通行的模式。存在即合理，资质这一行政管制的"漏洞"，为那些"精致利己"有资质的企业提供了套利空间，尽管政府知道挂靠的存在，但在"上有政策、下有对策"的现实面前，它们显得无能为力。

随着劳务资质、部分专业资质取消，总包资质申请与专业人员数量不再挂钩，资质申请或者维护的成本快速下降，资质的作用会被稀释，挂靠模式来于斯、必将终于斯。而实质推进的"营改增"、四库一平台，让挂靠模式操作难度大增，政府通过改变行政管理手段试图终结联营挂靠模式。

青山遮不住，毕竟东流去，挂靠终将退出历史舞台，但是在舒适中终结，还是在痛苦中挣扎前行？多数依赖联营挂靠模式的企业，已经看到了趋势，也深知自身能力非常薄弱，除了依靠资质，它们没有任何竞争力。即使在"营改增"实施后，一些挂靠企业加强财务、发票管理，也不过是避免触碰法律底线

的生存之道。而对于企业发展和客户满意所需要的签约、履约、结算能力，它们基本缺失，没有项目运营相关的人员和团队，没有分包、劳务、设备租赁资源，没有成熟的项目管理体系，员工也没有拼搏的勇气，这些都预示着挂靠星光黯淡的前途。

正是形势的变化，逼迫着挂靠企业朝自营转型，很多挂靠企业，在资源准备不足、团队不足、经验不足的情况下，开始了艰难的自营转型之路，但多数情况下，自营项目麻烦不断，并出现不同程度的亏损，击溃了它们的信心，最终半途而废，失去转型的决心。

建筑企业要终结自己的挂靠情结，确实有难度。瘾君子戒烟，个人之事尚且不易，相比个人，挂靠企业的组织转型显然更难。但从目前的形势来看，给挂靠模式的生存时间已经不多，领导者要有壮士断腕的决心，甩开膀子的勇气，撸起袖子的耐心，扎实推进自营的转型。

朝自营转型首先是思想的转型。挂靠模式给企业带来的好处越多，转型越难，而挂靠带来的痛苦越大，转型的决心越大。据攀成德公司介绍，它们服务过几家从挂靠模式向自营模式转型的企业，在挂靠模式上没有发生过大灾难的企业，转型紧迫性不够，这类企业慢慢进入温水煮青蛙的状态。而在挂靠模式上深切痛过的企业，转型的动力则比较大，南方某中型企业仅一个挂靠项目，就亏损了2000万元以上，公司收到的挂靠费只有200万元，深切的痛让它感到挂靠模式总有一天会害死企业，而自营即使短期内不挣钱也是生存之道，正是把自营和挂靠看作生死抉择，才坚定了转型信念。坚定信念是转型的起点，在朝自营转型的过程中，由于自营项目管理体系没有建立、人员经验不足、团队不齐、资源缺乏，在初期往往会出现项目亏损，这本是学习过程中正常的学费，但一些企业往往把亏损归咎于模式不好，要么忽视了自身能力的原因，要么不敢承认或者面对现实，最终回到挂靠模式的老路，这样的企业，可能会失去最后新生的机会。

有了拼死转型的信念，还需要选择合适的方式来转型。联营挂靠企业组织能力存在很大问题，长期的"学业"荒废导致企业只有短板、没有长板。组织能力建设需要一个过程，挂靠企业可以先选择比较低的过渡目标开始起步。目标确定后，建立公司和项目两个层级的组织能力，建立相对规范的管理体系，把组织的框架搭起来。建立架构在技术上并不难，既可以借鉴成熟的自营企业的经验，也可以寻求管理咨询公司帮助建立这样的体系。

在体系建设完成后，搭建自营团队。团队成员可以外部引进，也可以内部改造。从外部引进人才，是一种快捷和省力的选择，从自营企业来的人才，具备相应的素质和能力，能帮助企业快速适应自营业务的需要。内部既有团队的思想转变和能力提升也是必需的，没有一个企业能把所有员工进行替换，也没有企业能迅速终结所有的挂靠业务。快速转变团队思想、提升人员能力，并打造专业的自营团队、培养管理各种资源的能力，是形成自营能力必不可少的前提。

聚集资源是自营转型的成败关键。挂靠企业过去的资源多数是挂靠老板，但形成自营能力需要有市场资源、资金资源、分包资源、劳务资源、设备租赁资源、人脉关系资源等等。即使能接到项目，能组建项目管理团队，由于项目环境的复杂性，企业需要学会和项目相关单位和谐相处、处理各类复杂的关系，过去项目老板操心的问题，都会成为自营企业自己的事情。相比于与挂靠老板简单直接的利益分割，自营的激励模式要复杂、细致并环环相扣，企业要从依赖个人转变为依赖团队，从挂靠协议变为针对项目团队的激励。

从挂靠模式到自营模式的转型，是企业经营模式、管理模式、激励模式以及企业资源累积的一个重大转型，没有坚定的信念、全体员工的投入、深入细致的工作，这一转型终究是水月镜花。能完成这一转型的企业数量不会太多、比例不会太高，但成功转型的企业，定将开启新的篇章。

5.2.4　建立紧密型组织

过去几十年间，我们听过太多类似的传奇故事：某年轻人不甘于被几分薄地束缚，带着同村略懂木工、砌砖、水电的老乡背井离乡去分包、承揽小工程项目。筚路蓝缕，通过一代人的艰苦奋斗，由当初的几把瓦刀、几副刨子发展成为拥有几千甚至上万员工、年营业收入过百亿元的企业集团。其中有国家经济腾飞、建筑业迅猛发展的宏观因素，有敢于拼搏、善于经营的个人因素，也有建筑企业灵活的组织形式因素。有位已经做到百亿级企业的负责人曾经回忆说"在那个只争朝夕的年代里，最有效的增长方式就是寻找队伍（承包者）到更多的地方去布点、设立分公司"。

然而，市场普遍增长、企业快速发展的时代在几年前已经结束，我们现在看到的是"几家欢乐百家愁"的新态势：第一，作为建筑行业最主要的组成部分，房屋建筑总体上呈现基本稳定或下降趋势；第二，基础设施总体虽然还在增长，但在目前大的政治背景和经济环境下，政府部门更愿意将项目委托给资金实力雄厚和工程管理能力强的大型企业，基本将中小企业拒之门外；第三，电力、矿山、黑色、有色、水工等领域的建设需求不会再有太多增长空间，而去产能的领域，除了改造和维保的需求，新建需求几乎会进入冰封时代。以上种种，让原来以松散型组织形式做得风生水起的企业一时无所适从。某发达城市2016年公布的工程项目数大致2000个，而该市有资质的建筑企业就有2000多家，一半以上的企业处于无业务状态，这些企业绝大部分是松散型企业。

与之相反的是，这几年集约型组织开始显示出它们的市场竞争力：

第一，中枢指挥，方便及时调整战略，更快适应市场变化。近年来房屋建筑和基础设施建设两大板块冰火两重天，集约型组织能更快地调整业务和组织结构，迅速适应市场。比如中国建筑这几年就强力发展基础设施业务，早在2017年，基础设施新签合同额占比就超过了30%，业务结构迅速得到调整。

第二，组织紧密，更易于权衡长短期利益，集中力量办大事。企业在快速发展或者转型期，需要权衡现金流业务和潜力业务的资源投入及利益分配，集约型组织更能权衡企业的长短期利益、协调不同层面的利益诉求，发挥协同作用，集中力量办大事，建设方也更愿意、更放心将项目委托给这些企业。

第三，资源集约，更高的运营效率、更强的组织能力。攀成德公司的研究人员比较过总包分包模式下建筑企业的运作效率，那些年人均营业收入超过500万元的企业基本是集约型组织，公司对人财物等核心资源实施统一调配，同时运营效率也更高，百元产值管理费控制在两元以内。

攀成德公司的团队在工作中与多家松散型企业管理层有过沟通，他们也希望能通过一次管理变革来实现向资源集约的紧密型组织过渡，且不说荒废多年的武功不是一朝一夕就能恢复，单单说把已经分散的市场、人力、技术、财务等资源拢到一块就绝非易事，这中间涉及太多的利益格局、人事纠葛。

第 2 篇

透视战略：明确目标，坚定信念

德鲁克式的三个问题把战略总结为"我们是谁？""要到哪里去？""怎么去？"，而波特式的竞争思想把战略总结为"在哪里竞争？""如何竞争？""何时竞争？"，尽管当今战略管理的思想已经非常丰富，也没有一种标准的答案能放之四海而皆准。企业家只有从做百年企业的"口号式战略"中走出来，深入思考企业战略中所承载的商业模式，以及其背后所体现的客户价值、员工价值、股东价值的实际问题，并通过建立与商业模式匹配的管理体系，才能真正实现战略目标，找到战略的真谛。

6　看规划：规划是谋未来还是说鬼话

我们常常看到企业在"做"战略规划时，绘制宏伟的蓝图、设定激动人心的目标，但一段时间后就冷了下来，规划便成了挂在墙上的"鬼话"。不可否认，很多时候企业的战略是不清晰的，甚至本身就是为了应付上级组织的要求，常常是换个主要领导就换一种发展思路。因此，建筑企业必须清晰地知道为什么要做战略规划，必须明确坚持大的发展方向，不同的发展阶段或者不同的领导可以在这个大的方向下调整路径和策略，"一张蓝图绘到底，组织路径勤修正"，只有以战略转型为导向进行组织调整，才能避免规划变"鬼话"。

6.1　为什么要做战略规划

企业为什么要做战略规划？想要解决什么问题？实际上大多数企业都没有想清楚这些问题，多数企业的回答是"因为时间点到了""我们的上级部门做了，我们也要做""国资委要求我们做"等等，然而，这些都不是企业做战略规划的根本目的。攀成德公司在为企业提供战略规划服务的时候，咨询顾问会反复问企业高管"你们做这个咨询项目到底要解决什么问题？"即便是管理水平比较高的大型建筑企业，在回答时也可能列出一大堆问题，但在咨询顾问看来，这些可能都不是战略问题。

战略规划从根本上要起到这几个方面的作用：

第一，统一思想、统一认识、战略激励。

统一思想并不容易，即使是在很多大型企业内部，一把手、二把手、各个副总的思想也可能存在分歧。统一思想不是开党代会、职代会这么简单，最有效的方式就是战略规划。在战略规划中，要明确公司使命、愿景等文化的最高端内容，企业要用战略规划来告诉各个层级的员工、各个业务板块、所有的相关个人，甚至是告诉客户"我们这个公司要朝什么地方走"，切记战略内容要让人相信，不要变为口号。企业要用战略规划来统一各层级的思想"我们想要成为什么样的企业？我们想要做什么样的业务？线路是什么？分为几个阶段？资源怎么匹配？管理政策怎么调整？"此外，要达到统一思想、统一认识的效果，在表现形式上也有要求，战略规划中企业愿景、使命、价值观都要表述清楚，并有明确的解释。

咨询公司在为企业提供战略规划服务时，究竟是直接把企业正确的发展方向用白纸黑字写进战略规划，还是与客户探讨共同寻找答案？近年来，攀成德公司在为企业提供战略规划服务时，组织各级管理人员、各条线人员开展多场次的研讨会，通过会议探讨起到引导的作用，这样做才能统一思想、统一认识。事实上，战略规划最终是"锁在抽屉里"还是"放在桌面上"并不重要，做战略规划的过程本身就是统一思想的过程，战略规划的过程比最终战略规划中的几千个文字、几万个文字重要。

战略能够起到激励作用，当战略分解成一个个目标，就会变成一群人行动的方向。当一群人、一个组织坚定地朝一个方向发力时，其力量便如滔滔江水，势不可挡。

第二，指导具体行动。

战略规划要明确这些问题：选择什么方向？模式是什么？资源怎么匹配？组织怎么变革？有哪些明确的战略性行动（不同于战术性行动）？风险如何控制？只有把这些问题都回答清楚了，战略规划才能真正发挥指导具体行动的作用。

第三，过程控制。

战略规划对企业管理过程的控制作用表现在两个方面：第一，它是制定企业年度职能计划的依据。第二，它是各级绩效考核的基本依据。战略规划中的结果性目标需分解为驱动性目标，自上而下形成覆盖各组织层级、各条线的考核指标。绩效考核指标是管理的指挥棒，每个年度的考核指标都要来源于战略目标和各项发展指标。

第四，战略性配置资源。

战略规划不仅有利于集中资源办大事，也有利于实现资源的最优配置。

小企业更多倾向于机遇导向型战略，其核心在于抓住机遇。原因很简单，小企业的资源是有限的，机会也相对较少，能够做出的相关资源组合选择也是有限的。因此，要在"贫瘠"的地方寻找未来，机遇就是一切，而一个小的机遇带来的效益，往往足以支撑一个"食量"不大的企业实现良好生存。

相较于小企业，中等企业的资源更加丰富，它们凭借更强的能力和更大的市场参与度，拥有更广阔的生存空间和更多的发展机会。在众多选择面前，这些企业已经能够有所取舍，中等企业应该开始思考其战略定位和方向，并逐步在企业运行中将战略传输到下属部门和关键人员。

对于大型集团而言，其丰富的信息和资源构成了核心竞争优势，大型企业能为未来投入，塑造未来的能力更强，在舍与取、进与退等方面的选择随时产生，对于它们来说战略不仅要明确企业定位、业务选择、与业务相配套的职能战略，还要进行进一步的战略分解，制定实施计划。此外，大型集团所拥有的人力资源、财务资源、设备技术资源、信息资源、品牌资源的不同组合，会产生显著的差异，战略对它们来说，不仅意味着对外部环境的前瞻考虑，更意味着内部思想文化的高度统一。

战略的最高境界是引领企业发展，而现在和未来的建筑业，无论是市场、政府管理还是技术，都在急剧变化，因此企业在战略规划中需要考虑未来建筑业可能发生的变化（本书第一部分的内容）。过去十多年，部分企业成功地利用战略工具引导企业实现了快速发展（中建、金螳螂最具代表性），多数企业认为在战略上有很多失误，失去了大好的发展机会，由于战略上的一些失误，使得企业在某些关键能力上未取得显著提升。过去十多年，虽然失去了许多发展机会，但至少还在发展，很大程度上是因为过去企业面对的还是增量市场。未来市场将进入没有增量的竞争阶段，如果企业的战略在未来五至十年出现较大的失误，对企业而言，将不仅仅是发展快慢的问题，而是生与死、存与亡的问题。

6.2　企业的战略假设前提发生了怎样的改变

过去三十年，建筑业经历了直线式增长的发展阶段。尽管许多企业面临业务转型、市场转型、模式转型的挑战，但整体市场依然强劲，业务是丰富的，资金是取之不尽、用之不竭的，企业新签合同、营业收入、利润几乎是在同步增长的，世界500强和中国500强中，建筑企业的数量也在不断增加。

然而，当下中国正处于"百年未有之大变局"，外部形势的变化、市场需求的变化已经从直线增长变为曲线波动，未来大有变为折线振动的可能。在过去十至十五年间，大多数企业在规划企业发展目标时，习惯于画"延长线"，而PEST分析、SWOT分析用得少，也不深入，现在到了重新捡起这些分析工具，重新审视发展环境的阶段了。

战略假设前提的改变，要求建筑企业在发展思路上做出相应调整，企业在业务转型、市场转型、模式转型、资源转型方面的空间越来越小，弯道超车的机会越来越少。企业必须转变思维模式，从赚大钱转变为赚小钱，从赚快钱转变为赚慢钱，从赚资源的钱转变为赚干活的钱，从赚经营的大钱转变为赚成本节约的小钱，从弯道超车到直道超车。

6.3 画"延长线"还是"跳跃战略"

战略假设前提的改变，要求企业在战略设计时对思路进行调整，从画"延长线"的"适应战略"向"跳跃战略"转变。

多数企业的规划很容易做成过去的"延长线"，其背后的原因主要有两点：

首先，企业容易低估行业变化的程度，进而难以做出战略性调整。建筑行业是传统行业，其变化远不如互联网行业剧烈，微小的变化反而容易被忽视，即便感知到行业的变化，却由于身在庐山而习以为常，忽略行业变化的累积。即使认识到行业变化和变化的累积，应对变化也非常艰难，要付出巨大的代价和艰苦的努力，而人的懒惰和避险的天性，使企业选择这条艰难之路的概率大大降低。

其次，战略规划要立足于企业的能力和资源。领导团队的思维、企业的资金、技术、装备能力都是战略规划的基础，在相对稳定的行业环境里，这样的战略选择往往是正确的，而且基于企业实际和能力的战略更易于执行和实施。正因如此，企业的战略规划往往会做成过去的延长线，也因此很多企业认为战略的作用并不大。

用画"延长线"的思维来谋划企业发展有其合理性，但在变化剧烈的时代，仅仅画"延长线"显然不够，历史总会出现质变的时间点，如果没有突破性的思维，甚至可能会把企业推向死亡的深渊。国际上的知名企业柯达，在鼎盛时期是所在行业的龙头，但它的战略一直是基于生存现实的延长线，当时代逐步变化并累积到质变的时候，它未能适应，最终被时代无情地抛弃了。

当前建筑业市场的变化正在加快：国际化打破区域边界、客户需求重塑业务边界、工业化颠覆作业边界、投融资重构价值链边界、互联网变革商业模式边界，这些变化都给传统建筑企业带来更严峻的战略挑战。某年收入超过1000亿元的建筑企业总结它过去十年的发展时提到"除了业务收入的增加，公司在文化、战略性投资、商业模式、人力资源、项目管理等方面的进步甚微，可以忽略的进步已经让企业无法适应市场更快的变化"，这家企业与另一个基础相同的央企比，差距日益拉大。这让我们的脑海不断浮现出中建过去十多年报告中反复出现的词汇"总部市场化""三消灭""项目直营""业务转型""五化"……在今天看来，这些看似很普通的战略要点，却在过去的岁月中如烛光汇集，照亮着30多万人走向光明未来。

近些年，从资本的嗅觉到总理的讲话，我们依稀可以听到建筑新时代的声音，它们如同音符不断编织成未来建筑业的乐章："一带一路"、工业化、BIM、互联网、两化融合……这些都不是企业过去经验的延长线能够表达的，或许我们需要改变：那就是站在未来——2030年甚至更远的时间点来看今天的战略选择，来思考企业应该是什么样的？应该抓住怎样的机遇？又应该怎么去做？

7 看方向：大争之世，如何从"战略趋同"走向战略不同

发达国家经历了几百年的市场经济，行业最终走向成熟，企业之间形成了稳定的竞争态势。而我国正处在发展的大时代，建筑业的竞争与国外显然不同。"大争之世"，企业之间互相攻城略地，彼此之间的竞争如同战争：建筑央企的业务、模式正在不断趋同，很难形成战略上的明显差异；市场上一旦出现某一种新业务或者商业模式，模仿者迅速涌现，跟风、模仿的周期迅速缩短。

可以说，国内很难找到一个"你能做、别人不能做"的领域，也很难找到一个"你长期能做，别人长期难以模仿和跟上"的领域。建筑业再无"蓝海"，建筑行业既有模式、既有业务的市场开始萎缩，我国建筑企业已经处在战略调整的关键时期。那么，企业前行的方向到底在哪里？

7.1 "千企一面"的企业战略

为什么会提到"战略趋同"这个词？有这样一个现象，人们都熟悉的中国建筑、中国交建、中国中铁、中国铁建、中国中冶、中国能建、中国电建这些大型央企，过去都是截然不同的，尤其在业务布局方面，但是经过过去十多年时间的发展，这些企业正在趋同，在战略上呈现出"千企一面"的局面。这不禁让人联想到家电、汽车等行业在"战略趋同"后所带来的激烈竞争和惨烈结局。

对于任何一个成熟的行业来说，最终的胜出者总是少数，建筑企业的"战略趋同"最终可能带来什么样的结果呢？"战略趋同"的企业死亡率反而更高，而且企业的死亡方式也会惊人地相似，这绝不是危言耸听。

建筑企业"战略趋同"表现在三个方面：

第一，战略心态趋同。在战略选择上，普遍存在机会主义，缺乏战略耐心，表现出明显的"风口心态""政策热点心态"，企业不愿意"绵绵用力、久久为功"，而是急于求成，喜欢找"快准狠"的招数。在战略执行上表现为浅尝辄止，面对战略性突破的"城墙口"，需要长久攻克的困难点，企业缺乏专注攻坚的勇气和资源集中的决心，最终难以实现实质性的突破。

第二，战略资源趋同。建筑企业的竞争高度依赖现有资源的竞争，难以显现出真正的竞争优势，尤其是看不出企业能力的优势。在上市建筑企业的年报中，在企业的年度总结报告和调研活动中，经常看到"四特""三特"的宣传，但这真的能代表企业的能力吗？我们经常看到，企业网站、公众号中经常报道他们的局长、副局长与某某省长、某某市长签署战略协议，但如果每家企业都是这样维持与政府的关系呢？绝大多数企业都视"资质、关系、贷款"为企业的重要资源。过去企业说到资源，往往指资质、分包等资源，而还有一些资源如数据资源、EPC生态资源、技术标准资源等，反而更加重要，但企业要将它们升级成资源就非常难。

第三，业务和业务模式趋同，企业的理念普遍是"找风口"。以建筑央企和优秀的省级建工集团为例，这些企业网站上所列的业务没有显著的差别，比如说中建的房屋建筑业务比较厉害，但中国中铁、中国铁建、中国交建也做房屋建筑业务，从业务类型很难找到它们的不同。而日本的建筑企业，例如日挥，专注于化工领域，其他业务一概不做。近年来的"风口"包括PPP、建筑工业化、EPC、国际化等，当我们翻看企业的战略规划、领导的总结报告，几乎都有这些方面的内容，大型建筑央企的业务差异有多大？浙江和江苏的大企业在业务和业务模式上差异有多大？大多数企业都把"转型升级"挂在嘴边，都想要朝上走，却很少有企业愿意坚守现在的领地把业务做扎实，让技术朝前走。

7.2　为什么企业战略会如此趋同

为什么许多企业在战略上最终都走到了一起？攀成德公司的咨询顾问曾就

此问题与多个企业的管理者交流，他们普遍表示很无奈。一方面，上级集团给各个兄弟单位的定位、区域、目标等基本一致，大家都是"小一号的集团"，集团的资源分配缺乏明显的导向，因此如果规划不面面俱到，企业可能会失去一些机会，"不提、不写可能就是过错"；另一方面，他们认为行业竞争已经白热化，传统行业没有秘密，都是硬桥硬马真刀真枪的竞争，没有太多差异化的机会。总体来看，企业战略趋同有三个方面的原因：

第一，大时代的背景。

随着信息化技术的普及以及基础交通设施的快速发展，信息不对称以及区域限制越来越小，各大建筑企业能迅速"get"到国家、行业等投资信息并迅速采取行动。2019年初《粤港澳大湾区发展规划纲要》一发布，大型建筑企业都纷纷进驻，甚至各层级、多个兄弟单位都设置了分公司或办事处。同时，由于建筑行业门槛低，15万家企业中具备一定规模或者资质的企业都奔着总包、多元化方向去发展，想不同质化都难。

过去，建筑行业处于"增长快、机会多、有捷径、抢地盘"的黄金时代，改革开放四十多年来的高速发展，"惯坏"了各大行业，没有两位数的年复合增速、三五年不翻个倍都不好意思做工作报告，上级集团或主管单位也不答应。规模快速增长的刚需练就了建筑企业"一副好肠胃"，无论能吃的不能吃的、有肉的没肉的、擅长的不擅长，统统都要拿下。口头禅是"市场是龙头，没有业务哪有效益，拿下来再想办法消化"。

这些年建筑行业里涌现出很多"热词"：出海、进城、下乡、总承包、PPP、工业化、转型升级……哪些是趋势，哪些是风口？企业并不清楚，反正都要去参与，生怕错过任何一个机会。若战略规划中没有提到某个关键点，肯定会被批成"不与时俱进""故步自封"。A业务没做好，就想着去做B业务，大而全的同质化在所难免。

第二，行政化管理的背景。

在中国，非市场化的因素太多了，建筑行业资质如此之重要，工程评奖如此之重要，这种奇特现象，加上关系、政策等不稳定因素，助长了整个行业的机会主义心态。在建筑业这个传统行业，企业的商业模式和资源的获取都趋同，你做什么业务，我也做什么业务，很难形成专利，很容易被模仿、抄袭甚至抢夺。

第三，心态和文化的背景。

企业的差异化发展和核心能力的构建，往往需要较长的时间周期和大量的资源投入。在当下普遍焦虑的时代，人们缺乏足够的耐心。创新的成本很高，又难以获得技术的保护，外部环境也不支持企业差异化竞争形成的成本和付出。

企业缺乏深度的自我剖析文化，内部环境分析太阳春白雪，缺乏对企业核心竞争力的深刻剖析（也有部分例外，如中建某领先工程局在内部环境分析部分用了80%的篇幅分析问题），往往错把大环境下的高速增长视为自身的能力，错把一些保护（如在企业总部所在地能轻松地承接一些大项目）当作自身的真实实力，总觉得自己是万能的，总觉得各行业的投资是源源不断的。

7.3 "战略趋同"是短期现象还是长期趋势

"战略趋同"只是短期现象，长期来看，这样的趋势不会持续太久，为什么？

第一，时代背景已经发生了变化。增量时代已经结束，在存量时代，"战略趋同"的企业之间竞争会更加激烈，要么战胜对手，要么被对手战胜，企业间激烈的竞争将慢慢塑造新的行业竞争格局。

第二，行政化背景将结束。各种研究机构、政府部门都提出"竞争中性"的概念，国企、民企、大型企业、中型企业、小型企业都要在一个平台上公平竞争。例如，不管是过去还是当前，企业在银行贷款成本上的确存在不公平的现象，中美贸易战的一个起因就是美国借口我国的竞争不中性，可以预见，"竞争中性"将会慢慢改变各行业企业间"战略趋同"的现象。

第三，企业的自我认知越来越清晰。"战略趋同"不会持续太久，但究竟要多长时间才能形成差异化的竞争？虽然很难预计，但应该不会超过十年。当前很多大型企业都追求"全专业、全价值链、全区域的竞争"，中建、中交、中铁、中铁建这样的央企可以这样做，但是大多数普通企业很难做到，能这样存活的企业也不多。即使大型央企可以去做同样的战略选择，也会带来大量的问题，例如，中建的某些工程局下属的号码公司，其营业收入、利润水平比另外一整个工程局还高，这同样是趋同的战略选择所带来的结果。可见，即便是趋同的战略选择，企业最终的经营结果也会存在很大的差别。

既然"战略趋同"只是短期现象，那么，企业应该做出什么样的战略选择？

第一，认清行业格局和市场发展趋势，思考竞争策略，提前布局竞争占位。行业中新建市场已经到顶，但在存量市场中，建筑物和道路桥梁的维保需求正逐渐增多，在这些领域企业可以提前去占位。

第二，认识客户价值，塑造客户价值。当前，工程总承包模式是客户价值最高的业务模式，企业若具备能力，就应该朝这个方向努力转型，而且越早行动越好。塑造客户价值，既可以在业务模式上，也可以在业务领域上。做战略选择要敢于"先舍后得"，过去企业普遍都是做加法，今天，做业务的减法比做加法好，做价值链的加法比做减法好。

第三，基于资源和现有能力，构建真正的优势。有些中型企业，作业层面还没做扎实，就想着要构建生态。理想看起来很丰满，但必须立足于企业现有的资源和能力。大型企业要做的是"价值链+技术"，中型企业要做的是"专业+技术"，小型企业要做的是"局部环节+技术"。有些建筑企业做出了同样的战略选择，结果差异却很大，原因在于组织活力的差异，因此企业在做出战略选择的同时，还要塑造组织活力、提升组织效率，坚持内部市场化，摒弃行政化的思想。

第四，企业要做出差异化的战略选择。这条路注定是孤独的，在企业内部的阻力很大，需要"老大"有勇气，有担当，有使命感。

7.4 如何走"差异化战略"之路

四十多年前，美国学者迈克尔·波特在《竞争战略》一书提出企业有三种总体战略：总成本领先、聚焦、差异化。其中，聚焦战略的最终目的也是实现成本领先或形成差异化。差异化战略是将公司提供的产品或服务差别化，形成自身在全产业范围中有别于竞争对手的独特性。建筑业是传统行业，与互联网、生物制药等高科技行业相比，创新的空间较小。在目前的惨烈竞争环境下，大部分企业采用的是"总成本领先"策略，即"以更低的造价完成工程建设及满足业主要求"。那么，建筑企业应该如何去思考、选择和实施差异化战略呢？

7.4.1 如何思考差异化

建筑企业做出差异化的战略选择，要从哪些角度来思考？

第一，差异化的目的。客户最关心的是工期、成本、性能和服务，建筑企业的差异化应围绕客户需求进行，比如通过一体化解决方案满足客户对于工期的要求（敦煌国际会展中心项目、青岛上合组织峰会场馆建设项目等），而不是为了差异化而差异化。如本书第一部分提到的：一些30亿元、50亿元规模的建筑企业在业务及布局方面提出×大主业、国内外并举；在产品方面进军超高层、高新电子厂房、地铁轻轨……希望这些企业只是喊喊口号，如果真按规划这样投入资源去做，不知道要交多少学费。

第二，差异化的层次。我们追求的是哪个层面的差异化？"构建以总承包企业为龙头、以专业承包和劳务分包企业为依托、比例合理的建筑业结构体系，努力实现建筑业'总包强、专业精、主业突出、富有竞争力'的目标"，这是行业层面的差异化；房屋建筑、铁路建设、公路建设，这是专业层面的差异化；超高层、住宅、学校、医院，这是产品层面的差异化；比竞争对手造价更低、工期更短、提供资金等一揽子解决方案，这是服务层面的差异化。

第三，思考为什么要差异化。提出差异化的时候，企业要多问几个为什么。是否真的需要差异化？能否实现差异化？成本有多高？资源与能力要多长时间才能匹配？如做A业务的公司转型做B业务，与系统内的兄弟单位形成了差异化，但这和行业里边做B业务的相比，哪些地方差异化了？客户关心的工期、成本、性能和服务等是不是得到了更好的满足？如果什么都不能提供，那还不如专注做好A业务，努力打造成本优势。

7.4.2　如何选择和实施差异化战略

企业差异化战略的出发点应该是基于客户需求和创造价值，对差异化的定位应该是"辅"而不是"正"，应该是基于自身能力、资源、管理等，将差异化战略落到一些细化的产品和服务上，而不是大而空的模式或者理解起来都费解的术语。

首先，要理解"守正"与"出奇"的关系。一些企业在规划或者内部报告中经常提到"弯道超车"，其实就是在寻找差异化路径。过去这些年里，通过加杠杆、整合市场资源、战略合作等策略，不少企业实现了超常规的发展，但慢慢地发现一招鲜、抢先机等不再奏效或者难以持续。"出奇"只是辅助、补偿性手段，更重要的还是"守正"，即老老实实培育直道竞争的核心竞争力。

作为大型建筑企业，应该努力避免下属企业简单的同质化，要有意识地通过规划、资源配置，甚至是一些行政手段引导下属企业形成差异化竞争优势，如隧道股份下属多个专业集团，各有专长和侧重，在大口径隧道、软土工程等方面具有很强的差异化竞争力。

中小企业更应该深入剖析自己的资源能力，结合专业和产品特点开展差异化，如专注于为医院洁净室、高档影剧院提供一体化服务的企业，差异化明显、竞争力较强。"正"和"奇"对于不同企业、不同发展阶段应该是动态组合的，是8∶2还是5∶5要因企而异，不是为差异化而差异化。

其次，差异化战略需要组织及体系的支撑。一方面，组织和运营体系是服务战略的，采用差异化战略自然需要匹配相应的组织和流程。例如，建筑企业向工程总承包转型中，不能照搬原来施工总包的组织架构和管理流程，而是需要重新审视和优化设计管理、采购管理等管理体系。另一方面，组织和体系本身也可以成为差异化战略的一部分，如高效富有活力的组织，能迅速地应对市场变化和响应客户需求，这本身就是强竞争力，是差异化战略的体现。例如，某大型路桥企业借鉴军队改革思路，构建了"子分公司主建、区域公司管战、集团管总"的组织及权责架构，极大提升了公司效率和效益。

最后，差异化战略需要资源及能力的匹配。"兵马未动，粮草先行"，既然设定了差异化方向，就需要系统地分析实现这种差异化所需要的资源和能力，以及战略要求与现实之间的差距如何弥补等。例如，某上市建筑企业提出要通过投资带动及并购在几年的时间里实现五倍增长，就需要测算净资产及未来的经营现金流是否能满足并购的资金需求，评估管理人员及组织能力是否能跟上快速增长的需求，如若不能满足，是否可以弥补以及如何弥补，这些后续的支撑与匹配举措可能比差异化战略的选择更难、更重要。

选择差异化是企业战略制定者的沙盘推演，或许就在决策者一念之间。但现实与理想之间的差距究竟有多大？市场容量是否允许？组织和体系能否支撑？资源和能力能否匹配？这中间的差距是隔着一条小溪，还是长江黄河，或是太平洋？当企业把这些都想清楚了，也许差异化也就看得更明白了。

8 看转型：行业还有没有"蓝海"

W. 钱·金（W. Chan Kim）的《蓝海战略》尽管是一本二十年前出版的书，但依然值得细细品读，书中的核心观点是：已知市场空间中的残酷竞争只能制造血腥的"红海"，令企业深陷其中，并与对手争抢日益缩减的利润额；要取得持久性的成功，企业不能靠与对手竞争，而是要开创"蓝海"，寻找蕴含庞大需求、能带动企业增长的新市场空间。

那么，在建筑行业中，究竟哪些是伪需求？哪些是创新的方向？今天的建筑业还有没有"蓝海"？攀成德公司一位有着多年行业咨询经验的顾问凭直觉回答："建筑业不是蓝海，也不是红海，而是血海，但细分领域或者不同时代出现的特定需求就有蓝海。"

8.1 转型方向：建筑业有没有"蓝海"

8.1.1 "蓝海"很难找到，"红海"是永恒

从整个建筑行业看，这个古老、传统的行业似乎很难找到"蓝海"。发达国家，经历了几百年的市场经济，长时间的竞争迫使企业在业务模式、管理、技术方面不断转型升级，行业最终趋于成熟，企业之间形成稳定的竞争态势。活下来的企业在自己特定的业务领域、特定的区域市场，具有一定的竞争优势。特定企业会维护自己的竞争优势，同时，也不会轻易踏入别人的优势领域，这就好像非洲大草原每群狮子划定的领地，在一定的时间内会保持相对稳定。所以从整体看，建筑行业既不是"蓝海"，也不是"血海"。

中国正处于发展的大时代，国内建筑业的竞争情况显然与国外不同。在国内，很难找到一个"你能做、别人不能做"的领域，也很难找到一个"你长期能做，别人长期难以模仿和跟上"的领域。就整体而言，在可以预见的五至十

年里，中国建筑行业，"蓝海"难觅，"红海"是永恒。即使能找到"蓝海"，也是很小的缝隙市场，保持很短的时间，比如新的建造方式、业务模式、满足新的需求，如果能快人一步的话，还能抓住这样的蓝海机遇，但是一旦别人跟上来，这片蓝海便不复存在。

8.1.2　寻找"黑海"

在中国建筑市场，能否找到"蓝海"？或者介于"红海"和"蓝海"之间的"黑海"？是有可能的，但前提是企业具备相应的组织能力和竞争优势。

第一类"黑海"是基于模式转型产生的短期蓝海。可以从三个角度去考虑：一是基于客户需求和价值的建设期价值链延伸，比如EPC；二是基于客户价值的全生命周期的综合性价比（如BOOT）；三是基于成本和客户价值的技术创新。这三个角度，可能会产生十年或者更长时间的短期蓝海，有能力的企业，会在一段时间内，获得蓝海的红利。但随着竞争者能力的不断提升，利润也会不断下降，最终回归为红海。

中建三局、中建八局，在EPC模式上的强大竞争优势，为它们的业务和利润增长打开了新的大门；上海隧道股份基于全生命周期的建设、运营、管理的理念和能力，为企业赢得了市政项目BOT模式的竞争优势；金螳螂将公装业务上积累的技术、供应链、管理和团队的优势，转移到家装市场，形成了新的业务和利润增长点。

第二类"黑海"是在无人关注的缝隙市场，企业塑造综合优势形成"蓝海"。中国之大、产业之丰富，给建筑业带来了数量众多的缝隙市场。有这样一批中小建筑企业，虽然它们规模不大，寂寂无闻，但无论外部市场如何起落，它们还是过得很滋润。它们活在一个很小的缝隙市场，以客户需求为目标，借鉴同行的技术，不断提升服务的综合性价比。

广东云浮有一家建筑企业，专注于规模化养殖场建筑工程业务，将研发、设计、工程建筑、服务融于一体，为养殖行业提供高品质、高效率的畜牧养殖房舍工程。它做不了超级工程，进不了排行榜，得不了鲁班奖，大领导也不会为它的工程剪彩，属于建筑业里没有风采的无名之辈，却活在一个有小利基的

"蓝海"市场。中国建筑业，类似的缝隙"蓝海"市场还有很多。

眼下，中国正处在从"高速度增长"向"高质量发展"转型的关键阶段，转型中的中国，既给建筑业带来了新的机遇，也给建筑企业带来了观念和能力转型的巨大挑战。建筑行业既有模式、既有业务的市场开始萎缩，大多数企业都在既有市场里血拼，使既有市场从"红海"变为"血海"。建筑企业需要从全新的角度，看待未来的建筑业市场，新模式、新业务带来了新的市场机会，目前是建筑业的新"蓝海"。但这片"蓝海"，属于那些能够快速改变观念和快速建设能力的建筑企业。

8.2　不打无准备之仗：转型有多难

无论是寻找"蓝海"，还是遇上"黑海"，都是企业转型升级的探索，是企业在业务选择、业务模式、商业模式、管理模式等方面的突破。然而，转型升级并非易事，有人总结过温州企业的四次转型：第一次向房地产转型、第二次向矿产转型、第三次向高科技转型、第四次向金融转型。总体来说，"温州炒房团"名扬全国证明了他们的成功，但同样温州企业家的跑路以及企业陷入互相担保的泥潭，也揭示了他们转型的艰难与风险。

对于建筑企业而言，转型升级这条道路也同样充满了荆棘和泥泞，必定是一条艰辛之路。无论企业规模大小，要取得转型升级的成功绝非易事。那么，转型升级为什么这么难？

8.2.1　转型之难，难在心态

一位企业家曾分享过一个德国葡萄酒商在中国蓬莱运营酒庄的故事。酒庄租用土地2000亩，建筑面积5000m²，雇用的员工约50人，前五年德国酒商把生产的葡萄全部烂在土地里面，据说是为了改善土壤，在酒庄进入成熟期后每年产酒2万瓶，销售额约1亿元。一个酒庄的成熟可能需要三十年甚至更长时间，短时间很难获得回报，这位德国酒商认为这很正常，他的祖辈几百年也就做了一个酒庄。这个故事在国外也许很平常，不同的心态决定了不同的策略。

总体来看，建筑业务是微利业务，业主的压价，行业的不规范，以及劳动力成本的不断攀升，消耗着建筑行业经营管理者的热情，而其他行业不断爆出的"暴利"新闻则吸引着人们的眼球，企业的趋利导向引导着建筑企业不断进入新的领域：房地产开发、高科技、矿产、有色……"一万年太久，只争朝夕"，一些企业以一种急功近利的心态快速又盲目地进入这些新的业务领域。

建筑行业利润低固然是企业转型的理由，但不能仅因为这个理由就选择转型。行业特点决定了建筑业难以成为高利润行业：技术相对传统、进入门槛低、经营风险小（订单生产、无存货）、市场空间广阔、市场竞争充分，且绝大多数充分竞争的传统行业都如此。而暴利行业则往往源于特殊条件：政策管制（比如烟草）、特殊技术（比如制药行业的新药）、巨量投资（比如石油化工）、市场不规范（中国过去的房地产市场）、业务本身的风险溢价（如风险投资）、精细管理。

此外，不同行业暴利的特点也各不相同，有些暴利来得快去得也快，稍纵即逝；有些暴利长期存在，但准入门槛极高，退出的成本也非常高，没有长期的经营难以进入角色。任何行业都不存在无理由的、长久的暴利。思考这些问题，是企业家需要做的基本功课，没有这样的功课，企业家往往会被一些假象蒙蔽，以为别的企业能挣的钱自己也能挣，一时能挣的钱长期也能挣。

在光伏行业投资的建筑企业、在煤炭行业投资的建筑企业、在有色行业投资的建筑企业，客观地说它们的转型都带有一定的投机心态，踩准了时机，偶尔也有短期成功的案例，但多数的结局是失败。这些企业在行业暴利时进入，成本最高，这些成本包括资源获取成本的提高、机遇的减少、竞争激烈推升的失败率等等。这就是为什么商界高人往往不会在行业最热闹时进入，同样他们也不会在退潮时被人们看到"光着屁股"。高潮进入，决策者往往被行业繁荣的现状蒙蔽，对行业前景产生过于美好的预期，正如施振荣曾经的首富光环让多少光伏行业追随者趋之若鹜，而巴菲特却对此处之泰然。

企业的转型需要机遇但不要机会主义，要有沉稳和长期的打算，把转型的事情放到十年、二十年或者更加长远的时间段来考虑。

8.2.2 转型之难，难在经验

业务转型往往意味着进入全新的、前无古人的领域，这对于所有企业而言都需要付出高昂的学习成本，人类社会正是在这样的探索中前进的，但对于企业而言，这种探索也伴随着巨大的风险。硅谷的创新企业正是凭借不断的尝试和创新，推动了社会的进步，从而占领行业的制高点。然而，硅谷成功企业的背后是大量企业的死亡，每一个成功的企业往往以数以百计企业的死亡为代价，这也是风险投资回报率高的原因，从事药物开发的企业也面临同样的境况。

全新的企业转型存在着这样的风险，而企业家们往往不会想到转型也存在这么巨大的风险。建筑产业化就属于这样的行业，在2008年之前，建筑行业的宝业、房地产业的万科等企业都开始建筑产业化的尝试，虽然它们付出的精力和金钱已经不少，结出的果实依然非常有限。莱钢建设、宝钢等企业也在默默无闻地付出，其结果也大致类似。其后，远大也大张旗鼓地开始尝试。总体来说，多数企业离产业完全成型还有距离，离产业的成熟比较遥远。转型探索本就充满艰难，代价不可避免，尽管付出巨大未必有立竿见影的成果，但这是积累经验、实现转型所必须承受的过程和代价。

企业转型也可能进入别人已经成功，而对于企业自身则属于全新的领域，在这种情况下企业无须培养市场，但面临全面的竞争，与已经在行业耕耘数年的老手相比，新进入者需要寻找自己的竞争优势。坦率说，能够在行业中长期耕耘并存活的企业，往往具备其独特的核心优势，新来者首先要使自身有效地运转起来，逐步达到竞争对手的高度，再逐步去超越竞争对手。

一些新进入者试图通过颠覆行业规则来抢占市场，成为破坏旧规则、制定新规则的搅局者。然而，转型企业在新的行业实现从运行顺利到超越，要付出的代价很大，而即便付出这些代价，也未必能达到预期的目标。毕竟，像乔布斯那样的颠覆者比例并不高，行业的规律建立不容易，同样打破也不容易，这是行业转型的难度。

在建筑行业，转型挑战也十分明显。例如，在房屋建筑领域，中建和上海建工的地位短期无人能撼，同样在铁路建设领域，中铁和中铁建依然占据遥遥领先地位，而中交和中冶在各自传统领域依然是强手。在这些强手背后，偶尔的成功进入者和数量不多的成功项目背后，进入者往往付出了高额的代价，中建、中交大量的铁路设备闲置就是证明。

在中国经济快速发展的阶段，各个行业成功者不断涌现，给企业转型带来了信心，但即便如此，进入新行业成功的比率仍然不高，平平者居多。

转型过程中，企业需要相信经验的力量，需要为积累经验付出代价，这些代价包括金钱、时间、人力等等。有了这样的思想准备，企业在考虑转型时，才会更加从容，更加坚定。

8.2.3 转型之难，难在资源

在转型过程中，多数企业不希望在新领域中小打小闹，也不愿意经历太长的业务发展期。企业家们深知"巧妇难为无米之炊"的道理，但在今天，转型所需要的"米"之多可能超出我们想象。经营新的业务需要资金投入，需要设备（厂房），需要成熟的配套技术，需要信任度良好的客户关系，需要能形成梯队的人力资源、需要成熟的管理体系等等。

对于转型，企业家们首先要想到给钱给人，资金和人力资源的投入是基础。二十年以前，企业可以尝试"四两拨千斤"的思维模式，而今天不要梦想空手也能成功，多数企业只能遵守循序渐进的发展模式。例如，某建筑集团想进入港口航道领域，集团提供经费10亿元，从中交系统挖来很多港航领域的专业人员，然而几年过去了，其经营依然靠传统的路桥业务来支撑，挖来的港航领域的专业人员由于业务不足或者不连贯，逐步回流到他们原来的企业中去了。

资源的准备需要从两个角度考虑，首先是必备的资源，其次是资源之间的配套。比如做房地产，必须有资金和土地，但只有资金和土地，并不一定能把房地产做好。很多建筑企业选择朝房地产转型，房地产开发业务离建筑业务近，相对熟悉。然而，朝房地产转型要过七关：角色关、观念关、决策关、土地关、现金流关、人员关、管理关，后面四关都是与资源紧密相关的。

其他转型的模式，如BOT模式，同样需要考虑资源的准备。选择合适的项目并作出决策，需要企业拥有关系资源、信息资源，并具备决策能力；同时，这些业务通常需要较大的资金投入，企业自身的资金实力也是转型需要考虑的问题，要解决资金问题，就需要有融资能力；有了决策能力和资金实力，业务的管理能力也是企业转型成功不可或缺的条件。还有些模式则是以技术和管理能力为基础的，比如企业朝EPC转型，企业需要具备一定的技术基础，并在此基础上不断积累新的技术能力，建筑企业向EPC转型的成功案例不多，转型所需要的时间也相对较长。

认识到资源在转型中的重要性，企业家就不会打无准备之仗，不会在资源不足的情况下强行抢滩，不会在资源不配套的情况下追求短时间的成功。

企业转型绝非易事，它不仅是对企业资源和能力的考验，更是对企业家心智和战略思维的挑战。只有通过系统思考、周密部署，转型的成功概率才会提升。企业家需要思考：为什么要转型升级？朝什么方向转型升级？如何转型升级？过去有哪些企业是这样转型升级的？有何经验？成功的概率多高？需要什么资源？转型升级会有哪些困难？如何面对这些困难？谁来领导企业的转型与升级？

转型和升级的模式多种多样，企业需要结合自身的情况来思考，不可能朝所有的方向转型。多数情况下，大型企业能选择的方向稍多，中等企业的选择可能是几个，而对于小型企业，能转型的方向更加有限。而在没有思想准备、经验准备、资源准备的情况下，做好眼前的业务和工作，未必不是最好的选择。

8.3 只要生长，何须转型

随着建筑行业十多年的快速发展，中国建筑企业从业务到管理都取得了长足进步，涌现出一大批具有较强市场竞争力的优秀企业，其中的佼佼者更是跻身世界500强。目前，建筑行业的竞争格局已经基本确定：行业的顶层是大型央企、优秀的省级建工集团和极少数的优秀民企；行业的中层是普通国企、优秀的大型民营企业和有特色、聚焦专业的中小型企业；行业的底层是大多数普通中小型建筑企业。建筑企业要想在今后的发展中脱离现有的竞争格局将会非常困难，那么，未来的出路到底在哪里？

企业应首先认清自己，然后结合自身实际寻找未来的发展方向：

对于行业顶层的建筑企业来说，由于在市场中的竞争优势明显，且过去的发展积累了一定的资金优势，在紧跟"一带一路""长江经济带""京津冀一体化"等国家倡议和战略，继续做大做强主业的同时，还应紧盯资本市场动向：通过并购、整合等方式实现业务的扩张和布局；利用资本优势进入保险、基金、租赁等金融行业；同时，加强金融业务和建筑主业之间的协同，实现产融结合，形成综合竞争力。

对于行业中层的建筑企业来说，由于资源有限，不可能在现有形势下再下一盘"很大的棋"，一味地跑马圈地只会加剧资金压力，成为企业发展的负担。因此，这些企业应结合自身实际，提升业务层级（如EPC业务、全装修业务）的同时，还应逐步树立"点思维"，不盲目扩张业务类型、价值链和区域（必要时甚至可以有选择地放弃某些业务和市场），而是不断优化内部管理，提高生产效率，力争把每一个项目都做成"现金牛"，确保现金流，确保盈利。

对于行业底层的中小企业来说，它们在竞争中处于劣势，面对的市场压力更大。然而，"大有大的难处，小有小的好处"。面对新的形势，中小企业的领导/老板更需要一种定力，不断思考自身在市场竞争中的特色，思考自己的客户是谁，极力克制做大的冲动，坚守信念，坚守特色，只要在一个方面做到"独一无二""独领风骚"，那么中小建筑企业的"生活也可以更美的"。

不管处于哪个层级，所有的企业都应该认识到，形势变化了，行业发展了，企业的生产经营随之而变，这无可厚非。然而，如果一味跟风做PPP、做EPC、做建筑工业化，不切合企业实际情况，那么摆在企业面前的并不见得是鲜花和掌声。企业的发展无定式，转型升级无定式，从另一个角度来看，结论是"只要生长，何须转型"。

9 看目标：战略目标仅仅是一个数字吗

相对于战略定位，企业的战略目标更加具有操作意义。那么，如何理解战略目标呢？"无规矩不成方圆"，在企业推进战略转型时，应该设置战略目标，没有目标的管理团队，显然难以爆发出能量。

9.1 企业是否需要具体、明确的战略目标

企业应设定战略目标，战略目标可以从多个方面来设定，如市场拓展、技术进步、提高生产力、利润、人力资源、融资能力、信用额度以及企业内部的和谐性和文化建设等等。总体来说，战略目标的划分维度可以有很多种，可以按时间划分（远期目标、中期目标、近期目标），也可以按管理职能划分（愿景使命、经营指标、管理指标等等）。

从时间角度来看，尽管目标越明确越好，但社会环境的发展是动态的，我们很难清晰地定义出未来十年甚至二十年后具体要做的事情，所以远期目标就会相对模糊，但近期目标最好是清晰的，毕竟是当下要做的事情。从管理职能角度来看，愿景使命目标会相对模糊，只需能描绘出企业发展的大方向，而经营指标以及支撑经营的管理指标就要具体明确，最好能够落到具体的数字上。

此外，企业需要具体明确的战略目标，还有一些要求：第一，口号式的目标设定并不可取，目标应明确表明设定的目的、可行性以及具体的实现时间表。第二，战略目标需要分解到每个年度、每个业务的具体的指标，并逐步细化到财务指标层面，以增强计划的可实施性。对于集团公司而言，整体战略目标的分解更为复杂，集团层面、战略经营单位（不同业务）层面、子公司层面、各个部门层面，指标遵循逐步分解、层层推进的原则。

9.2 怎么看"胆大包天"的目标

建筑行业的增速正在不断放缓，逐步接近行业的顶点。在这样的环境下，企业通常会选择相对谨慎的发展策略，设定比较保守的发展目标。

然而，我们却发现，少数优秀建筑企业依然选择了快速发展的策略，提出了看似遥不可及的发展目标：湖北某企业在收入20亿元的时候，提出五年后的发展目标达到100亿元；安徽某企业在收入100亿元的时候，提出五年后的发展目标是400亿元；沿海某企业在规模200亿元时，提出五年后的发展目标是1000亿元。也有数家规模超1000亿元的企业，提出了未来五年翻倍的计划。

行业发展棋到中盘，即使对于行业中的佼佼者，挑战也很大。无论如何，提出五年翻倍甚至数倍的收入增长，总让人有异想天开、痴人说梦之感，究竟是领导者画饼充饥还是志存高远、追求卓越？

通过与这些企业领导者的深入交流发现，他们提出"胆大包天"的目标并非随心所欲，而是经过认真思考的结果。攀成德公司的咨询顾问与三家提出五年增长四五倍的企业进行沟通时，了解到其内部对目标都在进行认真和激烈的讨论，多数人的结论大致相同，认为目标不切实际，实现基本无可能：五年增长五倍，年复合增长速度要达到41%，市场支持吗？即使能拿到这么多业务，企业的组织能力能支持吗？迅速扩大的业务，需要的人力资源、资金如何解决？企业的风险又如何控制？会不会出现最后一根压垮骆驼的稻草？即使五年的目标做到了，也只是发展中的一个阶段，未来如何持续增长？追求高速增长，意义到底在哪里？一系列的疑问，促使攀成德的咨询顾问和企业领导者进一步探讨，为何要提出如此"胆大包天"的目标？

一位企业领导者向咨询顾问坦言，目标是严肃的，但又是笼统的。目标的严肃性，在于其表达的是坚定、持续快速增长的思想。发展是硬道理，建筑企业要有规模才有地位，员工需要在有规模的企业工作，银行信用要有一定规模的资金流水，企业经营要有一定的规模来支撑品牌。一位企业领导者提出了几个反问：为什么大学毕业生要去大型企业？为什么中小企业融资那么难？为什么中国建筑业协会的副会长都是大企业的领导者？目标又是笼统的，五年收入从20亿元增长到100亿元，或者200亿元到1000亿元，无论时间，还是收入，都是略数。800亿元和1200亿元，都大致可以看作1000亿元，五年不能实现，七八年的时间实现，增长速度依然很高。

另一位领导者说，"胆大包天"的目标是组织发展、能力提升的需要。企业在过去二十多年的发展中，虽然也经历诸多困难，但总体发展是顺利的，对于企业目前的状况，大多数员工是满意和自豪的，这固然是好事，增加了员工的忠诚度。但换个角度，对现状的满足也如"温水煮青蛙"，致使大多数人停留在舒适区不愿意走出来，企业最大的风险往往来自内部的惯性，而非外部的挑战。因此，提出一个新的"胆大包天"的目标，能够促使整个组织走出舒适区，即使将来只实现了目标的70%～80%，也比提出缺乏挑战性的目标强。

在追求高远目标的过程中，企业的文化和能力、员工的思想和能力都会得到极大激活，这是在实现目标的过程中所带来的附加值。提出目标并为之奋斗，即使没有实现，奋斗过程本身的价值已经出来了。"您见过没有经历过风雨的彩虹吗？只要跑到终点，哪怕是最慢的马拉松选手也会有成就感，为什么？""我们企业最大的竞争对手，不再是同行，而是企业自己，可以说最大的挑战是战胜自己"。

还有一位领导者说，"胆大包天"的目标也是"我的人生新追求"。前文提到的五年增长四五倍的三家企业，都是民营企业，他们的领导者告诉咨询顾问，当初做企业的初衷主要是"赚钱混口饭吃"。建筑行业的快速发展"哺育"了他们，几十年的良性发展，这些企业的领导者实现了财务自由，那么，在衣食无忧的时候，为什么还要选择继续前行并接受更大的挑战？"奋斗才能找到人生的价值""除了做好企业，我还会做什么？"咨询顾问把西奥多·罗斯福的一段话发给其中一位企业老总，"尝试伟大的事情，赢取光荣的胜利。即使遭遇失败，也远胜过与既不享受多少东西，也不承受多少痛苦的可怜虫为伍，因为他们活在不知战胜和败退的灰色朦胧地带"，这位老总说："不用他说，我就是这么想的"。

对于那些不断追求新目标的企业和企业领导者，我们不会轻易质疑他们的选择，实现目标过程中所面临的挑战和风险，这些领导者比我们这些旁观者更清楚。30多万亿元产值规模的建筑行业和不断出现的新模式、新机会也完全能够承载他们的梦想，而建筑业也需要有梦想的人。

9.3 如何用"三条腿"平衡地走路

过去二十多年，我国建筑企业不断创新，也做出了很多"超级工程"。松下早年讲过一句话"小型企业要解决生存问题，中型企业要对社会有所贡献，大型企业是推动社会进步的力量"。在中国建筑行业里，技术和管理创新的主力仍是大型企业，面对高、难、险、重的项目，大部分突破也来源于这些领军企业。这引发了一个重要思考，究竟是什么力量在推动建筑企业进步？未来几年，中国建筑企业发展的驱动力可以总结为三种：一是资源驱动，比如增加人员、设备、资金；二是管理驱动，做好管理体系，提升资源使用效率；三是创新驱动，转变过去的生存方式、管理方式、作业方式。

对于建筑企业来说，未来战略目标的实现不应只靠资源投入，而应坚持"资源驱动、管理驱动、创新驱动"三条腿走路。在国内优秀的建筑企业中，这三种发展动力的比例大概是6：3：1，当企业发展动力比例达到5：3：2，甚至5：4：1或4：4：2，即三种驱动力接近均衡时，企业的进步必然更加显著。当然，不同类型的企业要根据自身的发展特点有针对性地设定战略目标，不能一概而论。但总体而言，应该遵循"降低资源投入，加大管理和技术创新投入"的大原则，这也是未来企业发展最为核心的趋势。

战略目标不仅仅是一个数字，数字只是外在的表现形式，它是企业家的执着与梦想，是企划人员对内外部发展环境理性的分析，是企业全体员工思想的统一，是一个企业的性格。目标管理是企业非常重要的一个管理课题。

10 做对标：到底要学习什么

对标工作是绝大多数企业都会进行的常规工作，尤其是在战略规划年，基本上每份规划都有一个对标分析的章节，但往往也是最容易灌水、被人忽视的章节。对标其实是企业发展中的一个重要工作，对标工作做得扎实，往往对企业发展有很大的助推效果。那么，如何做好对标工作呢？

10.1 如何对标

对标工作的开展主要围绕找标杆、比差距、找原因、学标杆、超标杆这五个维度工作展开。具体操作流程主要分为四个阶段：

第一阶段是调研分析。通过一对一沟通、研讨会、问卷调查等多种手段，识别企业在日常经营管理中存在的问题，包括但不限于战略发展现状、业务及经营管理现状、资源及能力匹配情况等。这个阶段需要得到企业各层级人员的大力支持，只有大家都积极参与进来，坦诚交流、客观披露，有效识别企业真正存在的问题，才能使得对标工作按照预期的轨道运转。正如德国著名物理学家海森堡所说："提出正确的问题，往往等于解决了问题的一大半。"

第二阶段是对标设计。这一阶段主要解决"与谁对"的问题，通过对标原则、对标设计的确定，明确标杆选择的方法并确定对标对象。

第三阶段是对标分析。根据已经选定的对标对象，回答"对什么"的问题，可以采用整体对标、优势对标、潜在竞争对手对标等方法，找到与对标企业的差距，并深入剖析对标企业是如何一步一步发展起来的，做到知其然并知其所以然。

第四阶段是宣贯培训。对标方案设计再完美，如果不能很好地执行下去，那也是竹篮子打水一场空，因此需要进行大范围的宣贯培训，让全体员工打心里认同、认可这个行动，并能付诸实践。

对标有两种不同的路径，第一种是整体对标，第二种是模块对标。

整体对标，指全面剖析标杆企业经营、管理、运作等先进经验，把标杆当作一个完整的整体来分析。整体对标是适用于发展模式、所处业态比较相似的企业，采用整体对标的企业需要满足一个充分条件和三个必要条件，充分条件是必须是同行业企业，必要条件一是愿景使命以及规模近似企业，二是发展历程成长环境类似企业，三是本企业发展始终锚定的企业，满足以上三个必要条件，才可以当作整体对标的对象。比如昔日的葛洲坝是非常适合直接学习万喜的，因为光从业务层面上来看都是一样的结构：建筑占了一半，剩下的是特许经营和其他的特殊产业。

整体学习的好处，一方面是企业标杆很明确，另一方面是每一个模块的落地性都比较好。但是它也有一个很大的问题，这种模式的对标很有可能会整个走错，即一条道走到黑。有时候，虽然在这条路上有一个类似的企业看起来做得比较好，但实际上两者只是先死和后死的问题，那这种问题就大了。整体对标要避免走入一个误区，只关注标杆企业光鲜亮丽的部分，却忽视了标杆走过哪些弯路、掉过哪些坑，其实这部分也是需要去重点关注的，所谓"见贤思齐焉，见不贤而内自省也"。

模块对标，指针对每个模块找到最佳实践进行逐一对标，即找出每个模块的单项冠军，因此模块对标的标杆可以不限于同行业的企业。当然，在模块对标时切记不能只分析表面的成功数据，而是要深入剖析之所以成功的时代背景和深层次原因，所谓时势造英雄，也许脱离了时代，一切都会变得毫无价值。

模块对标的好处是能够找到各个模块的最佳实践。假如企业自身是一个多品牌、集团化的企业，下面既有传统的机电施工，又有房地产，甚至还有运营业务，这种情况下，企业要打造多个品牌，怎么办？多品牌管理管得最好的不是建筑企业，而是雅诗兰黛，它的化妆品项目有非常成熟的层次、有区位的品牌建设，从高端产品到终端产品都有。所以说在这种情况下，这个模块有一个最佳实践：雅诗兰黛的品牌管理在所有行业、所有企业中都是非常领先的，可不可以复制呢？其实复制起来是比较困难的。

整体对标的模式下，一家企业有可能对标了另一家企业，最后发现对标的方向错了，整个学习过来也没有什么意义；模块对标的模式下，企业一定能找到各个领域最好的企业，但是各个领域最好的未必可以在其身上复制，两种模式都有它的可取之处，但也都存在缺点。究竟应该选择哪种模式？既要有整体对标，又要有模块对标，才能够保证整个对标行动既有真实可落地的内容，又有方向性的指引。

10.2 什么样的企业值得对标

对标的第一步是选择好标杆企业，这也是对标中最重要的环节，只有选对了标杆，对标工作才有意义。那么，什么才算是标杆企业呢？一定要找到与自身发展目标一致或者战略发展一致的企业，这要从显性和理性两个层面同步判断：显性层面是比较好找的，即同一个业务领域或者同一个市场区域的优秀企业，这种企业往往可以作为对标对象，但可能并非最佳对象；理性层面就是要找到内核，就像亚马逊围绕客户体验构建的战略飞轮一样，找到与自身内核一致的企业才是最佳的对标选择。

如何找到这个最佳内核？首先需要明白所处行业的技术特点，针对行业进行解构。比如，A企业要从同样做房建的角度来找对标企业，那什么样的企业才算真正意义上的领先于A企业呢？只看规模吗？假如A是中交下面做房建的一个企业，中天的规模比A大，中建的规模也比A大，A应该选谁？如果选了中天，大概率就选错了，因为A企业与中天在业务模式上本质是不同的，中天以承包制为主，而中建是典型的项目责任制。

以房建业务为例，如何选择一个合适的对标对象？房建行业有这样的特点：市场规模大，标准化程度高，项目难度门槛稍微低，市场化水平高，盈利空间相对小，竞争相对激烈。基于这些特点，什么样的企业能够成为这个领域中的一个优秀标的？它至少要具备三个层面的优势：有全过程的数据管理，以此为基础，可以衍生出全过程的商务服务能力，同时能做精益化的成本管控。

然后从这些角度出发，寻找谁身上有这些优势。目前来看，在中建系统中，中建三局的商务管理做得非常好；中铁系统的企业在二次营销创效益上也非常有特点，同样从这些内核来分析，中铁四局的二次创效能力也非常强，因为整个铁路的限价更为严苛，在严苛的限价之下，靠传统的成本管控无法获利，那回到房建本身是不是也有这个特点？房建市场现在65%的付款比例都算是好的商业地产项目，甚至很多项目签单之后就有50%的付款比例，这种情况下就要靠二次营销，从这个特点角度出发就可以找到两个合适的对标对象：中建三局和中铁四局都具备这样的管理特色，都能够让企业在这个行业中找到竞争优势。

这就是选择标的的核心方法，从表象上选择这个领域中的龙头企业往往是没错的。选择同样做这个业务的企业，做房建的肯定对标中建。解构一下它的内核就会发现，只要成本管控做得好、只要二次创效做得好就能在房建领域有一席之地，或者说客户管理做得足够好、能够把大客户和自己绑定在一起的企业都能有一席之地。这样就能够超出行业领域找到合适的目标，这是对标企业的选择逻辑。

10.3　对标之后，到底要学习什么

过去每个企业都会做对标，尤其是写战略规划的时候，每一个企业的战略规划报告中都会有一节"对标分析"，但是这一节往往写得比较空，就是把所有企业的营收、市场合同额或者其他的财务数据放上去，几个企业放在一起做一个对比，得出谁好谁坏的结论。这个对标往往是没有意义的，知道谁好谁坏又能怎么样？能把它的好坏学来吗？所以说我们要做的对标是要在数字层面对标的基础上，找到背后差距的成因，这才是企业能够把这个落脚落回到管理提升行动上的关键方法。

之前大家提对标，对标数据、对标管理都是可以的。但对标只是手段，它真正的目的是提升企业管理水平。如何通过对标把管理水平提升上去？就要找到表层差距之间深层次的原因，排名第一的企业是不可复制的，但是第一的方法论是可以学习的。

今天这么多企业学习万喜，但是中国并没有诞生出第二个万喜，欧洲也没有。因为万喜的成功源自当时的节点，它的商业模式超然于时代。今天再去学万喜，这个形势就不合适了，因为万喜已经从2020年开始大规模出售自己手上的特许经营资产，对于万喜而言特许经营的黄金期已经结束了。原因其实也很好分析，因为它的成本曲线越来越高，运营的年份越长，维护维修的成本越高，所以它开始逐步抛售大量的运营资产。法罗里奥同样如此，它与万喜在运营上基本是同步的。所以，学习标杆企业的历史做法，基本上不可能复制它的成功，但是近期的做法可以复制，就近两年大家在同一个环境下做同样的事，这些可以复制。

那真正的对标学习，应该是什么？是标杆企业管理的方法论，是它取得成功、找到发展路径的方法论。实际上万喜的方法论是创造了新的商业模式，ACS也是。第一无法复制，但第一的成功路径和成为第一的方法论是可以复制、可以学习的。

伟大时代孕育了波澜壮阔的工程行业，也给企业、企业家们带来了实践的舞台。5000多万从业者，十万多家企业，行业的实践可谓"八仙过海、各显神通"，从聚焦区域的龙头，到专注行业的隐形冠军，从精于品质的特色企业到多专业、全价值链的全能冠军，给广大的建筑企业提供了大量的对标选择。

11 重执行：是规划重要，还是执行重要

中国平安董事长马明哲先生说过一句经典的话："一流的战略、二流的执行，不如二流的战略、一流的执行。"这一观点深刻揭示了执行力的重要性——一流、二流战略之间的差距比较小，但是不同执行力之间的差距却很大。

执行力的强弱主要体现在战略计划和目标的严肃性，以及有没有"比、学、赶、帮、超"的团队。道理大家都懂，但在企业的实际运营中，的确有不少企业的战略还停留在理念里、文件中、会议上，行动止于公司大门。

11.1 战略落地，为什么那么难

无论是中国企业还是国外企业，卓越的战略执行力都是公司高管面临的首要挑战。不论是何种企业规模，战略执行一直是个让管理者关注并且经常头痛的问题。据调查，大概有10%的企业真正地使战略规划得到了落地，大多数战略仍旧停留在管理层美好的愿景之中，而非如其所愿地进行了积极而有效的推行和落地。这种现象也令管理层抓耳挠腮，公司发展越来越举步维艰。那么，战略落地为什么那么难?

第一，战略虚解码。徒有战略，但战略的愿景有明显的实现障碍，定量目标比较模糊，具体的举措也是缺失状态，导致制定的战略没有可以实现的路径，显然无法落地。

第二，无落地路线。即使是非常完美的、完整的战略框架和体系，如果从文字跳脱到实践活动的过程中，缺乏系统性，在公司形成的凝聚力和共识不够，在制度的安排上形成了错配，战略也难以落地。

第三，落地不科学。在落地的过程中，还会出现一些资源不匹配、组织能力滞后、流程冗余的问题，这些问题都会制约战略在落地过程中的活动开展和任务执行。

第四，战略缺闭环。有些宣贯是无效的宣贯，在战略执行过程中没有进行及时复盘，没有在中期以及战略周期末进行评估。导致闭环总有一个环节是缺失的，整个战略难以进行高效循环。

11.2　战略的执行之美，美在哪里

企业的战略管理是一门科学，更是一门艺术，蕴含着一种艺术之美。企业家或企业高层管理人员更能领会战略的美：美在大处和高处，美在变化，美在逻辑。而能让全体员工形成共识美，则是"美在执行"。空洞的战略不会产生美，实事求是的战略才是管理的艺术。

"一家企业的成功不只在于战略，更重要的是执行力。良好的执行力是企业战略得到实施的必要条件，执行不到位，再完美的战略也是空中楼阁，再恢宏的愿景也是镜花水月"。平安董事长马明哲先生用日赚3亿元的结果诠释着他的逻辑，不把规划变"鬼话"。战略的执行比战略的规划难度更大、工作量更大、参与的人员更多，执行之美含着多少"996"员工的"汗水"？据说，马明哲先生常常是让助理买一碗面来解决中饭问题（或许马总只是喜欢吃面，而我们误解成马总不愿意在吃饭上花费太多时间）。

在建筑企业中，中国建筑的执行力是比较强的，攀成德公司的管理专家对中建系统内的绩效文化、排名文化颇为钦佩，工程局排名、号码公司排名、合同额排名、收入排名、应收账款排名、利润排名，各种各样的排名，都是执行力的证明。

执行之美，美在于坚定而又明晰的目标。多数人不知道自己与战略有什么关系，但其实大有关系。当战略被分解成一个个具体目标，就会变为一群人行动的方向。肯尼亚大草原的百万角马为寻找下一片水草丰盛的土地，一起走过山山水水，是何等壮观的迁徙；大雁群在冬季飞向温暖的南方，起早贪黑，划过蓝天，老鹰亦难奈何。当一群人、一个组织的力量，坚定地朝一个方向发力的时候，它的力量就如同滔滔江水，势不可挡。

执行之美，也美在于对资源的科学布局。"华为坚定不移二十八年，只对准

通信领域这个'城墙口'冲锋。""华为只有几十人的时候就对着一个'城墙口'进攻，几百人、几万人的时候也是对着这个'城墙口'进攻，现在十几万人还是对着这个'城墙口'冲锋。密集炮火，饱和攻击。每年1000多亿元的'弹药量'炮轰这个'城墙口'，研发投入近600亿元，市场服务投入500亿~600亿元，最终在大数据传送上领先了世界。"华为集中所有火力，饱和攻击，林彪元帅1948年曾千门大炮轰开锦州城，这都是战略科学布局的气势之美。

执行之美，更在于合理的组织系统支持。企业是依赖个人，还是依赖团队和组织系统？这是管理学中的一个核心命题。"勇冠三军"的赵子龙在当阳能冲出重围，也不过是爱才的曹操不肯放箭；非洲人相信"一个人走得快，一群人走得远"；团队管理大师贝尔宾相信"没有完美的个人，只有完美的团队"。从组织的顶层设计到业务的一线，再从个人推动团队，团队推动组织系统，是亘古不变的组织逻辑，千秋伟业终归回到组织与战略的匹配上。

11.3　如何切实推进战略规划

"理想很丰满，现实很骨感"常常被引用，大致是说立志容易、实现很难，其实这是大多数追求高目标的企业都会面临的挑战。那么，如何切实有效地推进战略，使理想真正变为现实呢？

要切实推进战略，就必须步步为营。就连华为也认为"华为不是优秀的企业，我们只是在追求优秀的路上""华为的人是傻子，我们不去，也不会走捷径""华为就像乌龟一样，一直在慢慢爬"，华为爬了三十年才做到了世界最顶端。

要切实推进战略，就必须抓核心能力建设，不走捷径。建筑行业能走的捷径基本都被人走完了，现在已经没有什么捷径可走了。中国绝大多数建筑企业之间的能力差距并不大，有些企业表面上规模庞大，实际上核心能力并不强。加强核心能力建设，是战略规划落地和企业发展壮大的重中之重。

要切实推进战略，就必须有体系保障。战略的执行离不开人、财、物等资源的匹配支持，必须有高效的组织和良好的管理机制作为保障。

最后，还需要关注变化，保持战略弹性。与过去相比，今天的企业经营环境发生了巨大变化，战略执行过程中需要更加关注市场的快速变化和不确定性。过去企业都非常强调战略的刚性，但今天的市场变化实在太快，不确定性正在增加，企业既要保持战略目标的坚定和刚性，又要在实现路径上保持适度弹性。

11.4 战略修正要关注什么

企业的战略规划一般跟随国家五年规划而编制，根据攀成德公司的经验，战略规划咨询项目的"大年"是逢五或十，但在2018年、2023年却有很多企业提出了战略规划中期修正的需求。为什么要进行修正？为了回答这个问题，攀成德公司调研了数十家大中型建筑企业，发现背后的原因多种多样：

从外部环境看，由于时代和行业的快速变化，所以往往在五年规划的中期，企业就会发现，此时跟三年前制定规划时的外部环境差异很大；从企业内部管理看，内部的管理及思维也发生了迭代，有一些业务在短短两三年里潮起潮落（如当年的PPP业务），新近火起来的业务到底是风口还是趋势？企业到底是应该找风口还是认趋势？企业的判断和想法发生了变化；企业主要领导人员更迭，上级传导下来的预判也在改变；企业内部管理及风险防控的强化，企业越来越多元的文化，也让企业经营团队频繁地进行战略反思。

横向调研后，可以归纳和总结出战略修正的八个核心关注点：

第一，评估战略规划实施情况，找准"病灶"，有的放矢。

不同类型的企业在各自发展阶段所面临的内外部环境差异很大，需结合行业特点、发展定位和核心能力等对战略规划进行动态评估和修正。例如，央企中国建筑和中国交建在每个发展节点上，适时评估并修正企业的定位及发展方向，确保战略规划与时俱进。中国建筑在"十一五""十二五""十三五"规划中，不断调整企业愿景和主营业务；中国交建则通过提出"五商中交"战略，明确了自身转型升级的目标与路径。

战略评估的流程通常包括以下步骤：企业需要先检查战略的内在基础，对内部因素评价矩阵和外部因素评价矩阵进行修正，将修正后的矩阵与原有矩阵进行对比，如果修正前后的矩阵有显著的差别，则需要对战略进行修订，如果没有显著差别，就需要继续衡量企业绩效，比较企业规划的目标和实际取得的业绩，如果二者之间有显著的差别，需要对战略进行修正，如果没有显著差别，企业只需要继续目前的战略进程，无须进行战略修正。

第二，战略修正是基于现状还是基于未来？

企业在制定战略规划时有一个绕不过去的问题：规划制定的出发点是"在现在的基础上画'延长线'"还是"跳跃到未来看现在应该怎么做"。

画"延长线"的思路是以现状为基础，逐步制定目标。如果企业的现状是一艘"小舢板"，它基于对自身现状的评价，最终确定几年后的发展目标是成为一艘"轮船"，自我评价的内容包括目前拥有什么资质、在哪些区域开展业务、能增加多少投入、外部环境如何。经过努力，企业在几年后达到目标并成为一艘"轮船"时，它又基于对自身新现状的评价来确定下一段时期的发展目标，如此循环。

画"跨越线"的思路是以未来为导向，跳跃式规划目标。如果企业的现状同样是一艘"小舢板"，它的目标是成为一艘"航母"，企业要思考作为"航母"应达到的市场指标、财务指标、管理指标、行业地位分别是什么，在回答这些问题之后，倒推路径来确定目前需要补充什么资源、需要培育什么能力、需要增加什么业务、需要拓展哪些区域。

第三，战略修正要实事求是，拒绝假大空。

每个人都有理想，每个企业都想做大做强，做成百年老店，这本应该是值得赞颂的事。但在战略规划制定过程中，企业往往脱离实际，"既要……，又要……，还要……"不愿错过任何一个风口和机会，想要涵盖所有业务和模式。例如，经常能看到一些不到50亿元规模的建筑企业动不动就立志三五年成为综合服务商、运营商，甚至是生态圈集成商，规划了十几个业务，涉足PPP、投资、工业化、工程总承包……机构遍布五湖四海，不摒弃这种假大空思维，战略修正就会沦为笑谈。

第四，战略修正需关注组织的连贯性和逻辑性。

企业管理是一个完整的系统，战略是核心，组织是保障。战略变化必定要求组织结构随之变化，以更好地服务战略目标。施工业务与投资业务、建设业务与运营业务，对组织布局、权责及管控要求都有很大的差异，企业在战略修正时要特别关注组织结构的匹配和调整，同时确保组织调整的连贯性和逻辑性。曾经有位企业管理者这么说"我们一些企业，组织的转型与业务的转型没有配套，有点像头伸出了窗户，身子并没有过去，头伸得越长，身体越难受，最后头也只能缩回来……"

第五，战略修正要找准核心，勿求面面俱到。

企业的战略规划要回答三个问题：我们是谁？我们要到哪里去？我们怎么去？要回答清楚这三个问题，战略规划在结构上通常包含五个方面：发展方向（愿景、使命、价值观）、业务范围（业务定位、区域、价值链）、发展目标（总体目标、分项目标）、发展策略（业务策略、职能策略）以及行动计划。但不同的企业，处在不同的发展阶段，其侧重点各不相同，比如，央企的三级企业及地方国企的二级企业在发展方向和业务范围上已基本明确，战略修正应聚焦发展策略和行动计划的细化与落地；处于转型关键期的"独立自主型"企业则更应该聚焦在转型的方向、业务及模式的选择上。

第六，战略修正要设计针对性策略和举措。

我们听到过，也见到过太多的"战略规划是鬼话，就是挂在墙上好看的"等评论及现实。背后的原因很多，其中很重要的一点就是没有设计针对性的策略和举措，使得战略目标和业务转型沦为空谈。攀成德公司在为一家企业提供咨询服务时，针对客户提出的要"走出××，实现全国布局"的目标，提出了"十定举措"：定区域、定主体、定模式、定策略、定规则、定标准、定分配、定机构、定体系、定计划，事实证明，区域布局的效果不错。

第七，战略修正要重视资源配置及路径。

古人云："兵马未动，粮草先行。"企业战略目标的实现必须配置相应"人力、财力"等资源，同时对于暂时不具备的资源和能力，则需要寻找相应的配置路径。比如某房屋建筑企业在向基础设施领域转型时，面临专业人员短缺的问题，而且通过分析知道依靠自身的招聘和培养无法在短时间内快速满足需求。对此，公司经营班子提出了"我们要有大开大合的市场观和人才观，胸怀要更宽、视野要更广。对于人才不求所有、但求所用，市场就是我们的人力资源部"思路，迅速引进不少优秀人才和团队，发挥了鲶鱼效应，激活了公司优秀基因，并培养出了一批年轻的优秀项目经理，为企业转型奠定了坚实的基础。

第八，战略修正要形成落地的行动计划。

战略规划的制定是自上而下的，实施是自下而上的，因此在规划中要将目标、举措等进行分解，落到各个业务组织及职能条线，确保规划中确定的内容有支撑，事事有承担者。这些细化分解成为其未来工作的指南，也是每年考核的重点（图11-1）。

人力资源管理关键行动计划		预期成果输出	责任人/部门	2018年				2019年				2020年			
				Q1	Q2	Q3	Q4	Q1	Q2	Q3	Q4	Q1	Q2	Q3	Q4
1 建立支持公司发展战略的人力资源规划体系															
	依据战略规划制定公司人力资源规划，与各层级充分沟通确认，并指导二级机构将规划细化到执行层面															
1.1	分析企业人力资源现状，根据战略规划预测未来人力资源需求，平衡人力资源需求与供给，编制人力资源专项规划	《人力资源专项规划》	人力资源部	▨											
1.2	与各部门/二级机构沟通确认，修订人力资源专项规划，交主管领导审核审批		人力资源部、二级机构	▨											
1.3	各二级机构在集团人力资源部门的指导下，将人力资源专项规划细化到执行层面	细化到二级机构执行层面的《人力资源专项规划》	二级机构	▨											
2 规范公司人员招聘及配置工作															
	制定人员总体招聘/配置计划，制定相关人事政策，分配公司与二级机构的人员招聘配置任务															
2.1	根据人力资源专项规划，制定年度总体人员招聘/配置计划	《年度总体人员招聘/配置计划》	人力资源部	▨											
2.2	调研各层级的人员招聘/配置现状，制定招聘/配置相关的人事政策，包括应届毕业生、社会人员、中层以下岗位员工、项目部等人员的招聘/配置政策	《人员招聘/配置政策》	人力资源部		▨										
2.3	根据人事政策，分配集团与二级机构的人员招聘/配置任务	《公司总部人员统一招聘/配置计划》、《二级机构人员自主招聘/配置计划》	人力资源部		▨										
3 ……															
3.1	……															

图11-1　战略规划行动计划分解（部分）示意图

来源：攀成德公司

第3篇

透视业务：优化模式，久久为功

建筑业已从增量时代过渡到存量时代。在增量时代，企业各自干好自己的活就能生存下来，因为市场在持续增长，搞房屋建筑的就专心建房子，搞铁路的就安心修铁路。但在存量时代，市场总量固定，企业要想活下去，搞房屋建筑的肯定要去抢铁路的饭碗，反过来修铁路的也必然会去抢房屋建筑市场，这是为了生存必须走的路。

因此，在存量竞争时代，企业的战略会慢慢趋同，在业务和业务模式的选择上会越来越相似，这要求建筑企业在业务选择、业务模式、业务管理方面，做出更精细化的思考，要求建筑企业在业务战略上绵绵用力，久久为功。

12　看客户：客户，是甲方还是伙伴

2023年建筑业产值已超30万亿元，抛开绝对值的增长（通货膨胀及人工、材料价格上涨等因素可能导致的建筑业产值持续上升），从开工面积、水泥及钢材等的用量来看，整个行业处在峰值阶段已是业内普遍共识。未来，建筑企业一方面要力争在"蛋糕大小既定"的环境里争取更高的市场份额，另一方面要向存量和运营要市场，甚至向服务型企业转型。因此，客户管理、向服务转型将成为建筑企业重要的管理课题。

12.1　谁是"上帝"

建筑企业为什么要探讨客户关系管理？"客户是衣食父母"是对这个问题最简单的回答。企业的收入和利润可以用财务的方式来思考，也可以从客户的角度来分析。从客户的角度，可以做出这样的公式：

$$R=X_1\times Y_1+X_2\times Y_2+\cdots+X_n\times Y_n$$

$$I=X_1\times Y_1\times I_1+X_2\times Y_2\times I_2+\cdots+X_n\times Y_n\times I_n$$

式中　R——总收入；

　　I——总利润；

　　X_i——每个客户购买产品的数量；

　　Y_i——购买产品的客户数量；

　　I_i——购买产品的客户利润率。

由此，我们可以得出两点结论：第一，我们的收入是客户支付给我们的，有收入才有支付成本的能力，因此客户是我们的衣食父母。第二，只有从每个客户身上赢得利润，企业才能创造利润，有了利润，企业才有价值，股东的价值才能得以体现，企业才有持续发展的可能。世界上几乎不可能存在没有利润却能持续发展的企业，所以客户是企业持续发展的基础。

然而，客户关系管理理论告诉我们的远不止于此，客户是"上帝"，但企业能让所有客户都满意吗？企业能在所有方面让客户满意吗？显然，答案是否定的，并非每个客户都是"上帝"。

谁是"上帝"？我们需要对客户进行分类。从客户的当前价值和潜在价值两个维度分解，可以将客户分为白金、黄金、铁质、铅质四类，企业要尽力满足当前和潜在价值都高的白金客户的需求，要尽可能舍弃当前和潜在价值都低的铅质客户（图12-1）。

图12-1 客户分类矩阵

从客户的当前价值来看，可以采用金字塔模式进行分类。第一类就是VIP客户，即消费最多的前1%。第二类是主要客户，消费最多的前5%。第三类是普通客户，即除VIP和主要客户之外的消费最多的20%。其他是小客户，对于企业经营的意义不是特别大，尤其是对利润的贡献不显著。

但建筑企业不同于普通的消费品行业，难以对客户进行如此细化的分类。国内优秀的建筑企业中，有的企业客户仅3～5家，有的企业客户数量众多。对于后者，对众多的客户进行分类研究和分析，对企业的经营和管理意义重大。对于建筑企业来说，不同客户的服务成本差异很大，中建很早就提出了"大客户，大项目，大市场"的理念，这些理念的提出，正是基于对客户关系管理的深刻理解。

对于建筑企业而言，寻找优质客户、培养优质客户，并与优质客户结成战略伙伴，是实现持续、稳定、快速发展的关键战略课题。研究表明，在服务成本、风险方面，老客户都明显优于新客户，"开发一个新客户的成本是留住一个老客户的四倍"，而"在挽留顾客方面哪怕取得一小步进展，也会为你的公司赢得双倍的收益"。

世界知名的管理咨询公司麦肯锡，它的客户中70%是回头客；成功的星级酒店服务的主要对象是老客户；建筑企业中一些优秀的企业也是以服务老客户为主。

12.2　向服务转型有多难

传统建筑企业是典型的OEM（代工）模式。随着行业发展，一些具有前瞻性的建筑企业已经规划未来向运营商、综合服务商、资源集成商转型。然而，这一转型并非易事，它不仅是业务的改变，更是人员、生产方式及服务意识的根本转变，需要很长的时间，最终的成功者可能寥寥无几。那么，朝服务企业转型，有哪些关键要点？

第一，解决理念问题，重视客户服务和客户价值。

建筑企业首先要把客户（包括业主、材料商和合作伙伴）视为最重要的企业资源，通过完善的客户服务和深入的客户分析，精准满足客户的需求，实现客户的终身价值。然而，在理念上建立客户关系管理思想并不容易，在实际推进中更是困难重重。

优秀企业普遍以客户服务和价值创造为核心理念。中建集团的核心价值观是"品质保障、价值创造"，其子公司中建三局提出的理念是"坚持规模提升与品质保障并重""追求价值创造"，正是从上到下、不断强调责任、品质、服务客户的理念，最终推动中建成为中国最优秀的建筑企业之一。

同样，龙信建设集团也高度重视客户服务。公司董事长陈祖新先生在企业内部不断强调，不要把龙信看作建筑企业，而要把龙信看作服务企业。在战略思考中，陈祖新先生早在2010年前后就提出了"从'建筑商'向'建筑服务商'

转变"："要从客户和市场出发，而不是从企业自身出发；你能做什么不重要，客户如何选择很重要，正因为我们认清了这点，所以才能赢得龙信今天这个局面"。

然而，并不是每个建筑企业、每个经营管理者、每个项目经理都认识到了客户服务的重要性。一些人口头喊着服务客户，其精力仍然放在酒桌上，放在揣摩客户的心理上，"幻想一两件事或某个项目创造转机，一夜暴富，化腐朽为神奇，这些人用80%时间来关注市场和机会，用20%的时间来关注管理"（摘自陈祖新先生的战略思考）。的确，一些人通过这种机会主义取得了一时的成功，但能弯道超车的毕竟是少数，捡到便宜的也只是少数时候、少数人。企业若要追求卓越、基业长青，就必须回归正确的理念、长久的理念上，真正让企业所服务的客户满意。

让客户满意，还要为客户省钱，追求价值创造。目前建筑企业的生存环境并不友好，利润空间微薄，各方处处博弈，拼命想着转移成本，从客户方谋取更多利益。因此要实现向服务型企业转型、追求价值最大化的多方共赢非常不易。但仍有企业坚持为客户创造价值，例如，西部某大型省级建工集团公开倡导并践行"共赢，让客户先赢，让客户多赢，最后实现共赢"的理念，身体力行，为营造区域市场的有序竞争、甲乙方的良好合作做出了贡献，该集团这些年在市场上获得的巨大发展也是大家有目共睹的。

事实证明，在诚信丧失、价值沦陷的年代，越是坚持底线、坚持创造价值的企业和个人，最终一定会得到市场和客户的认可。那些看似快捷的捷径，往往会因过度拥挤而难以长久；而选择难走却有价值的道路，才是通往光明未来的真正方向。

第二，从企业内部开始转变服务意识，变被动为主动。

OEM模式与服务型企业最大的区别在于前者主要面向事和物（依据图纸，借助材料设备等），后者面向的是人（关注服务体验和感知等），这看似只是一句话的差异，但要实现这种转变远非一日之功。建筑企业长期以来围绕项目运转，"工程男"们天天在现场盯进度、质量和技术，鲜有心思去琢磨客户和用户体验。叠加整个市场环境不太友好，甲乙双方存在各种博弈（低价中标与高价变更，索赔与反索赔等）。在这种背景下，提出服务意识、服务转型异常艰难。

在与一些正在转型的企业交流中，我们发现，它们已经做了不少有益的尝试，其中最重要的一条就是从企业内部开始转变服务意识，变被动为主动。

公司各级机关人员挪开屁股，更主动地去服务项目及一线，企业风气的转变取决于"庙堂作风的转变"（各级总部是低效的官僚机构还是高效的服务平台），总部的定位更多的是支持和服务，其职能部门的考核更多来自项目和一线自下而上的评价，彻底改变"门难进、脸难看、事难办"。

市场经营人员从单纯建立和维护客户关系转向更加深入地服务，他们主动协助客户分析市场和产品趋势，明确和完善需求。比如某建筑企业，其主业是大型电子信息厂房建筑安装，公司有专门研究电子信息产业的部门和人员，每年参加全球顶级的电子信息类博览会，为客户的市场布局和产品定位出谋划策。

项目一线工程师们主动撕掉"工程宅男"的标签，除了做好项目现场的各项工作，还要主动和甲方管理人员沟通，多站在对方的立场看问题，成为朋友，破除博弈，成为"服务型工程师"。

第三，建立内部的管理体系和流程，落实客户至上理念。

有了服务客户的理念和意识后，企业需要通过优化内部管理体系和流程，真正将"客户至上"的理念落到实处。那么，在哪些环节建立客户关系管理机制？在市场营销、服务、技术支持等与客户相关的领域。企业再造大师哈默（Michael Hammer）和钱皮（James Champy）对此有深刻的论述，通过流程重组来再造企业，使企业从以领导为中心转变为以客户为中心。

两位大师这样理解企业：企业的任务是为客户创造价值，如何理解客户——客户是公司希望通过向他们提供有价值的产品来影响他们购买的人；如何理解价值——给客户解决问题，公司的流程旨在为客户创造价值，公司的成功来源于出色的流程绩效，而良好的流程设计、合格的执行人员以及适当的运行环境，是取得出色流程绩效的保障。

包括流程在内的企业管理体系，其最终目的是通过以客户为中心来设置企业构架，完善快速响应客户需求的组织形式，规范以客户为核心的工作流程，建立客户服务措施，进而培养客户的品牌忠诚度，扩大企业的可盈利份额。

浙江某上市建筑企业董事长在谈到行业市场问题时认为：路是会修完的，房子的建设高峰期也会过去，但人类对建筑物功能的诉求不会结束，只要我们能把握市场和客户的需求，及时调整企业的战略方向并培育相应的能力，对于未来市场何必杞人忧天。又比如隧道股份这些优秀的建筑企业，已经将自己的组织架构和运营体系由传统的"产品中心型"向"客户中心型"转变，进而推动公司整体的服务转型。

随着服务业在国民经济中占比的持续提高，随着建设高峰期的过去，行业需要越来越多的传统建筑企业转型为服务企业，围绕人们对建筑物的各种功能诉求开展的服务会越来越多。

12.3 大客户战略，还能不能继续

在建筑行业，大客户战略一直是被广泛认可和实践的重要经营策略。不少建筑企业（尤其是民营企业）依靠少数几个核心大客户，就能获得充足的业务量，并实现较高的资源配置效率。通过与资金实力雄厚、市场份额大的客户建立长期合作关系，能够减少市场拓展成本，提高企业经营的稳定性。

然而，近年来以恒大为代表的大型房企暴雷事件，使大量与其合作的建筑企业都遭受了严重的资金损失，甚至陷入生存危机。2021～2022年，某头部民营上市企业因恒大商票违约，累计计提各类减值损失57.65亿元，相当于其2019年、2020年两年的利润总和。当然，这样的现象还发生在众多以大客户为主要经营策略的建筑企业中。

当房地产黄金二十年积累的惯性思维遭遇"黑天鹅"事件，传统的大客户战略正面临着前所未有的考验。那么，大客户战略是否存在根本性问题？未来，还能不能继续？

尽管大客户战略在当下面临挑战，但依然具备业务稳定性强、资源利用效率高、提升市场地位等诸多优势。因此，答案并非简单的"是"或"否"，而需要辩证而待，汲取经验教训。那么，恒大等地产暴雷事件，给企业带来了什么思考呢？

第一，不用过分自责，要客观认识此事件。

事实上，地产暴雷事件，是这个时代的悲剧，每个人都可能是这个悲剧中的元素之一。比如说购房者，可能拿房的时间会延长，即使拿到房，质量能不能保证，将来的物业服务能不能达到理想的程度，这些都会心存疑虑；除了购房者以外，还有供应商，如施工企业、材料供应商、电梯供应商等，收了很多商票，兑现的可能性也很低；即便风控严格的银行也给恒大贷了很多款；政府也背负了很多社会责任。施工企业只是其中的元素之一，企业需要自责，但不用过分自责。这说明企业的管理者、经营者对时代的认知，对房地产行业的认知，对恒大这类大客户的认知，也没有跨越时代。

第二，从此事件中要提高我们的认知水平。

企业要去反思为什么掉坑里了，而且是掉到这么大的一个坑里，这不是一天两天形成的，是长时间的惯性思维形成的。如果再重来一次，我们还会错吗？下一步该如何避免这类故事重现？恒大事件的受害者，往往是一些优秀的建筑企业，这些企业在未来的经营过程中，类似事件其实是很难避免的，但可以减少类似事件发生的频率和比例。

攀成德在服务建筑企业的时候，都谈到战略客户、大客户。但在选择战略性客户的时候，企业对风险的认识，对战略性客户的研究应该进一步加深。步步高品牌创始人段永平讲过一个故事，他比较喜欢围棋，算是业余棋手，有一次跟中国围棋协会主席华以刚先生下棋（华以刚让子），下完以后他跟华以刚复盘，说有一两步棋怎么下都觉得不舒服，就问华以刚这步棋应该怎么下，华以刚说你前面下错了，后面怎么下都一样。所以像恒大这样的企业，如果你选择它作为战略合作伙伴，后面的结果是自然而然的，因为前面就错了，所以对战略性客户的战略性研究非常重要。

第三，企业要警惕牛人崇拜。

攀成德在与行业里的一个老朋友探讨这个问题时，他说："类似于像许董事长这样的牛人，他们的成功源于时运，可是周围许多人更愿意将它归功于其个人的能耐、本事，习惯于高估个人的力量，而忽视了趋势，忽视了大势和外部形势的作用"。在这个幸运的时代里，经济领域的这些风云人物的确比一般人要强，但是更重要的是这个时代给了他们机会。这位老朋友还意味深长地说："某些牛人本质上就是赌徒，与赌徒合作、共事始终要警惕与小心！"

建筑企业的大客户战略并非完全失效，而是需要根据市场环境的变化进行调整和优化。恒大暴雷事件为行业敲响了警钟，提醒企业在享受大客户战略带来的好处的同时，也要高度关注其潜在风险。

13 看产品：选择和努力，哪个更重要

中国企业总有一种追求膨胀扩张的天然冲动，建筑企业自然也难免俗。或为提高利润，或为分散风险，或为扩展空间，或为好大喜功。近年来，众多建筑企业不约而同地走上了多元化发展的道路，在产品种类上贪多求全，业务区域上四面出击，业务领域上大包大揽，名曰分散风险，实则分散精力。业务多而不精、规模大而不强早已成为建筑行业司空见惯的现状。

聚焦产品战略，选择和努力，哪个更重要？建筑业已经走过了"千帆竞渡、百舸争流"的黄金时代，企业未来的出路在哪里？尽管各有招数，但那些优秀且受人尊敬的企业，终归都是从做好产品和服务开始的，扎根行业，抵住各种风口的诱惑，最终成为为人类谋福祉的百年老店。

13.1 建筑企业有哪些业务产品

建筑企业的业务产品类型可以总结为以下三种：

第一，单一施工业务型。

这是多数中型建筑企业的业务现状，它们主要从事一个或数个施工专业领域。除传统的工业建筑、民用建筑、路桥工程、水利工程外，随着科学技术的进步和社会经济的发展，新的建设需求不断出现，如园林工程、海洋工程、地下工程乃至空间工程等。建筑业务产品还可以不断延伸和细分。例如，江苏、浙江比较多的中型、资质为一级的建设集团，主要从事房屋建筑、古建园林、安装、市政路桥等业务。

由单一施工业务向多个施工业务拓展，是多数建筑企业最具操作性的转型路径。浙江有很多房屋建筑企业曾在多年前通过战略收购，进入路政、电力施工行业，巧妙地绕过了资质和业绩等多重限制，取得了显著成效。与此相对，

由多个行业施工（或其他类型的多元化）向专业化施工转型，是一种典型的业务聚焦思路，这样的转型将有效地集中资源，促进企业在专一领域的成功。

第二，价值链/产业链上下游多元业务型。

近年来，随着工程总承包业务的增加，许多大型建筑企业在工程价值链上进行了延伸（规划、投融资、设计、施工、运营、服务等多个环节）。目前，大型央企都在从事这些业务，这些业务主要在总公司或者工程局层面展开，而在工程局以下的子公司较少涉足。在除施工外的其他价值链单一环节业务中，向投资转型尤其具有代表性，建筑企业完成积累后，就逐步从实业型向资本型过渡，这是一条非常典型的出路。例如，浙江企业逐步从施工集团转为控股集团，总部逐步从具体业务中抽身，进军更加广阔的资本市场。

大型建筑企业在从事房地产、建筑材料（如混凝土）、钢材贸易、设备租赁等业务的过程中，逐步脱离工程价值链，向更广阔的建设产业链延伸。以房地产为例，这一业务对多数建设集团而言是重要的，且成熟度不算太高，多数需要集中集团的重要资源，包括人力、财务、品牌等。以中建为例，其在总公司和工程局层面开展的房地产业务——中海地产、中建地产是成功或较为成功的，而下属号码公司房地产做成功的屈指可数；多数江浙的民营企业房地产业务均集中在集团层面，没有集团对资源的整合，很难成功。

相对于房地产，建材、物资贸易等业务操作难度较小（除非把材料提到很高的战略高度）。需要说明的是，由单一行业（或多个行业）施工向产业链上下游延伸拓展，这是一种提升竞争能力的有效手段，安装企业成功进入钢结构制造领域，房建施工企业成功进入房地产等，成功的转型将为企业发展提供强劲动力。

第三，无关多元化业务型。

大型建设集团正逐步将多元化领域扩展到建设产业链之外，进行大量的无关多元化。例如，云南建投、西部中大（即华邦建投）等大型建筑企业参股地方性商业银行，投资有色、煤矿领域；浙江一些集团已经进入能源、传媒、教育、医院等众多领域，这些企业完全脱离传统的大建设领域，成了其他行业的新进入者，也已经脱离总部自身的技术能力，一般来说，建设集团已经很难在这些领域培养自己的核心能力，尽管这种拓展面临诸多风险，但一旦成功，反而会显示出无限的生命力。

13.2 如何选择适合自己的业务产品

13.2.1 专业化，还是多元化

建筑企业常常陷入专业化还是多元化的选择困境，它们往往认为多元化能争取到更多的机会，分散风险，"东方不亮西方亮"，而专业化则存在这样的危险：当行业陷入困境，企业日子不好过；当企业在其所处的行业没有竞争力时，日子同样不好过。

企业到底应该走专业化还是走多元化的道路？这个争执由来已久，我们可以找出很多多元化成功的案例。世界500强的大公司多数选择了多元化，一两个行业容纳不下这些企业的市场需要，必须足够多的行业市场才能容纳自己的身段。

然而，我们仔细分析这些世界级的大公司，往往发现它们的多元化并非一般所想。首先，这些公司的多元化往往是有原则的多元化，即相关多元化。其次，在这些大型公司内部，不同业务采取专业化的经营、专业化管理，其单个业务也堪称世界级的大型专业集团。同时，那些经历风风雨雨依然坚毅挺拔的专业公司，虽然规模未必很大，但并不妨碍它们成为行业内令人尊重的霸主。

由此看来，专业化既是大型集团内部经营和管理的选择，也是中小型企业整体经营和管理的战略选择，如果说它们专业化之间有差异，则主要是专业化的宽度和深度不同。正如我们每个人，或许能者可以在多个领域都成为专家，而多数人能在一至两个领域成为专家就已经相当不错了，原因很简单，一个人的能力有限，精力有限，资源也有限。

对于中国建筑企业而言，到底应该多元化还是专业化？整体而言，中国建筑行业产值规模已超过30万亿元，产业的价值链在不断延伸，业务的模式也因客户的需要在不断创新，巨大的建设市场既可以容纳相对多元的大公司，也可以容纳足够规模的专业公司，有核心能力的公司都可以找到足够的生存空间。但若仔细分析每个细分行业，参与竞争的企业也非常多，中国有超15万家建筑

企业，每个细分行业的参与者数以千计、万计。尽管市场规模足够大，但竞争也日趋白热化，要成为一个足够强大的竞争者，选准自己的定位至关重要。对于多数企业而言，多元化让它们在资源和能力上都受到极大限制，规模的扩张在未来也会受到挑战，相比而言，专业化往往是更加明智的选择，如果专业化的事情都做不好，多元的扩张就非常困难。

1. 专业化的优势何在

专业化的优势首先在于集中资源，一个企业在专业人员、资金、技术、设备、管理、经验、市场等方面的资源总是有限的。每个市场化的企业在面临竞争时，要比竞争对手做得更好，集中资源比分散资源更有优势，正是各种集中的资源使企业能实现更高的效率，为客户提供更好的专业服务和专业价值。相反，如果一个资源不多的企业追求多元化，有限的各类资源就会被分散，很难集中精力创造出具有竞争力的核心能力。博而不专，往往导致自己的各类业务缺乏竞争力，最终成为没有"核心竞争力"、没有特色的二流企业。中国有很多名言如"业精于专，而毁于随""多则迷，迷则乱"，大致也是表述这样的道理。

多元化，尤其是盲目多元化，即便对于世界顶尖的企业，也是难以承受之重，正是因为它们曾经犯过类似的错误，走了不少弯路，所以世界顶尖企业都十分强调专业化发展。奔驰的一位前任总裁曾想让奔驰成为全球最大的科技公司，为此他收购军火企业、航空企业、电子企业等，然而，带着这样的宏伟蓝图和伟大梦想，却让当时的奔驰走得异常艰难，以至于其收购的企业家家亏损，只有老本行汽车行业盈利。慢慢地，奔驰陷入以盈补亏的困境，日子非常难过，这位总裁也只好引咎辞职。事后人们帮他算了一笔账，1999年，整个集团亏损了76亿马克。今天的奔驰，已经东山再起，稳居全球汽车行业中的前列，而其当年收购的多元化企业已经消失在历史的尘埃中。

可以看到，即使是奔驰这样的老牌企业，资源也是有限的，而这种有限的资源是在发展过程中持久、连续积累起来的，来之不易又局限于汽车行业。格力前任董事长曾说："我们一心搞空调，其他的我们搞不过人家，搞也等于'以卵击石'。但搞空调他们不如我们，因为这是我们的强项，有几十年的经验积累，有久经锻炼的人才和丰富的资源"。

这些事例，提醒着建筑行业的企业家们：在中国的建筑行业里，企业处于什么地位？在主业的细分行业里，企业处在什么位置？能力如何？在主要的市场区域里，企业处于什么位置？能力如何？如果答案不是那么令人激动，甚至比较沮丧，企业就必须集中有限的精力、智力、时间，做好一至两个行业，做好一至两个区域。战略的随心所欲，战术的四面出击，最终只会疲于应付，力不从心，结果自然也会事倍功半，甚至全盘皆输。

专业化的力量不只体现在业务经营方面，在内部管理方面、客户价值方面都显示出了优势，在资本市场也得到了积极响应。专业化的公司，如金螳螂2023年营业收入201亿元、年末市值97亿元，江河幕墙2023年营业收入210亿元、年末市值71亿元，建筑业中营业收入超过1000亿元的综合性公司中，上海建工2023年营业收入3046亿元、市值203亿元，陕建股份2023年营业收入1806亿元，市值144亿元，其市值相对于营业收入的比例远低于专业公司。

2. 把所有的鸡蛋放在一个篮子里，如何避免"篮子掉落，所有鸡蛋都破碎"

专业化企业的陷阱，莫过于风险较大，就如同"把所有的鸡蛋放在一个篮子里"，篮子掉落，所有的鸡蛋都会破碎，即专业化公司陷入专业化陷阱。对于专业化的公司，需要考虑选择什么样的篮子，篮子里的鸡蛋怎么放，谁来提这个篮子，篮子怎么提这些问题。

第一，选择好的业务，也就是所谓"篮子"的问题。

建筑行业是一个专业非常宽、价值链非常长的行业，业务的选择既可以从专业的角度进行，也可以从价值链的环节进行。建筑行业不同的细分领域特点各异，最近几年无论是总承包还是专业承包企业，都获得了长足发展，可以说都找到了好的篮子。但从长远看，总承包和各类专业的市场会存在显著的差异，一些行业建筑物的存量越大，未来的市场空间越小，比如建筑总承包、土木工程总承包、建筑机械等等。而一些细分行业会随着建筑物存量的增大，市场空间同比例上升，比如装饰装修行业，建筑智能行业，土木工程的桥梁维保、高速公路维保等。以装饰企业为例，其在资本市场就广受欢迎，投资者既看中这些企业的专业能力、专业品牌，更看中这一专业领域的市场空间。随着城市人口的持续增加，城镇住宅建筑和公共建筑的存量不断增加，存量建筑的持续改造升级给这些专业化公司带来的机会既是巨大的，也是永恒的。与此相比，市政路桥的建设企业，在基础设施建设的高峰过后，新建也将基本结束，市场需求更多的是路面、桥面的维保工程，市政路桥总承包企业将被迫向维保、路面进行转型。

第二，专业化的企业要有空间拓展能力和远距离控制能力，也就是我们比喻的"鸡蛋怎么放"的问题。

专业化意味着要在某个细分市场有较高的市场占有率，在比较宽的区域空间进行市场开拓，要在全国乃至全球进行专业性的业务开拓。重庆有一家专业从事钢桥面路面铺装的公司，多年前其年营业收入仅有10亿元，但业务遍布全国，它甚至希望把业务拓展到国外。显然，这样的专业公司，如果只在重庆或者西南区域拓展市场，其生存空间将非常有限。

与业务的空间拓展能力相匹配的是企业的远距离业务管理、业务控制能力，没有这样的控制能力，业务失控所带来的经济和声誉损失也是企业不能承受之重。毫无疑问，与远距离空间拓展能力、远距离管理控制能力相对应的是高经营成本、高管理成本及更好的专业设备、材料配送能力。要支付这些高成本，企业要么品牌溢价，要么实现更高的专业效率，否则很难满足客户对更高性价比的需求。没有合理的性价比，企业的专业化就失去了存在的价值。

专业化的企业需要创新，即专业能力或者模式的不断创新，使其与非专业企业相比保持领先的地位。只有不断提升专业能力，才能更好地满足客户需要，与非专业企业相比保持领先。同时，需要提升资金运作能力，相比多元经营的企业，专业化公司的经营往往与行业的发展紧密相关，很难实现不同行业之间景气程度的平衡。当高铁建设突飞猛进时，专业的铁路建设企业业务非常好，但行业景气度下降，企业就面临经营的窘境，如果没有一定的资金运作能力，也许企业就倒在黎明前。

第三，专业化的企业需要建立专业化的文化和团队。尤其是企业的领导者或者团队，需要坚信专业化的力量，这就是谁来提篮子的问题。

建筑专业化企业面临经济周期性的问题，没有坚定的信念，就会半途而废，很多专业化的公司走到半道，就心生犹豫，要么走向多元化的新困境，要么倒在专业化的门口，正是"任正非""董明珠""朱兴良""刘载望"这些人才成就了华为、格力、金螳螂、江河这些专业且伟大的公司。

3. 如何选择专业化的路径

不同规模、不同发展阶段的企业，选择专业化的路径也会各不相同。

对于大型建筑企业而言，资金、技术、人才资源都比较丰富，业务领域往往也比较宽，可以通过内部资源整合进行专业化发展。数据分析和研究的结果表明，国际大型建筑企业内部基本都采用了专业化的事业部模式。日本大成公司按照专业领域对内部业务进行事业部制的管理，集团总部的部门设置相对简单，下属业务都分属不同的事业部，事业部的部门设置系统完整，支持业务的经营和运作，形成内部的专业能力。虽然日本大成公司业务广泛，但每个领域都由专业化的部门完成，能专业化地服务客户。事业部模式的设置，解决了公司总体业务多元化，但具体业务由专业业务部门运作的问题，每个业务部门要么只从事一个专业领域，要么只从事一个价值链环节的业务，在内部实现专业人士从事专业业务。

国内大型建筑企业难以做到专业化，规模领先的国内大型建筑企业集团也正在内部实行专业化调整。力度最大的当属中国建筑，其内部专业化的思路与国际大型建筑企业基本一致，即建立专业化的产业集团，包括地产集团、装饰集团、安装集团、商品混凝土集团等。正是遵循了专业化能力、专业化管理的规律，中国建筑在业务层次提升、品牌提升、管理能力提升、盈利能力提升等诸多方面都成为大型建筑企业集团的楷模。

中等规模建筑企业的专业化需要缩窄、缩短战线，把资源和精力集中在少数几个领域，少数几个区域。一些规模几十亿元的建筑企业，业务领域涵盖十多个，区域跨国际国内，专业和价值链跨度都比较大，遵循"东方不亮西方亮"的思路。虽然子公司、分公司数量很多，但大多盈利能力不强，甚至一些机构还出现亏损，领导们往往意识不到这是战略上的失误，而是把责任归咎于下属企业。而当一些企业意识到战线太宽太长，进行专业化调整时，内部阻力往往非常大。可以预见，这些公司要么下定决心进行资源整合缩小战线，要么就在温水中慢慢窒息而死。

对于小规模建筑企业，唯有专业化一条发展道路。在完全竞争的建筑市场，已经证明了这样一个规律：大型建筑总承包企业只是少数，大量企业是中小型的专业分包和劳务分包企业。小企业的生存路线是在很窄的领域，拥有很专的能力，用一个拳头的力量与大企业一个指头的力量去竞争。小企业的领导者要去研究今天已经强大的专业公司如金螳螂、江河集团的发展历史，从它们专业化的成功经验中寻找自己的未来。

没有专业化就没有多元化，无论是小型建筑企业还是大型建筑集团，这都是需要思考的问题。大建筑企业需要追求内部专业化，调整虽然艰难，但必不可少。对志存高远的小企业，专业化不仅是成功的起点，更是它们走向成功的捷径，至少它们离多元化还比较遥远。

13.2.2　如何对业务做减法

中国历来有崇尚家大业大的文化，建筑企业更有"吨位决定地位"之说，比如市场上会根据企业的规模来进行评价（典型的如××强排名），银行也会将企业规模作为信贷的重要依据等等，所以多产业、多业务就成为建筑企业的常态了。没有专业化就没有多元化，在专业化的过程中，必然会碰到一个问题：如何对业务做减法？

最近二十多年中，人们经常看到营业收入不到30亿元的建筑企业，都冠上"控股集团"的字样，下面是施工、投资、地产、制造、贸易、金融等数个产业集团/板块。在这样的发展格局下，最后公司业务往往沦落到"散、乱、小、弱、险"的境地（表13-1）。

建筑企业普遍存在业务"散、乱、小、弱、险"的现象　　　　表13-1

存在的问题	具体表现
布局"散"	不考虑战略性布局，没有区域化布局的思考，而是跑马圈地，哪里有信息、有合作者就在哪成立分公司，联营挂靠、区域承包等层出不穷，其后果是处处播种，鲜有结果
组合"乱"	对于公司经营的业务，没有主次、轻重之分，资源配置类似于撒胡椒面。"雨露共沾"模式下，该重点培育的起不来，该淘汰的成为"僵尸业务"

存在的问题	具体表现
项目"小"	公司在施工的项目不下百个，仔细一分析会发现合同额500万元以下的项目个数占比超过70%（以房屋建筑项目为例），但合同总额不到10%，占用公司大量的资源。另外，往往这类小合同在亏损、法律纠纷等方面的风险要大得多
专业"弱"	没有专业化意识，每个分公司/事业部都介入多个专业，每个专业多个分公司/事业部在做，专业不专，就像三十年前每个县市乃至每个乡镇都有家电厂，其质量和市场竞争力可想而知。分散的五个手指远没有握紧的一个拳头来得有力量
管控"险"	由于区域分散、业务繁杂、人员/合作者构成复杂，公司要么管控的广度和深度远远不够控制风险，如某建筑企业就陷入了公司"不知道合同签订情况、不知道收了多少钱、不知道要付多少钱"的"三茫然"境地；要么在公司强力管控下，各业务被"管死"或者"另择高枝"

　　建筑企业对现有的业务做减法并不容易，需要壮士断腕的魄力，也需要去芜存良的睿智，这里总结了建筑企业做减法的"四个步骤"。

　　第一步：梳理现状，盘点家底。

　　孙子云"知己知彼，百战不殆"，而很多的企业管理者对自己企业的业务只停留在感性认识上，大致知道其规模、利润等主要指标，对每个业务贡献度、与公司战略的关联度、对公司目标实现的支撑作用以及资源占用率等缺乏深入的分析，企业可以采用表13-2对现有业务进行分析。

业务现状分析表　　　　　　　　　　　　　　　表13-2

业务类型	业务贡献度（××年）		资源投入产出比（××年）		与公司未来定位关联度	对公司战略实现的支撑作用
	产值	利润	净资产回报	人均利润		
施工业务	××	××	××	××	强	强
工程设计						
产品制造						
运营管理						
建材/贸易						
房地产						
××业务						

来源：攀成德公司。

通过盘点家底，明确企业的利润、营业收入主要来自哪些业务，企业的资源、人员都投向了哪些业务等。许多企业在进行细致分析后，都很惊讶地发现企业的一些业务不但占用了企业大量资源，还常年侵蚀企业效益，却一直没有采取相应的措施。

表13-2列举的是建筑行业价值链上的业务，还有些企业涉足非建筑业相关领域，如新能源、电影娱乐等，用做建筑业的思维去运作其他业务，用己之短去搏彼之长，往往一个项目下来，就把自己在工程行业辛辛苦苦积攒多年的血本都赔进去了。

第二步：分清主次，明确定位。

对症的药剂有分君臣佐使，优秀的团队也要讲究分工合作。由于企业的资源有限，能力有边界，所以涉及多个业务的企业，需要对各业务分主次、明定位（表13-3）。

业务定位   表13-3

定位	内涵
核心业务	（1）公司目前主营业务和主要利润来源，未来仍然是公司发展的重心 （2）需要持续投入资源、优化区域布局、改进经营管理方式，不断强化巩固并持续发展的业务 （3）一般核心业务不超过三个
培育业务	（1）目前该业务还处于起步或者将进入快速发展阶段，未来市场容量巨大、利润空间可观 （2）需要加大资源投入、进一步推进发展，使其快速成为公司营业收入和利润新的重要增长点 （3）不同的阶段，培育业务一般不超过两个
配套业务	（1）有一定的发展空间，对主业有一定的支撑作用，但不具备核心竞争力，未来发展后劲不足 （2）公司需控制资源投入，以提质增效、优化资源配置为目的，协同主业发展
机会业务	符合行业发展趋势或公司发展态势，可能成为公司未来重要盈利点或增长点，但目前尚处于发展初期或发展存在一定问题，不确定性较大，应视情况发展，并在风险可控的情况下追求收益最优化
剥离业务	（1）行业前景一般或盈利性不强，且与主业缺乏协同，发展潜力一般 （2）寻找机会退出，谋求交易性机会或者追求投资收益 （3）剥离业务是公司做减法的主战场

第三步：回溯初衷，以始为终。

人生往往是"走得太远，忘了为什么出发"，企业在经营过程中，有时也忘记了当初设立某个业务的初衷，只因为它一直存在，所以理所当然地投入资源和精力，也许当初设立的理由已经不存在或者目的已经达到了。例如攀成德公司在为一家建筑企业提供咨询服务的过程中，发现该公司的监理和物业两块业务与公司的主业、发展方向关联度很低，而且每年会吃掉公司不少利润，咨询顾问与公司的管理部门一直追根溯源，发现当初进入这两项业务的原因是为了人员分流，顺利完成改制。十多年过去了，当年分流的人员早已退休，改制也已完成，但这两项业务的存在有了惯性，每年还在不断地引进新的人员，早已忘记了当年进入这两个业务领域的初衷。

当企业花精力对一些业务进行回溯，可能就会发现原来为了某些目的进入的业务，现在早已失去了意义，业务的保留也许只是不太愿意面对现实或者不愿意"伤害"涉及这块业务的某些领导而已。

第四步：优化策略，有序减法。

任何一个行业或者业务都有自己的退出壁垒，特别是一些国有企业，退出一块业务涉及资产、人员稳定、经营持续等多个方面，需要一业一策，有序的做减法。总体而言，要坚持几个原则：

第一，坚定业务长期一定要盈利的理念。作为公司的业务单元，就必须为公司贡献效益、品牌及人才，否则要么换负责人，要么撤销该业务，这是公司必须坚持的基本理念。但如果该业务是公司的培育业务，那么可以容忍短期不盈利。

第二，灵活操作，不拘一格。业务的退出有多种形式，比如出售一部分或者大部分股权，引进新的运营主体或者管理团队，公司转为追求投资收益。也可以作为公司人员创业的平台，让创业者持大股，公司逐渐退出。

第三，把握退出时机，提升剥离价值。资本市场特别重视抓住合适的时机、合理的节奏，建筑企业在剥离某块业务时，也应该重视时机的把握，如某个热点兴起之时、某个潜在的购买者正急需该业务完善其价值链之时。

第四，有序推进，平稳过渡。在退出业务的过程中，难免会遇到人员的分流及员工心理上的障碍，这就需要设计合理的分流方案，通过沟通、再培训、鼓励内外部创业等方式积极引导，有序推进，进而达到平稳过渡。

13.2.3 如何对业务做加法

"做减法"和"做加法"不是非黑即白的事情。在专业化的过程中，企业需要更多地思考做减法的问题，而在面对各种机会和选择的时候，企业要思考的就是做加法的问题了。做加法是一种惯性，却不是一件容易的事。中国传统文化里对添丁置业一直是推崇备至的，过去的二十年，对建筑企业来说算得上是"一江春水向东流"的黄金时代：快速增长的投资、源源不断的工程项目、充足的银行信贷、巨大的人口红利、持续快速的资产升值等等。然而正是因为机会太多，企业面对市场时抱着"抢到就是赚到"的心态，于是便有了近年来很多企业出现的业务多、杂、小、散现象。

面向未来，企业都希望自己能有一双慧眼，能穿透迷雾。遗憾的是，上天没能给我们这双慧眼。但幸运的是，我们还是可以借助一系列的工具和方法来分析，再加上经营者们的经验和智慧，帮助企业在充满机会和陷阱的市场上"吹尽狂沙始到金"。

1. 什么情况下考虑做加法

建筑企业一般在什么情况下需要考虑对业务做加法呢？是在"车到山前时倒逼找路"？还是"在阳光明媚的日子修屋顶"？仁者见仁智者见智，但仍然可以从以下几个方面做些预判：

第一，业务发展遇到瓶颈。现有业务的发展甚至维持都有难度，市场在极度地萎缩。建筑企业需要深入分析自己所从事业务的增速、利润率的行业水平是多少，自己主要的业务区域内的水平是多少？如果增速很低甚至是负增长，同时利润率水平也在逐年下降，那调整业务方向或者增减业务就值得认真考虑。

第二，出现新机会。市场出现大的趋势性机会，如互联网、医疗健康等。新机会对建筑企业的诱惑很大，但要不要做、能不能做？是完全的转型还是做增项？这个是关系企业发展的战略性问题，很多建筑企业在这上面摔了大跟头。

第三，释放产能或发挥优势。自己企业的产能强大，但所从事的业务产出有限，亟需寻求新的关联业务以释放产能。如前几年迅速壮大的建筑设计院、电力设计院，集聚了大量的设计人员和产能，需要拓展新的业务释放产能以渡过难关。

2. 如何选择加法对象

在确定要做加法以及选择了大致的加法方向以后，需要从细分行业吸引力、企业竞争力、资源投入、机会性/战略性等多个维度进行论证，尽可能地从源头降低不确定性和风险。

分析模型一：细分业务吸引力与业务竞争力（图13-1）。该组合模型主要是分析企业在有吸引力的细分行业里的竞争力，避免有劲使错方向。

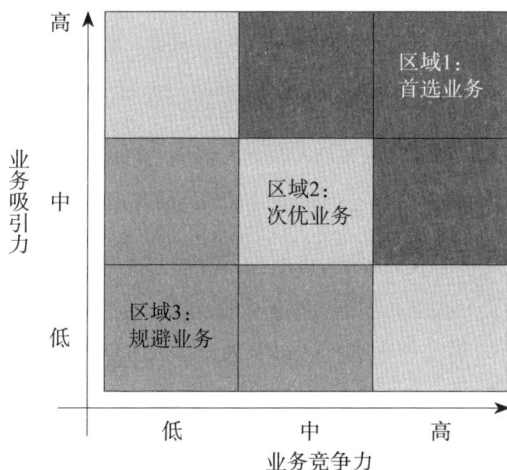

区域	业务分类	策略
区域1	首选业务	该区域内的业务一方面所在的细分行业容量较大、增速较快、行业的集中度较低，属于吸引力较高的业务；另一方面，通过分析开展这些业务需要的能力和资源，发现公司在这些业务领域具有较强的竞争力、相匹配的资源能力等，因此这些业务属于建筑企业做加法时的首选
区域2	次优业务	该区域内的业务要么行业吸引力不强，要么公司在该领域的竞争力较弱，属于次优选项，进入的难度较大或者成本较高
区域3	规避业务	该区域内的业务不管是行业吸引力还是公司在该业务的竞争力都是比较低的，属于规避型业务

图13-1　细分业务吸引力与业务竞争力组合

分析模型二：资源投入与回报周期（图13-2）。该组合模型主要是在模型一的基础上，对初步选定的业务从资源投入及回报周期的维度进行深入分析，确保加法做得有效率、有效益。

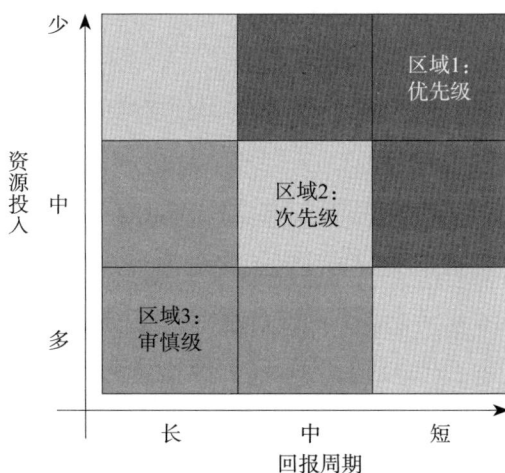

区域	优先级别	策略
区域1	优先级	该区域内的初选业务，公司投入的资源较少，同时回报的周期较短，风险相对可控，因此属于优先做加法的对象
区域2	次先级	该区域内的初选业务，要么需要投入的资源较多，要么投资回报期较长，风险较大，属于次先级
区域3	审慎级	该区域内的初选业务不管是投入的资源还是回报周期都不具优势，属于审慎选择类型

图13-2　资源投入与回报周期组合

3. 如何实现加法效应

选对了加法的对象，只是万里长征迈出第一步。如果没有相应的资源投入和配套举措的话，多半会无功而返，不但浪费公司资源还会错失转型升级的良机。

第一，选择加法的途径。内涵式增长成本较低、可控性好，但速度慢。对于平台一般、内部人员充足、产能富余的公司来说是个不错的选择。对于资金雄厚、平台大、整合能力强的公司来说，想要迅速发展某块业务，在当前行业下行时，可采用外延式增长方式，寻找合适的机会以较低的估值进行收购、整合。

第二，匹配资源和能力（表13-4）。不同的业务对资源和能力的要求有差异，需要针对各项差距进行补强。

资源能力对照表示例　　　　　　　　　　　表13-4

资源能力		评价标准	现状	需求	补强措施
资源	资质资源	资质对业务拓展的支持作用	●	●	两年内，通过内部升级实现
	资金资源	资金的宽裕度、使用效率	◔	◔	利用自有资金，提高利用率
	人力资源	人员的数量、能力、经验	◔	●	……
	市场资源	市场拓展渠道/方式的多样性、客户资源	◔	●	……
	分包分供资源	分包分供商资源有效性、集中采购优势是否发挥	◔	◑	……
	品牌	工程业绩、项目履约质量	◔	●	……
	……	……	……	……	……
能力	资源整合能力	资源集中配置、资源共享	◑	◔	……
	客户管理能力	大客户关系管理	◔	◔	……
	项目管理能力	项目生产的效率、效益	◔	●	……
	……	……	……	……	……

说明：● 强　◕ 较强　◑ 一般　◔ 较弱　○ 弱

来源：攀成德公司。

第三，增强业务的协同性。发挥公司各业务之间的协同性能大幅提升资源利用效率，提升竞争力。但如何实现业务协同一直是困扰管理层的难题，更何况是新拓展的业务。做好业务协同不能贪多求快，可以先从某个方面找到突破口，再逐渐提升和完善。例如：市场协同，共享市场信息与客户资源，缩短新业务的市场进入时间；人员协同，内部人员灵活应用市场和行政手段，合理调配、高效使用；技术协同，动态管理，共享公司专家型人才，跨业务解决专业技术难题；资金协同，公司对资金统一管理，有偿使用，对新业务进行有针对性的倾斜。

第四，设计新业务的激励模式。新拓展的业务其发展阶段、业务性质有别于公司现有的业务，需要设计针对性的激励模式来支持新业务迅速发展。如采用虚拟股权/期权模式：假设某业务按500万股作为计算基数，新业务的经营班子初次持有29%的虚拟股权（只有分红权，没有所有权），业务公司成立时，经营班子需按比例真金白银出资，主要领导占比不低于15%。在预设的期限内达成经营指标的，公司可再让出20%的股权给经营班子。

总之，企业做好一个业务不容易，拓展一个新业务更不容易。企业在新拓展一块业务时，首先要深入分析内外部因素，确保方向正确。其次要规避一开始就准备不足、措施不到位，一遇到困难就怀疑当初的选择是否准确、一碰到挫折就想着退回原处。最后要匹配相应的资源和能力，确保冲锋陷阵的将士们弹药充足、后顾无忧。只有如此，才有可能在激烈的市场竞争中杀出一条血路，继而走上康庄大道。

13.3 对重点业务产品的思考

13.3.1 建筑工业化业务：进还是不进

建筑工业化，又叫"装配式建筑"，住房城乡建设部政策文件中的官方叫法是"建筑产业现代化"，这里不去深究它们的区别。从业务产品的角度，为便于读者理解，本书仍然用"建筑工业化"。

国务院、住房城乡建设部发布若干文件，如《"十四五"建筑业发展规划》，明确提出了"建筑业发展质量和效益大幅提升，建筑工业化全面实现"的2035远景目标和"装配式建筑占新建建筑的比例达到30%以上，打造一批建筑产业互联网平台，形成一批建筑机器人标志性产品，培育一批智能建造和装配式建筑产业基地"的"十四五"期间发展目标。多数建筑企业出于抓住政策利好、保护既有市场、抢占发展先机的目的选择了这一业务产品，但是，对这一业务产品，看明白、想清楚的企业其实很少。

1. 不能回避的几个问题

攀成德公司的管理专家2018～2019年在行业内持续开展建筑工业化专题的调研，调研中一线企业提到面临的很多问题，从宏观到微观层面可以总结为四个方面：

问题一：法律和技术标准不太成熟。从政策的角度来看，我国对建筑工业化的政策推进力度非常大，尤其是在上海，早在2018年力度就已经足够了，但法律法规和技术标准都是按照传统的建造方式来制定的，现在这一块比较欠缺也正常，应该是先有实践才有标准，但也给建筑工业化企业的经营和管理带来了很多难题。

问题二：整个建筑工业化价值链各个环节都有很大的提升空间，如能力、效率、品质都有待提高。中民筑友提出的关于建筑工业化的商业模式应该是攀成德调研团队当时看到的最完整的，该模式覆盖EMPC四个环节，E是整个工程项目的规划构思设计，M是制造，P是供应链体系，C是安装，行业中能够有这么完整思路的企业还是比较少的。

问题三：建筑业的工业化生态还需要比较长的时间才能形成。中国传统的建造方式，如现浇混凝土、剪力墙这样的建造生态，是经历几十年才形成的，应该说中国传统建造方式已经构建出了全世界最低成本的生态。要构建新的生态，还需要解决很多问题：第一要改变用户对装配式建筑的理解，目前市场上大部分用户不理解装配式建筑，担心装配式建筑的质量不如传统建造方式的好。第二就是企业自身要改变，技术要突破。例如建筑工业化近年来因整体性和抗震性差而被淘汰的预制屋面板和空心楼板体系的联系和区别等。第三就是供应链，从浅的层次来说，包括建筑工业化的模具、预埋件等，如果从更高的层次来看的话，还包括装修的各个环节。例如深圳仟亿公司研发的传统饰面材料与混凝土集成的混凝土复合体技术，可以在工厂预制过程中将外墙装饰一并完成。第四是甲方，房地产开发商怎么去理解建筑工业化，这也是一个问题。只有相关各方一起努力，建筑工业化才有可能成功。

问题四：成本仍然太高。2018年我国多数地区小高层与高层普通商品房，建安成本在1500～1800元/m²，而当时，装配式建筑的造价成本在1800～2300元/m²。装配式建造方式与传统现浇的建筑作业方式相比，成本在不同环节上有增有减，但是成本增加的部分居多。装配式建筑由于采取使用预制构件建造房屋的方式，虽然减少了部分现场施工的费用，如钢筋工程和混凝土工程、砌筑工程、措施费、抹灰工程，但是在装配式建筑的设计、生产、安装等环节均有不同程度的增量成本。根据测算，当装配式住宅预制率达20%～30%时，造价增加300～500元/m²，且随预制率的增加，每平方米的造价还会相应增加。

2. 企业需思考的战略性问题

问题一：靠产业政策还是塑造产业优势？

早在2019年，建筑工业化政策的红利期就基本已经过去了。政府大力推进建筑工业化，国家要求在十年内把房屋建筑装配比例提高到30%，一些经济发达城市已经要求现有建筑的施工中，带有一定比例的装配构件。红利期内，上海及其周边的PC工厂正满负荷生产，这就是政策红利的效应。但从长远看，政策支持力度会慢慢减弱，进入者必须努力在政策红利期塑造产业优势，使建筑工业化在成本、建造速度、项目管理等方面比传统建造模式具有更综合的优势，否则，建筑工业化就不可能颠覆传统建筑业。建筑企业进入工业化领域，如果没有这样的信念，从长远来看很难胜出。

问题二：如何寻找自己的定位？

建筑工业化有两种思维，部件思维和产品思维，这两种思维都有企业在尝试。建筑工业化启动比较早的远大住工曾推出自己的别墅产品，全装修交付的别墅，每平方米3000元左右的定价，它们从建造和居住的角度考虑，全方位思考环境、户型、装饰、维保等因素，这是典型的产品思维。第二种是部件思维，从楼梯到阳台这些常见的部件开始，逐步构建完整的部件体系，提高部件的通用性。只有通用、大批量生产的部件，才能形成规模经济，没有规模效应，就不会有经济效益，这是工业化的基本规律。欧洲国家建筑工业化部件标准化程度达到80%以上，美国市场建筑部件的标准化程度接近100%，正是部件的标准化，提升了建造效率。

问题三：如何选择自己的商业模式？

想在建筑工业化领域取得成功的企业，在大量投入之前，需要仔细思考自己的商业模式。某大型央企的二级公司购买3000亩土地，做建筑工业化的产业园区，投资数十亿元。另一家民营企业准备在全国建造100个标准工厂，其单个工厂用地10～15亩，投资控制在2000万元以内。这是两种不同的定位和商业模式，前者是多产品、小批量、超大型工厂的模式，后者是标准产品、大批量、小工厂分布广的模式。哪种模式更具竞争力？哪种模式更有未来？或许前者适合于为大型和超大型城市服务，后者适合于为美丽乡村、小城镇服务，我们静待时间和实践证明它们的成功。

问题四：建筑工业化企业之间会形成竞争吗？谁能胜出？

建筑工业化企业间的竞争是必然的，一位在建筑工业化领域经验丰富的企业领导认为，建筑工业化企业间的竞争会比传统项目模式企业之间的竞争更加激烈，分出胜负的时间更短。有核心技术、装备、管理、信息化体系的企业可以快速复制，用加盟模式迅速占领市场，如果连锁加盟模式获得突破，国内建筑工业化的成功企业不会超过20家。未来建筑工业化领域的竞争将会是品牌、品质、技术、成本、管理、后期服务的竞争，而建立这样的综合优势，则需要企业在前期大量的投入，没有投入和实践的修炼，竞争优势的塑造只能是水月镜花。

3. 对业务发展的几点建议

第一，找准合适的市场。

从国内市场的角度来看，要寻找未来的人口集中区域和人口流入的区域，因为这些区域房价高，而房价对建筑工业化有着很大的影响。对上海一个做房地产开发的企业所言，1万元/m²的房价是建筑工业化业务发展的一个平均基线，在房价1万元/m²的地方做建筑工业化，人们对成本的敏感性相对比较低，因为每平方米多出的300元成本只相当于销售价格的3%，但如果是3000元/m²的房子，建筑工业化每平方米多出的300元成本相当于销售价格的10%。总体来说，我国胡焕庸线以东的地区房价比较高，对建筑工业化成本的影响目前来说还不大，是在房地产开发企业能承受的范围之内。

从全球市场的角度来看，非洲应该是未来重点关注的区域。目前非洲的生活条件跟我国相比差异很大，房屋建筑还有很大的市场。前几年，远大住工、北新房屋、海国投旗下的房屋公司等都纷纷走向非洲，签署了装配式建筑的合同，未来还有可能签更多的合同，所签合同基本是标准产品。非洲必然会成为建筑工业化未来的一个方向，可以输出我国的技术、产品和标准，但前提是通过标准化的产品大幅度降低成本，提高品质。

第二，建立标准化的服务和管理体系。

商业模式要尽可能可复制，快速输出技术，寻找价值链中附加值高的环节、构建生态。在建筑工业化领域比较领先的几十家企业，它们原来的想法与今天做的方式有非常大的差别，有的企业原来是做全价值链，结果做了以后发现四处是问题，慢慢就退回到一个环节。也有的企业从一开始就确定只做一个环节，传统建筑业里的"建华管桩"，做管桩构件做得非常好，它进入建筑工业化给自己的定位就是"我就做构件，不学中建，也不去做工程总承包，谁发包构件给我，我就给谁生产"，不同类型的企业各有各的活法。

管理模式要标准化，从企业的总部，到分公司，再到工厂，都要标准化，尤其是工厂。现在建筑工业化的工厂里人员、生产线的布置和人员布料等方面都有很多问题。领先企业今天在技术、材料、管理信息系统方面的探索会推动建筑工业化管理的标准化。

要建立具有行业地位的技术标准和工作标准。建立工作标准，实际上将来也是企业技术的输出，是商业模式输出、商业模式改变很重要的组成部分。

第三，勇于实践。

突破思维局限，尊重工业化的规律，不要被传统建造方式的惯性思维所束缚。到底是以终为始还是以始为终？以终为始就是先拿到项目再说、先活下去再说，实际上是价值链割裂的传统建筑业理念。以始为终，有企业提出来"设计奠定一切"的思维，就是把技术研发摆在了最重要的位置。

强执行力。建筑工业化是一个新生的东西，企业也面临着很多管理问题，不要试图去解决所有的问题，把问题大致想清楚了就可以大胆地往前走。华为任正非先生有一句话叫"方向只能大致正确，而组织必须充满活力"，如果做的事情都是前人做了千百遍的，那就可能需要想清楚再去做，如果是一个新的东西，前人没有做过，要把这些问题都想清楚非常难，所以方向大致对就可以了。

建筑工业化一定要靠团队。对于整个建筑工业化企业来说，从团队的角度看：一是静心。所有做建筑工业化的企业，都要努力静下心来，做好中长跑的准备。二是专注。要专注才能专业，远大住工是很专注的，成绩不错、进步也很快。三是开放。德国、法国、日本等国家过去在建筑工业化的道路上探索了很长时间，德国统一前的东德当年做了很多建筑工业化的建筑，到了两德统一以后全部拆了，不是建筑物质量不行，而是原来的功能设计太落伍了。四是包容。建筑工业化领域，团队新组建的居多，而且"90后"人员的流动加快，因此包容心也很重要。五是中长跑的心态。要追求短期的成功，对于建筑工业化而言难度还是比较大的。系统地提高自己的水平，完善价值链环节方面的能力，构建适合自己体系的生态，需要经历很多磨炼，解决很多问题，需要很长时间。

13.3.2 投资业务：该不该做，如何做好

很多建筑企业在筹备新一个五年战略规划的过程中，谈论较多的仍然莫过于企业的转型升级。目前不少大型建筑企业都将发展目标定位为"建筑和投资集团"，提起建筑，他们基本是科班出身，但是论起投资，很多建筑企业都是"门外汉"。面对经济增速下行的压力，国家也在大力推动各行业的投资，建筑业自然也很难避开这一话题，但是建筑企业该不该投资？如何做投资？投到哪里？如何控制风险？是企业需要考虑清楚的几个问题。

第一个问题：建筑企业该不该做投资业务？

很多企业都有自己的见解，因此，对于这个问题，目前还不能给出一刀切的答案，应结合目前的实际情况进行全面的分析。有些建筑企业认为如果不做投资，企业可能会慢慢沦为劳务或包清工，很难推动企业的转型升级，甚至企业生存都成问题。而通过对国外一些顶尖建筑企业的研究可以看出，很多建筑企业不做投资，只做工程，把自己的业务做精也能取得良好的经营效益。因此，不是每个建筑企业都必须去做投资才能求得生存。中交提出的"五商中交"口号，中建关于"建筑和投资集团"的定位，这些大型建筑企业在投资方面有

一定的优势，能够从中获利。而一些小的建筑企业做投资，会在无形中增加企业的负担，若不能很好地处理，反而会将企业拖垮。

第二个问题：做投资业务可能出现哪些问题？

建筑企业做投资与巴菲特做投资的共同之处都在于获得投资回报，不同之处在于巴菲特做股权投资，而建筑企业的投资多在产业链的上下游，要参与到经营过程中。既然都是投资，必然包括融资、投资、项目管理和退出等几个环节。投资是一门大学问，很多建筑企业并不具备专业的投资能力，自然不可避免地存在一些问题：

第一，人员不专业。例如，某公司所做的六个PPP项目，根据它自己公司的核算方式来看有五个项目是盈利的，可它的核算方式并没有将资金成本算进去，若资金成本也考虑进去六个项目中将有五个处于亏损状态。由此可见，若企业没有专业的投资人才，就无法清晰地认识投资的盈亏，对企业的长远发展非常不利。

第二，融、投、管、退环节不连贯。融、投、管、退仅是对投资流程的一个形象描述，这四个方面其实是相互关联的，比如在融资的时候就应该充分地考虑到"投、管、退"。专业的投资公司能够对这四个环节进行全面的分析和掌控，但很多建筑企业较难把握这四个环节，不能自如地应对可能存在的风险。

第三，投资决策不冷静，不看大势和时机。有些公司的投资其实是领导凭感觉、凭经验做出的决定，没有专业的组织提供参考，缺乏组织能力和组织决策方式。不能够看清大势，更不能把握住时机。项目的投资、运营水平仅仅是个人水平的体现，如果投资者不够理智，投资就很容易碰壁。

第三个问题：如何做好投资业务？

建筑企业虽然不是专业的投资公司，但是如果要做投资也应该注意以下几点，才能把投资做得更专业。

第一，拓宽融资渠道。对于企业而言，自有资金是有限的，依靠自有资金的投资需要到后期资金积累达到一定的数量才能够实现良性循环，因此企业应该重视融资环节。目前，融资的主要渠道依然是银行贷款，企业也可以通过发行中短债、上市、内部集资和一些政策性贷款等方式拓宽自己的融资渠道。

第二，提高投资准确性。建筑行业的投资涉及面广、周期长，退出困难，因此提高投资的准确性是关键。通过对一些投资做得较好的建筑企业的研究可知，建筑企业做投资应该走专业化的道路，并且要充分考虑项目的特点，发挥所投资金的最大效用。

第三，加强项目过程管理。对于投资而言，不能抱有投完钱就完事的想法。而应该加强对所投项目的了解和管理，因为自己是投资者，所投项目的运营状况直接关系到投资者的切身利益。

第四，把握好退出时机。融、投、管、退是一个完整的环节，退出环节对于投资的收益也有非常大的影响。此前，建筑企业做BT项目的退出是明确的，然而类似PPP的项目，未来的退出难度较大或者是时间很长。尤其是短融长投，对于企业而言挑战很大。因此，企业应掌控好投资的整个环节，把握好退出时机，争取投资效益最大化。

总之，建筑企业向投资转型并不容易，而坚持做投资的建筑企业也应该尽可能在"融投管退"环节坚持专业精神，不做盲目投资。

13.3.3 运营业务：为何像"烫手山芋"

随着大量PPP项目建设进入到中后期，部分项目逐渐进入运营期，除掉那些披着"PPP"外衣的项目，建筑企业手头真正的运营类项目数量不少、类型繁多。如何做好运营，把手头的"烫手山芋"安全地转化为长期的"现金奶牛"是摆在管理者案头的重大课题。攀成德公司的咨询顾问曾经与不少企业管理者有过关于此话题的专门探讨：信心满满者有之、忧心忡忡者有之、且行且看者有之……作为旁观者，这里只能罗列业内担心比较多的问题，至于如何有效解决，可能需要集国家、行业、企业管理者、学者们的共同智慧。

问题一：政策不确定，预期风险大。

近些年，关于PPP的政策风向不断加紧，控制风险的举措在强化，不少的项目被暂停、出库，部分在施项目预算额不断削减。一些项目虽然预算金额或者框架协议金额很大，但转化为营业收入或者施工产值的比例在不断降低，部分大型企业也逐步在终止一些风险较大的PPP项目。

另外，国家高层已明确表示改革进入了深水区，原来一些"摸着石头过河"时的政策和指令可能会调整，而企业在"政企关系""银企关系"中一直处于"弱势地位"，这就更加剧了企业对政策不确定性的预期风险。

问题二：任期考核制，远近难平衡。

政府官员及大型国企的任期制及任期考核制注定难以平衡近期及长期的发展，此前就有高级官员列出数据说明中国的地方债远超公布的金额水平，而且相当多的地方政府在短期内无法偿还债务，甚至连利息支付都成问题。试想下，在主要领导及对应部门领导频繁调任以后，谁能确保合同的履约能无缝衔接？再设身处地的假设一下，作为某个任期的领导，是应该将有限的财政预算支付在前任的"政绩工程、民生工程"上，还是更多地投入自己的任期政绩？若非国家层面的考核评价做实质性修正（我们欣喜地看到已经有了相当的改变）及法制的完善、契约精神的培育，这个问题将一直是悬在企业头上的达摩克利斯之剑。

问题三：取费不健全，付费未习惯。

每个人都希望得到免费的或者便宜的产品和服务，然而很多时候"免费的就是最贵的"。如为了不交过路费而绕道走路况差的公路导致车耗及油耗成本高于过路费，不愿意支付污水处理费而使用不达标水资源导致健康问题等。另外，目前市场的取费机制不尽合理，难以得到企业和消费者的认可也是制约良好市场环境培育的重要因素，比如广受诟病的油价调节机制、严重滞后于市场的人工工资指导价调节机制等。

问题四：运营能力缺，市场待培育。

在建筑企业调研PPP的运营问题时，有两种观点较为集中，一种是"我们自己不会去做具体的运营，到时交予社会力量去运营"；另一种观点是"我们自己要做运营的，毕竟从中长期看市场的建设量会降下来，我们企业必须转型持有相应的运营资产"。深入探讨后发现这两种思路其实都有很大的挑战：

委托经营类：可能未来这是大部分实质运营类项目的出路，问题在于企业都想把运营交给社会方，但社会方是谁？是否有足够的力量来承接？交予社会方的运营成本所有者能接受吗？2018年一些非工程行业的企业也开始参与PPP业务，比如复星集团参与铁路项目、医院运营等，也许这是个巨大的潜力市场，未来因为市场有需求，可能会培育出大量的优质运营管理类企业。

自己运营类：国际上资产运营做得最好的工程企业之一是法国万喜，它的核心运营资产主要还是集中在收费公路和机场，国内很多大型建筑企业参与的PPP项目类型很多，有市政工程、收费路、学校，甚至监狱和医院等，从施工业务转型为运营本来就极其不易，更何况涉及的业务如此之多、差异如此之大。所以对于矢志转型的建筑企业来说，未来如何选择并聚焦适合自己的运营类资产并培育相应的能力任重而道远。

问题五：工程质量差，养护成本高。

几十年来，我们见惯了豆腐渣工程和短命工程，"拆了建、建了拆"成为常态，我们也经常为"××速度""世纪工程"等竭力欢呼，推高了GDP的同时也造成了社会资源的极大浪费。有统计显示，对比美国和中国的公路建设，美国在建造阶段投入的成本高，但后续的使用期长且维护成本低；中国则相反，建造时想方设法压低预算，逼得施工方去找变更甚至偷工减料，最后导致使用寿命短、维护成本高。对比分析的结论是，从全生命周期的成本来看，中国的造价更高，资源利用效率要低得多（图13-3）。

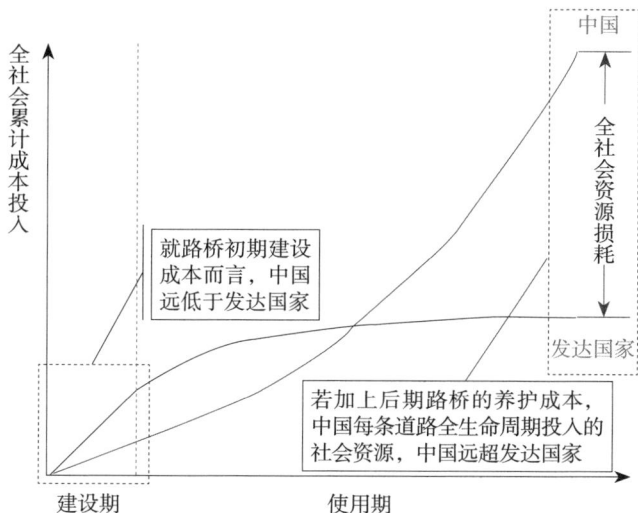

图13-3 中国与发达国家路桥建设全社会累计成本投入对比

据交通运输部《2021年全国收费公路统计公报》数据，2021年末全国收费公路里程18.8万km，车辆通行费总收入6631亿元，支出总额12909亿元，收支平衡结果为-6278亿元，收支缺口巨大。把时间拉长一点，2010～2021年全国收费公路的收支对比，没有一年是正现金流的，全部为负，且收支缺口越来越大，究其原因，一方面是建造量大、资金投入高；另一方面就是养护、运营成本高。

问题六：资金成本高，收益难保障。

根据国家统计局数据，2014～2023年全社会固定资产投资总额累计约420万亿元，若简单按10%的投资收益计算（当然中间有大量的非经营性投资），每年的收益就有42万亿元，接近当年GDP的50%，这个比例远超世界平均水平。再加上近几年贷款利率上行、资金成本高企，企业层面的投资项目更多是为了获取工程，获得施工收益，若转型为持有大量资产，目前的市场资产收益水平能否覆盖资金成本都是个未知数。

以上是咨询公司作为一个旁观者"冷眼"看到的几个问题，其实，大到一个国家、一个行业，小到一个企业、一个人，在各个发展阶段都存在各种困难，我们都是在问题中探索前行。同时，我们更应该坚信，在党和国家的领导下，在广大企业管理者的共同努力下，我们目前面临的这些问题都将逐一化解，成为大国崛起、行业升级过程中的一个个小插曲。

14 看区域：区域拓展，难还是不难

建筑企业在不同的发展阶段，会主动或者被动地进行区域拓展，进入到自己不熟悉的、别人家的地盘去"抢食"。在实操中，各企业为了区域拓展投入的资源、精力不可谓不多，但总感觉不得法，结果多是"付出了代价站不住脚，退回来"，或者是只能承接一些零星的低端项目，一直站不稳脚。一些企业普遍缺乏对外埠市场及宏观态势的研究，习惯将本地区业务的管理模式及思维复制到外埠市场的拓展和项目管理；自我感觉良好，低估竞争对手实力，对区域拓展困难认识不足；外埠拓展缺乏整体规划，"撒胡椒面式的游击战"，哪里有项目就去投，四面出击，全面受挫；区域拓展主体不明确，一直在纠结是以集团设置区域公司/办事处的形式，还是以子分公司为单位去拓展，同时激励性不足……可见区域拓展之难。

14.1 "进城、下乡、出海、向西"热点背后隐藏着什么

"进城""下乡""出海""向西"等词语频繁地出现在很多建筑企业的"十三五""十四五"规划中，这些"热词"在一定程度上代表着建筑企业转型的方向，企业管理者们在谈到这些热词时，有迷茫和无奈，更有期待和兴奋。

"进城"指业务/项目地点由非城市区域转入城市，如矿建、路桥业务转型为城市地铁、市政道桥等业务。"进城"多为路桥、工矿施工类企业提出。

"下乡"指业主或经营对象由城市投建者/开发商转为农村投建者或农户，如承建乡村道路、新农村建设等。"下乡"多为经营灵活的中小型建筑企业及部分致力于住宅产业化的企业。

"出海"指建筑企业跨出国门进入国际市场，如近几年在国家"一带一路"倡议的指引下，国内优秀的建筑企业纷纷走上国际工程承包的大舞台，最为耀

眼的是中交、电建、中建等几大顶级央企。

"向西"指建筑企业将自己的业务区域由经济发达但投资增速下滑或竞争激烈的东部转移到投资增速加快或国家重点投资的西部地区，如大型基础设施建设企业的战略转移、专业企业跟随大业主做产业转移等。

这些热点意味着什么？

第一，各行业投资情况发生了较大变化。

作为拉动经济增长的"三驾马车"之一的投资，一直是国家促进经济增长和宏观调控的重要手段。一方面，投资总量仍在不断增加，但增速总体在下滑；另一方面，这个巨量的投资不是均匀地分布到各行业，而且在不同的发展阶段各有侧重。大型建筑企业纷纷跟随国家的投资主线进行相应的业务和模式调整。

同时，业务和模式调整给企业的经营管理带来巨大冲击，不同的业主、不同的技术规范及标准、不同的资源配套等等，都要求建筑企业能迅速调整自己的市场策略、组织模式、人员配置和运营流程等，相当多的企业在这个过程中要么苦于没有项目，要么拿到项目不知道如何高效履约而导致亏损。

第二，广大农村建设机会涌现。

广大农村经济的发展及国家基础设施投资的加大，为建筑行业带来了大量的机会，比如新农村建设、乡乡通工程、各种特色小镇等。攀成德公司有位咨询顾问说，他最近几年过年回老家就发现几个亲戚家里盖房子，不再是以前那种找几个泥瓦匠，请邻居们搭把手就开干，而是找当地小的建筑公司，一定意义上为建筑企业下乡做了铺垫。

农村人口众多、市场广阔，建筑企业大有用武之地。但从另一个角度来看，农村财富密度低（单位面积GDP含量低），势必要求建筑企业优化自己的生产方式，比如乡村公路每公里的造价可能只有高等级公路的百分之一，如何组织生产就是个难题；又比如农村修建房屋，分布零散、标准化程度低，材料如何采购及运输、过程如何管理就是个极大的难题。有一位管理专家在老家定制了一套装配式别墅，本以为合同一签就等着拎包入住，结果过程中各种协调、细小纰漏、成本超预算等等。

第三，国家"一带一路"倡议下的海外机会。

过去的二十多年里，建筑企业都在谈"出海""借船出海、造船出海"企业各显神通。自2013年9月"一带一路"倡议的提出，建筑企业出海的规模、规格、影响力得到了极大的提升，到2023年我国共实现对外承包工程业务新签合同额2645亿美元（约合1.9万亿元人民币），中国建筑企业日渐成为国际工程建设这个大舞台上的主角，中国速度、中国模式、中国标准日益得到国际同行的认可。但在这个过程中我们也遇到了极大的挑战：有些因为不熟悉所在地的政治和文化而导致巨大的履约风险，有些因为照搬国内低价签约再高价索赔模式而导致巨额亏损……中国建筑企业在国际化征程中要真正实现走出去、走进去、走上去，还有很长的路要走。

第四，西部广大区域的后发优势。

西部区域广袤、基础设施建设落后，具有极大的后发优势，同时市场竞争激烈程度要略小于东部发达地区。此外，中西部在承接东部产业转移过程中存在较多机会（例如，一些工业建安企业就跟随大客户转移实现了在西部的布局和深耕），还比如贵州等地提出的大数据基地建设/特色小镇建设机遇等。

14.2　如何选出合适的区域

14.2.1　区域选择要考量哪些因素

业内曾有人总结建筑业的区域市场时说"中国的建筑业市场不能看作是一个完整的市场，而是按省市甚至地市割裂而成的若干个独立或者差异化的区域市场"，不同的区域市场，不但市场潜力、竞争态势不一样，政策法规、游戏规则也有很大差异。因此，企业在进行区域选择时要从"天时""地利""人和"等多个维度的指标去考量，方能进得去，进而站得稳、做得好。

（1）对"天时"的考量

"天时"指对目标区域经济形势、市场规模及目前政策等进行分析，对"天时"的分析，有三个基本结论。

第一，目标区域的经济形势直接决定了该地区的投资量和支付能力。经济形势是区域拓展首先要考虑的因素，可以从GDP总量、财政收支等指标来衡量，一般来说经济总量靠前、增速较快的地区是首选，相反就应该慎重考虑。

第二，目标区域的建筑业规模直接决定了蛋糕的大小。可以从固定资产投资总量及增速来衡量，一般来说总量靠前且增速较快的区域是"明星市场"，总量靠前但增速靠后的是"成熟市场"，总量靠后但增速靠前的是"潜力市场"，总量及增速均靠后的就是"低迷市场"。

第三，各地区行业政策差异大是目前建筑业的"怪现状"，尤其是省与省之间。攀成德公司曾比较过同为发达省份省会的两个城市，二者对进入者的政策和态度就截然不同：一个是"外松内紧"，看似积极打破区域藩篱，实质上项目资源被控制在部分人手上，外来者也就是陪太子读书而已，基本上是铩羽而归；另一个是"坚如堡垒"，政府投资的项目设置各种"定制条件"，基本就是发包给当地的两三家企业，外来者无法分一杯羹。所以，企业在进入某个区域市场之前，必须先充分了解当地的游戏规则，掂量自己的实力和拓展成本。

总体而言，企业可根据自己的业务特点，灵活地设置区域分析指标及权重：如以房屋建筑为主业的企业，可以加重对"城市现有房屋面积、人均面积、在建面积、规划面积"等指标的测算权重；而以基础设施为主业的企业，可以更多地从基础设施投资总额、城镇化率等指标来衡量。

（2）对"地利"的考量

"地利"指对目标区域市场的竞争对手、分包分供商等进行分析，对"地利"的分析，有两个基本结论。

第一，目标区域竞争对手的数量、能力、资质等是需要考虑的重要因素。这个问题必须动态地来看，目前竞争不激烈的区域可能明天由于更多企业的介入而变得激烈。另外，还需要结合自己的业务特点来看待竞争对手的数量和能力，比如做一般房屋建筑业务的企业，需要更多地注意当地企业的数量和质量；以大型市政项目为主要业务的企业更要关注大型央企的介入。一般可以从该区域自有建筑企业数量/质量和外面进入企业的数量/质量来衡量。

第二，目标区域分包商、分供商的数量和质量也是不可小觑的因素。有些地区分包分供资源被个别企业"垄断"或者掌握在少数人手里，如某些地方商品混凝土的供应就集中在个别企业手中。有一家企业进入某个省区以后，发现分包队伍可选数量少，质量不高还漫天要价，但不能完全用自己原来的分包队伍，仅此一项就亏了五个点。

（3）对"人和"的考量

"人和"指企业在区域拓展时对自身能力和资源等进行分析，对"人和"的分析，有三个基本结论。

第一，自身管理能力的强弱决定了企业区域管理的宽度和深度。比如企业原来的业务集中在某一个区域，管理人员早上开车出去基本上一天就能把所有项目转一圈，对现场信息了如指掌。如果选择的区域离公司总部较远，企业总部是否有能力进行有效管控？如果需要设置区域公司，这个成本是否在接受的范围之内？另外，外派的管理团队也是要考虑的因素，每个人都习惯在自己熟悉的环境里生活、工作，离家别口去其他区域拓展本身就不容易。

第二，对现有信息资源分布的考虑。企业在考虑新进入一个区域时，不可能完全是毫无依据地冲进去，要么是有项目信息、要么是有客户资源，因此系统梳理全公司（特别是项目经理等人员）在不同区域的信息尤为重要。首先需要收集整理出不同区域所有的资源和信息；然后进行分级，哪些是可以投入一定的资源进行跟踪的，哪些是需要舍弃的；最后是依据这些项目信息进入某个区域后，对有机会深耕的区域强化资源投入，逐步建设成为公司的新根据地。

第三，对自身资金等资源的考虑。

资金实力的强弱对区域选择、布点数量、拓展步骤等具有较大的影响。从稳健的角度来说，首先要确保成熟区域、传统业务最基本的资金需求，能为新区域拓展提供稳定的经营现金流。比如有企业根据自身的资金情况，尽量规避那些垫资现象比较严重的区域，也有客户在做区域选择时，明确京广线以东不去（资金量需求比较大、竞争比较激烈）或者京广线以西不去（垫资严重，进度款支付比例偏低等）；也有企业对拟布点的若干个区域分三年进入，采用3-3-4（第一年先拓展三个，第二年三个，第三年四个）的节奏，一方面可以缓和资源的投入，另一方面也可以不断地总结成功的经验和失败的教训，提高区域布局的成功率。

14.2.2 如何做区域选择

对建筑企业而言，区域的选择似乎不是那么容易，一方面，企业的资源和能力有限，一开始只能在自身竞争力强的部分区域进行布局；另一方面，目前中国建筑业算不上是一个统一的市场，各省市甚至各地市的竞争态势、地方性政策等都存在较大的差异，选择不同的区域意味着不同的发展策略。目前建筑企业在进行区域选择时，大致有三种方式：直接方式、先加后减方式、战略布局方式。

第一，直接方式。一些建筑企业在做区域选择时，更多的是凭借管理层对外界环境的大致判断。比如某建筑企业直接以京广线为界，不参与京广线以东区域的市场活动；或者以公司总部所在地为圆心，涉足通高铁且半径为一小时车程的区域。此类方式虽然看似不合逻辑，但往往实操效果不错。

第二，先加后减方式。企业通过鼓励各下属公司、项目部以多种渠道去各个地区承揽项目，只要能揽到项目，都可以成立分公司（与项目部合署办公），项目结束后如有持续稳定的项目则保留区域公司番号，否则项目结束就撤销区域公司。待形成一定的规模后，设定一定的规则（如经营的持续性、营业收入达到某一门槛等）来规范、精简区域公司，通过做强做大保留下来的区域公司来完成公司的区域布局。

第三，战略布局方式。通过战略布局方式（综合分析法）对目标区域的竞争状况、投资量/增速、财政收入、人均住房面积等指标来确定拓展的区域，这种分析方式可靠性相对较高。如上海某大型建筑企业在做外部区域拓展时，先多维度构建分析模型对全国70个重点城市进行分析，然后结合自己的资源、能力等从综合排名前二十的城市里筛选出十个作为布局城市，最后决定按3-3-4的模式进行拓展（第一年布局三个，第二年布局三个，第三年布局四个）。

总体来说，区域及区域的选择方式没有好坏、优劣之分，关键在于要适合企业的实际情况，匹配企业的资源能力。大型企业在做区域选择时需要做战略性的分析，有目的、有倾向地投入资源并深耕细作；中小企业可以根据自己的实际情况"先放后收、先加后减"，加快布局并迅速形成若干个业务点。

14.3　如何拓展所选出的区域

区域选择确定方案之后，如何拓展区域才开始真正的"长途跋涉"，这里将建筑企业的区域化拓展之路总结为九大要点：

第一要点，建组织。

建筑企业的区域组织通常有几类：公司总部设置区域机构、分公司设置区域机构、以项目部为载体等，这些区域组织在功能定位上有经营型（只做经营，不做履约）和实体型之分（经营并履约）。有些建筑企业规模并不大，但总部、下属公司甚至单个项目部都在某个地区设置办事处，有窗口性质的、有营销性质的、有实体性质的，缺乏统一的规划和协调，各自为战、浪费资源。实践中任何组织层级设置拓展机构都有成功案例，但设置规范的组织架构非常有必要，在实操中可以一开始采取一人多岗、一岗多能的形式，后面根据具体的发展情况再逐渐配齐人员。

另外，据观察，区域组织的发展好坏极大程度取决于该组织的一把手，中建某号码公司的一区域公司总经理在回答"为什么你负责的区域公司比其他区域公司发展得快、好"的问题时，他说："我一家老小全部定居在这里，我也没打算离开过，就一心一意地带领同事们做好这个区域公司，大家的心气很足、很齐"。

为什么很多企业的属地化做不好？关键是没有实现"心的属地化"，只是简单的"身的属地化"，区域拓展定组织的核心在选准一把手，留住他的心。

第二要点，定产品。

区域公司在发展初期为了解决生存问题，一定是有信息就跟、有项目就接，这无可厚非。但要长远发展和深耕的话，还需要适当地聚焦领域，形成自己的拳头产品。不少区域公司规模不大，但往往业务结构、种类和上级单位一模一样，成了小一号的××集团，在每一个领域都没有竞争力。以房建类区域公司为例，没有必要具备完整的房建、安装、市政及基础设施等方面的履约能力，做好房屋建筑业务，甚至是其中的某些细分产品即可。如某企业在山东的区域公司只深耕大开发商的全装修住宅，日子就过得挺好。至于其他类型的业务信息，一方面可以引荐给上级单位或者集团内的兄弟单位（适当拿点营销奖），另一方面可以与兄弟单位合作，自己适当参与一遍积累经验、锻炼队伍。

一个公司的资源和能力都是有限的，需要聚焦。更何况是一个区域公司，知道自己的能力阈值、有所取舍，方能走得久远。

第三要点，优模式。

任何一个企业在布局新区域时，区域的品牌影响力、知名度、资源能力等都无法和总部所在区域相比，很多时候不得不采用合作、分包等模式以求进入该市场（特别是非央企及国内顶级建筑企业）。一方面，要以做大产值为主要目标，通过与外部建设单位和"项目老板"合作的方式获得更多的项目，在强化管理的基础上不断提升在区域中的知名度，进入并逐渐深入该区域市场；另一方面，要建立外部合作单位（项目单位）信用评估体系，掌握拟合作单位（项目老板）的基本情况，从业绩、人员素质、项目管理能力、名誉等维度进行信用评估，确定是否可以进行合作。同时对项目的财务资金、进度、安全、质量进行强管理，控制风险，确保项目如期完成。

分包合作是手段，其目的是做量、进入市场、熟悉规则、积累资源，为后面自营服务，千万不能因小失大、本末倒置。

第四要点，定规则。

区域划分以后，往往会存在"区域打架、资源重复投入"等现象。不少企业针对这种状况建立了区域优先、备案优先、客户指定优先、能力优先等规则，总体效果不错。

首先，划定核心区域、重点区域和开放区域。全国30多个省市、近300个地级市，任何一个企业不可能在每个地区都进行布局。因此，可以划定每个区域公司的核心区域（区域公司所在地，市场专属区，至少贡献80%的业绩）、重点区域（区域公司周边，最多不超过三个公司可进入）、开放区域（在深耕专属区域的基础上，都可以进入）。

其次，明确有交集领域的权益分配原则。如对于老客户指定，但在非管辖且非自主经营区域范围内的项目，项目所在区域公司负责前期相关手续的办理及关系协调，履约区域公司负责项目的现场施工管理，履约公司向区域公司支付一定管理费用，在区域拓展前期，为鼓励区域公司配合的积极性，可将合同额的5%～10%计入该区域公司的产值中。灵活使用一些激励举措，鼓励各公司协作共赢。

明确规则，有利于后期的规范运作，避免出现内部不良竞争，减少内耗；同时也有利于交叉项目的合作、促进内部的合作共赢。

第五要点，优策略。

由于公司在各区域的资源、基础不一样，同时各区域的竞争态势、政策等也存在较大差异，因此在拓展区域市场时需要有针对性地设计发展策略。攀成德公司曾对比过两个东部经济发达省会城市市政行业竞争情况，其中一个城市区域保护明显，地方投资的项目基本被该市的几个企业垄断，外地企业难以介入；另一个城市则相对开放，政府没有主观倾向，但市场和资源把控在少数企业和个人手里，围标、串标等层出不穷，几百个特级、一级企业竞争一个几千万项目的情况司空见惯。对于这样市场迥异的区域，企业的区域拓展策略自然是要有针对性的。

首先，制定市场策略。主要解决如何进入该区域市场的问题。比如常见的进入策略有：跟随原有客户、与其他企业合作、加强与当地相关政府部门及设计院所之间的联系和互动、通过当地行业协会、带资进入等等。

其次，设置底线管理。区域公司往往远离公司总部，"将在外军令有所不受"，不可能事事请示、项项汇报。在合理授权的基础上，要设定相应的底线策略。如中建某局对区域公司规定的"××不接"原则、"十条底线"等等。

"策略"是属于法和术层面的内容，不能几句话就概括完整，也不可能一成不变，它需要企业各层级的管理者根据区域、市场、资源能力等多维度的分析，及时调整以推动区域的发展。

第六要点，建体系。

公司总部一般都有比较完善的标准化管理体系，但完全照搬到分公司是不适合的，特别是由二级管理过渡到三级管理的过程中。有些公司总部和区域公司的职责不明确，要么管理内容重复导致各层级事务性工作量巨大，项目人员大量的精力耗费在应付检查和填写各种表单上；要么出现管理的盲区，总部和分公司的管理触角都没有涉及。

建筑企业需要在总部原有管理体系的基础上要进行延伸和优化（其核心权责划分清晰）：首先是完善原有的制度体系，覆盖区域公司的特殊管理事项。其次是结合区域公司的成熟度对权限进行划分（可每年进行一次评估，然后进行分级授权）。最后是细化操作规程，特别是总部各专业条线一定要强化平台和数据库建设、设计好模板和表单，同时利用去项目上检查的机会多做示范和培训，也可以在总部安排交流培训岗，让各分公司、项目部的业务人员来学习（一般不超过半年）。

第七要点，重激励。

每个人都愿意在家门口工作，因此对于离家别口进行区域拓展的人员，要在激励方面予以倾斜。这个激励不仅仅是薪酬方面的，它还应该涵盖分红、培训、晋升、福利菜单等多个方面。总体来看，要从组织和个人两个层面予以考虑。

组织激励方面："利出一孔，方能力出一孔"，区域公司管理层的收益来源只能是基于分公司整体指标的实现情况，要坚决杜绝管理层从单个项目拿兑现的现象。常用的组织激励方式有："基本工资+绩效年薪"模式、"年薪+超额提升"模式、"模拟股份制"模式等，不管采用哪种模式，其根本的出发点和宗旨都是鼓励分公司做强做大，但也需要明确达不成发展指标的区域要么换人要么撤机构，金条和大棒一个都不能少。

个人激励方面：一方面，可以提高基本薪酬基数，比如按与总部的距离或者按所在区域的经济发展程度设置几个等级调节系数；另一方面，公司可以在晋升、职业培训等方面向有外埠工作经验的人员倾斜；同时也可为这些员工设计福利菜单，比如积分达到一定标准时可以享受带薪休假、家庭公费旅游等。

绩效激励是提升公司管理水平最重要的抓手，对于新区域的拓展更为重要。但从公司长远发展和降低人员成本的角度来看，大力推进属地化建设效果更好。

第八要点，控风险。

业内人士评价说建筑行业是个高危行业，除了安全质量方面的风险，还有经营上的风险。市场上都是负标拿来的项目，一个项目亏进去可能十个项目也填不上窟窿（联营挂靠模式风险就更大了），因此对于区域公司的风险防控尤为重要。以下几点是要特别关注的：

安全风险：区域公司不是法人单位，用的是总部的牌子、资质和安全许可证，一旦出问题就是关乎企业存亡的问题，所以安全问题必须天天讲、时时抓。

经营风险：一些区域公司迫于指标的压力，可能会硬着头皮去接一些风险较大的项目，对此总部必须严控经营风险，如制定基本的市场经营底线。

分包分供风险：材料和劳务分包量占比超过合同额七成，甚至更高，怎么强调其重要性都不为过。总部需要从合格供应商名录、选择、管理、考评等各个环节予以规范和严控。

财务资金风险：资金是公司和项目的血脉，总部必须从人员、账号、收支管理等方面规范管理，这是现在建筑企业做得比较好的。

对于区域分公司，总部千万不能"三不知"：不知其合同签订情况、不知其收了多少钱、不知应付多少钱。风险无处不在，在市场不再是遍地黄金的时期，企业更需要在锐意进取和控制风险之间找到适合企业的平衡点。

第九要点，订计划。

我们常常看到一个企业有宏伟的蓝图、激动人心的目标，但一段时间后就冷了下来，成了挂在墙上的"鬼话"。其主要原因就是企业习惯以"会议落实会议、以文件落实文件、以讲话落实讲话"，缺乏系统的落地计划，落地计划包括以下几个方面：

行动方向：明确区域拓展的主要目标、原则和方向等；

行动内容：遵照行动方向，分解形成主要工作，支撑目标实现；

行动步骤：设定行动步骤，找准关键控制点；

行动执行：明确各个层级的角色定位，落实每个行动内容和步骤的责任部门或人，确保每项工作有人承担；

行动成果：界定每个步骤、计划落实后的成果/结果，强化过程控制、奖惩和纠偏，确保实施落地。

人们都知道"二流的战略、一流的执行"远胜"一流的战略、二流的执行"，但在企业实际运营中，不少企业的区域发展就停留在理念里、文件中、会议上，行动却是止于公司大门。"沉舟侧畔千帆过，病树前头万木春"，在这个唯快不破、只争朝夕的年代里，当企业再次醒悟时，可能早已没有了布局的空间。

14.4 区域化建设要关注的重点是什么

14.4.1 做好授权

全国超15万家建筑企业无时无刻不在进行着（区域）阵地争夺战，企业都明白，有些阵地只适合打游击战，而有些则需要长久地安营扎寨、成立新的大本营，当大本营逐渐发展壮大后，总指挥部就要授予一定的权限，以确保其能够在所在阵地灵活应战。然而，授予哪些权限，授予多大的权限？一直都是总指挥部难以言说的痛。

总指挥部不愿授权有两方面的原因：一方面是担心被授权团队能力不足，无法做出正确决策；另一方面是不好把握授权的度，授权过小，起不到作用；授权过大，可能会给公司的整体经营带来更多的风险。

前方指挥部想要授权也有两方面的原因：一方面，总指挥部虽站得高、看得远，但是有些事情不一定看得清（区域市场的特点）。前线团队在阵地作战，对于所在区域的了解自然要比总指挥部更全面、更深入，因此，由前线指挥官做的一些决策或许比总指挥部做出的决策更有效；另一方面，到前线来一定是背着目标来的，没有权，就不好做决策，不能做决策，就很难实现目标，不能实现目标，就要受罚，可见这就无法激发前线指挥官高昂斗志形成良性循环。

需要明确的一点是，权，一定要授！常言道："将在外军令有所不受""让听得见炮声的人做决策"……商场如战场，敌情瞬息万变，安有千里而请战者乎？虽然现在通信很发达，很多信息可以及时沟通，但授权不只是管理的需要，更是对被授权人/单位的信任。而且在前线的指挥所，一定是比在大后方的指挥所对战场的情况更熟悉的。因此，既然授其为将，那就是相信他的能力，自然要授予其一定的权限，否则如何让其号令前线战士冲锋陷阵。

关键问题是如何才能做到授权有度？

第一，理清公司有哪些核心权限。可以从公司的管理体系入手，分别梳理各体系中比较重要的权限，如：组织管理方面、人力资源管理方面、财务资金方面、市场商务方面等等。

第二，明确各管理层级的定位。定位不同，授予的权限类别、大小就不同，至少需要明确这些问题：总部的定位到底是强总部还是弱总部？分公司/区域公司的定位是市场经营中心还是生产管理中心？项目部是不是合同履约中心？

第三，逐步放权。逐步放权就像给小孩零花钱：幼儿园时，每天给1元零花钱；小学生时，每天给5元零花钱；初中生时，每天给10元零花钱；高中生时，每天给20元零花钱；大学生时，每天给50元零花钱。对建筑企业而言，在逐步放权的过程中也要体现差异化授权。即：总部下属的子分公司无论是在管理能力，还是其所从事的业务成熟度方面都存在一定的差异。这就需要总部能够从管理能力、业务成熟度等多方面对子分公司进行分类，确定哪些子分公司尚处于幼儿园阶段，哪些子分公司处于高中生阶段等，并在此基础上进行不同程度的授权，以确保权限和能力相匹配。

第四，确保下放的权限不会对总指挥部造成致命的伤害。人力资源管理方面，前线指挥部有权任命一个连长，无权任命一个团长。即：子分公司的核心领导班子由公司总部选拔和任免，同时公司总部要适当控制子分公司的人员规模。财务资金管理方面，公司总部通常采取资金集中管控的原则，即在总部层面形成较大的资金池，以确保资金能够发挥更大的作用。资金使用方面，总部可给予子分公司一定额度的支配权，规定额度以下的资金支出，无须经过总部高层领导的审批，以确保子分公司能够灵活处理小额的分包付款等事项。物资采购管理、合同评审等方面，公司总部也可以根据发展的需求进行不同程度的授权。

权已授，如何进行监管？古有军令状，现有目标责任书。正所谓"欲戴王冠，必承其重"，子分公司既然享有公司总部授予的权限，自然就要承担公司总部下达的目标责任。因此，总部可对子分公司进行目标管理，即：在综合考虑公司总部战略规划、子分公司目前的能力水平及以往经营业绩等多方面因素的基础上，核定子分公司的经营目标，并制定相应的考核方案，确保责权利相统一，并达到指引子分公司向更健康、更长久、更强大的方向发展目的。

要想风筝飞得高，就要适当放长线。

14.4.2 做好属地化建设

在不同的发展阶段，建筑企业会主动或者被动地进行区域拓展，进入到自己不熟悉的、别人家的地盘去"抢食"，但是真正"走出去、走进去、走上去"，成为名副其实的属地化公司的并不多，这中间的原因有千万个：市场差异、文化差异、思想意识、资源重构等。建筑企业要真正实现属地化发展，远不是承接了几个项目、租建了办公楼、签约了多少员工那么简单，而是需要一个过程，需要走过重重"铁门"不断进阶。

第一重门，业务属地化。

承接业务是属地化发展的第一步。目前来看，建筑企业在区域业务承接方面主要有两种方式，一种是先放后收，跟着老客户走出去，或者哪里有关系和项目信息就先去哪里对接，一开始没有倾向性的区域选择，能持续有业务的区域再逐渐形成属地化公司。另一种是针对性拓展，通过对广大区域进行系统分析（如从全国70个大中城市中选择），同时结合自身的资源和能力挑选出几个目标区域，通过系统地投入资源或者与其他企业合作等模式进行战略性开拓。

总之，市场经营是龙头，没有业务一切都无从谈起。一些企业为了更快地介入该区域，往往会借助投资及战略性合作等手段承接一些具有标志性意义的工程，帮助其更快地树立品牌、打开市场。

第二重门，机构属地化。

若某个区域是企业的战略布局点或者通过机会性项目进入后，在该区域持续有业务，那么企业就需要考虑常驻机构的设置了。一般来说总部会在该区域先设置经营型机构，具体的生产交付交由其他子分公司/项目部；进一步发展后，区域公司会逐渐完善履约力量和管理能力，慢慢地转变成集经营与生产于一体的实体机构。这个思路没什么问题，关键是履约能力如何培育？在实操中建筑企业一般采用以下几种方式：

第一，校招+社招：例如某企业的某区域公司为了在最短的时间内形成履约和管理能力，把某竞争对手区域公司的大部分人员一起挖过来，虽然这种做法不值得提倡，但也是解决现实难题的一种竞争性手段。

第二，由多个兄弟单位抽调人员组成新的团队：这种做法比较常见，但问题是出于自身考虑往往抽调的人员是平均水平线以下的，同时多个公司人员组合后文化、管理习惯等差异较大，融合又是一大难题。

第三，上级公司指定（也有主动申请）：以某一个单位为主形成区域履约能力，华北一建筑企业在珠三角组建新的区域公司，下属某二级单位在北方业务不是很饱满，整个公司一分为二配置到华南区域公司。

第三重门，员工属地化。

员工属地化是区域公司发展所追求的，也是经常挂在嘴边的话。很多企业以属地化员工的数量、占比来作为属地化建设考核的重要指标。当区域公司发展到一定阶段后，总公司甚至只委派部分高管和财务人员。员工的属地化除了在当地招收员工外，重点还要建立属地化的薪酬体系，总公司所在地和区域公司所在地经济发展状况差异可能很大，这就需要针对性地调整薪酬体系，简单地以"出差补贴"等形式来解决不是长久之计（某总部在西安的建筑集团对布局在上海的华东公司，一开始采用的是补贴、调整系数等过渡方案，在业务稳定后就果断地比照华东地区类似企业调整薪酬激励机制）。

第四重门，资源属地化。

企业来到新的区域初期也许会把原来的分包分供资源带过来，但从长远发展来看，高效的属地化资源应用不可或缺，这是降低成本、提高效率的重要手段。

第五重门，人心属地化。

属地化最难的是"心的属地化"，这包含两个层面的意思：

第一，包括高层管理人员在内的所有员工心很安定，把区域公司当成自己长远发展的根基，高管团队没有那种"外派""出差"的心态，区域就是"择一城终老的城市"（如中建某企业在河南要新设区域公司，公司一高管的父母妻儿都在郑州，他主动申请去拓展河南区域并扎根区域）；中层骨干都在想方设法把小孩弄进当地优秀的中小学（如西部某省级建工集团在广东的区域公司深耕华南三十余年，企业的中层管理者都在深圳安家落户，打心里都认为自己就是深圳人）；年轻员工想的是怎么尽快积攒首付买房。

第二，文化是交融的，既承载了母公司的主流文化，又吸纳了所在区域的文化，更有适应性也容易被接纳。区域发展要进入到这个阶段很不容易，需要多年的积淀。建筑企业在实操中做了很多有益的尝试：有意识地任用、选拔立志在该地区长期扎根的高管层，特别是中层干部要选用属地化人员（这部分人员相对高管层来说数量要大，也是高管团队的预备队）；区域公司要逐渐完备法人资质、员工社保、落户及子女入学等条件，解决员工后顾之忧；参与区域公共事务、承担企业公民责任，让企业和员工深度融入当地。

建筑企业区域拓展不易，属地化建设更难。本篇14.3节中把区域拓展要做好的重要事情总结成九个要点"建组织、定产品、优模式、定规则、优策略、建体系、重激励、控风险、订计划"，若真能做好这九个要点，并能跨过属地化建设这五重大门，也许就能翻开企业发展的新篇章。

15　看价值链：价值链延伸，是机遇还是挑战

计划经济和资质管理模式的惯性，造成了中国建筑业长期的专业分割、价值链分割，在资质逐步淡化以后，细分行业的人为分割也会逐步淡化；价值链的融合，也是建筑行业的发展趋势之一。

建筑市场正在觉醒，需求正在变化，规模稍大的建筑企业都在探索价值链延伸，由传统的施工业务转向EPC、BOT、PPP等，然而做得成功的企业并不多，其中失败的关键原因是没有合理地评估、分析自己的资源能力，总幻想着"中学生的作业做不好，那就换做大学生的作业吧，也许能做好"。

15.1　从价值链延伸会产生哪些有价值的模式

在发达的建筑市场，工程项目所采取的建设模式与客户需求的匹配度很高，一方面是由于业主的成熟度高，另一方面是由于总包单位的能力强。从我国建筑业大的发展趋势来看，在专业细分的同时，行业正不断出现工程环节融合的新服务模式。

攀成德公司对此做过专门的研究，分析出价值链的六个环节可排列组合形成的六十四种建设模式（图15-1），其中典型的建设模式有十种，分别是：覆盖一个环节的"施工承包模式（C）、工程设计模式（D）"；覆盖两个环节的"设计-建造模式（DB）"；覆盖三个环节的"EPC模式、PMC模式"；覆盖四个环节的"投资+EPC模式"；覆盖五个环节的"BT模式（过去）、全过程工程咨询模式"；覆盖六个环节（价值链全过程）的"BOT模式、PPP模式"。除了覆盖一个环节的C模式、D模式之外，后八种都是从C模式和D模式演变而来的，都是基于客户的需要产生的，是有价值的模式，并在实践中不断成熟和完善。

| 投资 | 设计 | 采购 | 施工 | 维护 | 运营 |

	业务范围	典型业务模式	典型企业	门槛
C_6^1	• 覆盖价值链中的1个环节（6）	• 施工承包 • 工程设计	• 大部分发展中国家施工企业 • 大部分发展中国家设计院	低
C_6^2	• 覆盖价值链中的2个环节（15）	• 设计-建造	• 铁三院	
C_6^3	• 覆盖价值链中的3个环节（20）	• EPC • PMC	• 福斯特惠勒	
C_6^4	• 覆盖价值链中的4个环节（15）	• 投资+EPC	• 兰万灵	
C_6^5	• 覆盖价值链中的5个环节（6）	• BT • 全过程工程咨询	• 浦东建设 • ENR国际工程设计150强企业	
C_6^6	• 覆盖价值链全过程（1）	• BOT • PPP	• 欧美国际工程企业如柏克德	高

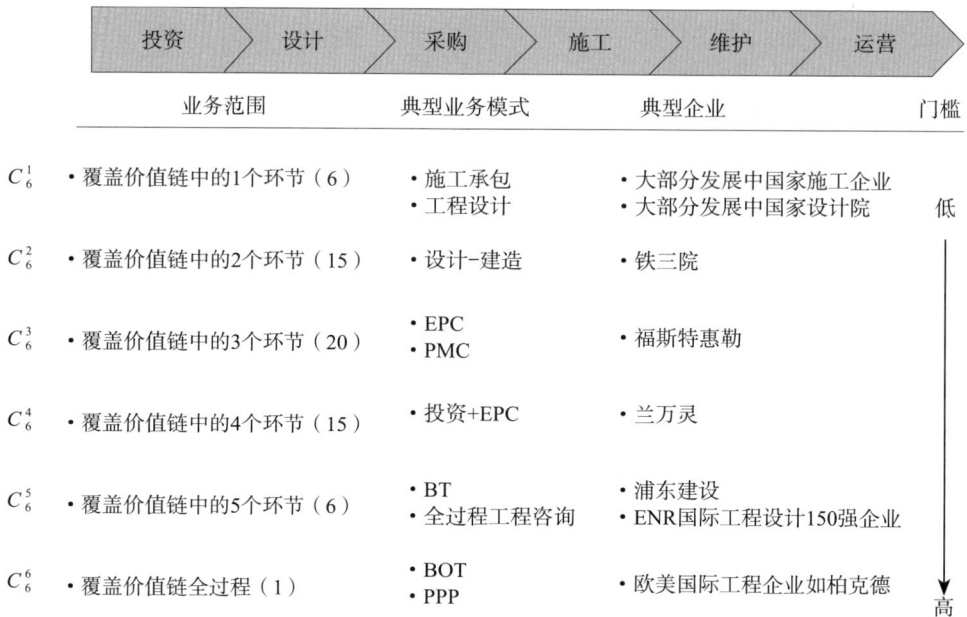

图15-1 价值链环节融合而形成的业务模式组合

来源：攀成德公司

需要说明的是，全过程工程咨询模式，是设计单位探讨和实践比较多的一种模式，建筑企业较少涉足，这种模式虽然在图15-1中放到了"覆盖价值链中的五个环节"，但它实质上是菜单式的一种模式，最多覆盖价值链中的五个环节，当然也可以只选择二至四个环节服务。另外，广义的概念认为凡是涉及"投资"环节的模式，如BOT模式、投资+EPC模式都属于PPP模式的范畴，这里仍然把PPP作为一种狭义范围的模式。

不管是在发达国家，还是在发展中国家，大型项目广泛采用工程总承包模式，工程总承包模式包括：DB模式、EPC模式、PMC模式，在实践中尤以DB模式、EPC模式居多。2017～2019年中国对外承包工程发展报告及其他公开资料显示，以每年海外新签前十大项目为样本，三年总计采用EPC模式的项目占比63%以上（表15-1），可见这一模式被广泛采用。

2017～2019年中国企业海外新签项目建设模式统计   表15-1

年份	国家	项目	承建企业	模式
2019年海外新签项目	俄罗斯联邦	波罗的海化工综合体项目	中国化学	FEED+EPC
	哥伦比亚	波哥大地铁一号线项目	中国港湾	投建营一体化
	孟加拉国	普尔巴里2×1000MW超超临界燃煤电站二期	中国水电	EPC+F
	尼日利亚	阿布贾-巴罗-阿贾奥库塔中线铁路项目和朱库垃-洛克贾支线铁路	中国铁建	/
	缅甸	MPT JO运维服务产品竞标项目	中兴通讯	/
	伊朗	TPPH5000MW联合循环电站项目	中国能源	/
	沙特阿拉伯	萨拉曼国王国际综合港务设施A&B、C及D区（3个包）	中国电建	EPC
	马来西亚	东海岸铁路链接线项目	中国港湾	EPCC
	尼日利亚	新月岛填海造地和高架桥梁工程项目	中国水电	/
	孟加拉国	博杜阿卡利1320（2×660）MW燃煤电站项目	北方国际	EPC
2018年海外新签项目	尼日利亚	尼铁现代化项目（拉各斯至卡诺）第4号补充实施协议伊巴丹至卡杜纳段含奥逊伯至阿杜-埃基蒂支线	中国土木	/
	埃及	新首都2期建设项目	中国建筑	EPC
	阿拉伯联合酋长国	迪拜太阳能发电园区四期700MW光热电站项目	上海电气	EPC
	尼日利亚	蒙贝拉水电站项目	葛洲坝	EPC
	埃及	苏赫纳零燃料油炼油厂项目	中国水电	EPC
	哈萨克斯坦	阿斯塔纳轻轨项目一期工程	中铁亚欧	FEED+EPC
	澳大利亚	墨尔本西门隧道前期工程	中国交通	/
	马来西亚	文安钢铁（马来西亚）有限公司Samalaju联合钢厂工程总承包	中冶赛迪	EPC
	加纳	西非沿海高速-阿克拉外环线项目	中国水电	/
	刚果（金）	金沙萨省基础设施建设成套EPC项目	中国化学	EPC
2017年海外新签项目	马来西亚	东部沿海铁路一期工程设计施工总承包项目	中国交通	EPC
	印度尼西亚	美加达卫星城项目	中国建筑	/
	肯尼亚	纳瓦沙至苏木标轨铁路项目	中国路桥	EPC
	俄罗斯联邦	阿穆尔天然气处理厂建设项目	中国石油	EPC
	尼日利亚	蒙贝拉3050MW水电站项目	中国水电	EPC
	越南	沿海二期燃煤电厂项目	中国华电	EPC
	老挝	中老铁路磨丁至万象工程	中国中铁	/
	尼日利亚	阿布贾城铁项目	中国土木	建营一体化
	约旦	阿塔拉特2台277MW燃油页岩电站EPC项目	中国能源	EPC

来源：攀成德公司研究部根据公开信息整理。

15.2 工程总承包模式的挑战

目前看来，大多数建筑企业只能做C模式，少部分企业可以做到工程总承包模式，只有极少数企业才能做全过程、全生命周期的业务模式。工程行业皇冠上的两颗明珠分别是工程总承包和运营管理，相比而言，工程总承包不仅市场大，也是相对容易突破、可复制的业务模式。而当前我国建筑企业在工程总承包模式方面的实践仍然处在初级阶段，表现在以下几方面：

第一，建筑企业真正做的工程总承包项目不多。虽然目前我们尚无法得到确切的统计数据印证这一结论，但与国际市场相比，中国建筑业价值链的割裂，长期造成设计-采购-施工环节的分开经营，致使中国建筑业市场长期缺乏对工程总承包优势的认识，业主、设计单位、施工单位相互不信任，无法合作，业主在乎建设阶段的成本，忽视工程全生命周期的成本；设计单位按照造价比例收费，不注重工程的合理造价；而施工单位按图索骥，不能发挥自己应有的价值。有人把目前中国建设行业的现状总结为：中标前甲方压级压价肢解总包强行分包严重，中标后设计、施工方不断变更洽商追加投资超概严重。低层次恶性竞争激烈、市场混乱、腐败频发、问题突出；而总承包能实现"一口价、交钥匙、买成品、卖精品"，这样具有明显经济社会效益的模式，鼓励企业"花自己的钱，办自己的事，既节约又讲效率"。

第二，具有工程总承包能力的企业不多。工程总承包业务的发展看起来似乎是先有鸡还是先有蛋的问题：由于没有总承包业务，所以建筑企业很难有总承包能力；反过来，由于建筑企业缺少这样的能力，似乎甲方难以信任和采用这样的模式来进行工程发包；毫无疑问，二者在工程实践中相互促进。然而对于中国的建设企业而言，需要考虑的不是先有鸡还是先有蛋的问题，关键是国外已经有这样的鸡能做工程总承包，它们已经具有相当的经验、技术优势、管理能力、成熟的团队，不需要等到蛋来孵鸡。我们的现实很残酷，在几大建筑央企中，下属企业有设计能力，有建设能力，甚至部分企业具有核心设备的制造能力，但是依然缺乏总承包能力，原因何在？缺乏总承包的组织协同、有效的内部运作，缺乏实际项目的锻炼，不能完全发挥总承包模式的优势。

第三，熟悉工程总承包业务的专业人员不多。勘察设计行业孕育了最早的工程总承包业务，它们也培育了最早的工程总承包行业人才，而大多数建筑企业依然缺乏这样的人才，即使国内业务规模达数百亿元的建筑企业，能做工程总承包业务的人员、团队依然寥寥。可以预见，未来建筑企业要从事总承包业务，需要从勘察设计总承包企业大量引进人才，这也将促进设计企业和建筑企业之间的融合。

第四，具有工程总承包这一核心能力的建筑企业不多。在众多建筑企业的战略规划中，可以看到推进工程总承包的决心，从另一个方面来看，也正反映了目前企业总承包能力的薄弱。总承包业务需要融合技术能力、管理能力、信息系统支撑、矩阵式的组织模式、投融资能力等等，具备单个能力与具有多方面融合的综合能力，差异还是巨大的。

全国超15万家建筑企业中，99%的企业没有从事工程总承包的能力，而且在可以预见的未来也很难塑造出工程总承包能力。目前一些大型建筑央企不断尝试EPC项目，并积累了一些经验和教训，优秀的建筑企业应该坚定并尽快地向工程总承包转型。遵循国际工程建设的管理经验，在工程总承包业务模式成为行业潮流的情况下，无论企业转型之路有多漫长、艰难，都需要这些优秀企业不断提升工程总承包能力，这是不可逾越的过程。

15.3　工程总承包的转型之路

15.3.1　转型的总体思路

建筑企业在工程总承包模式上有没有快速突破的捷径？答案是没有捷径，但存在按部就班的成功之路，只要目标坚定，大多数建筑企业都能建立和逐步提升工程总承包能力。

第一，坚定信念、改变发展理念是工程总承包转型的起点。某央企二级工程局花了一年时间来培训各级管理者，加深对工程总承包业务的认识，既理解建设市场的趋势，坚定跟着市场走，也理解朝工程总承包转型是艰难而漫长的。信念是否坚定，不是在课堂上，而是在业务推进碰到困难时，只有经得起困难考验的信念才是真的信念。向工程总承包转型，既是业务模式的转型，也是核心能力建设的过程，如果持有这样的发展理念，就会不急不躁，形成铁杵磨针的耐力。经验告诉我们，建筑企业一般要经历十年以上的磨炼才能具备较好的工程总承包能力，能力建设是一个文火煲汤的过程，速成几乎没有可能。

第二，改善既有组织。大多数建筑企业的组织是基于施工业务来设置的，在施工图已经完成后，基于施工图来报价、签约、实施和结算。当前置条件变为可行性研究或者初步方案设计后，报价、签约、组织实施和结算的环境发生了巨大变化，不确定性迅速增加，需要企业建设新的组织能力，基于工程总承包模式的组织调整、权责分配、流程优化、人员配置，将成为推动工程总承包能力建设的基础。这不是一个简单的部门调整，是适应业务变化的组织挑战。

第三，优化资源配置和管理体系。对于从事工程总承包的企业，既有以施工总包为主的资源是无法支撑工程总承包业务的，比如设计业务的采购和管理，扩大的设备、物资采购业务管理，各价值链环节的接口管理，都对业务开展形成了新的挑战。在国内市场，采购物资和服务并不算难，难的是在时间、质量、各要素之间的有机匹配，以及这些要素与工程项目、内部资源的无缝对接。很多从施工业务转向工程总承包的企业和项目经理，既存在设计、采购、施工单个环节的问题，也存在环节之间不匹配的问题，而任何一个环节的小问题，都会引起整个项目的连锁反应，在工程总承包的单一责任模式下，都会变为成本问题，最终导致项目在经济上的失败。

第四，优化人员结构、提升人员素质。人力资源是建筑企业的第一资源，企业从施工总承包向工程总承包转型，对人员结构和素质提出新要求，专业和综合岗位的数量更多、岗位对人的要求更高。在工程总承包业务快速发展的时期，对人才的需求十分急迫，企业想要引进人才，从市面上比较难找到，而从内部培养，则速度很慢，突破人才的缺口既是短期的战术问题，也是长期的战略问题。

政府和政策推动的工程总承包市场在快速增长，建筑业的千军万马正奔向工程总承包这一转型之路，市场不会给企业太多时间修炼。边开车、边修车是大多数建筑企业转型工程总承包的选择，这既是机遇，也是挑战。

15.3.2　业务如何起步

当工程总承包逐步成为建筑业的热点，很多建筑企业都希望能尽快开展这项业务，那么这一新的项目建设模式到底应该如何起步？

第一，要认识到"起好步、早起步"的重要性。

"好的开始是成功的一半"，可见起好步的重要性。做工程总承包业务需要企业有更高的技术能力、管理能力，更多的总承包项目资源。多数企业在开展这一业务时，在能力和资源上存在欠缺，但清楚地知道需要哪些能力、自己欠缺哪些能力、欠缺程度如何，这是很重要的。即使起步艰难，但心中有数，对起好步、不掉入陷阱很有好处。

"早起的鸟儿有虫吃"，企业开展工程总承包要早起步。工程总承包已经被证明在绝大多数情况下，是一种十分有效的建设模式，并已经广泛地被市场化国家接受，在中国市场也渐成趋势。早起步，早锻炼队伍、建立体系，早建立品牌，就会早赢得竞争优势。

第二，可以尝试从小项目起步。

"千里之行始于足下"，工程总承包起步，可以从小项目开始尝试。项目小，需要的资源少，项目风险也能承受。通过小项目的尝试，企业可以了解工程总承包项目开展的程序，并逐步掌握业务的核心环节，培养和锻炼基本的人才团队，积累工程总承包项目实施的经验。

第三，打好起步的组合拳。

想做工程总承包的企业，常常会思考这个问题：是接了业务，再建设能力？还是先建设能力，再接业务？这是一个先有鸡还是先有蛋的永恒话题，不同的企业有不同的做法。总体上，二者应该同时起步，或者是基本能力建设稍微提前，确保在承接了工程总承包项目后能正常开展。接了项目，在项目实践中，进一步完善各方面的能力、整合更多资源，促进业务的良性循环。

在业务的承接上，起步的业务应该选择自己经验最丰富的领域。比如以房屋建筑为主业的企业要尽可能从房屋建筑总承包业务起步，不要选择从市政、公路等领域起步；同样，以公路市政为主业的企业开展工程总承包业务，要从公路市政领域起步。在自己最熟悉的领域，能整合的资源一定最多，挑战则主要来自价值链的延伸，如果业务本身不熟，则需要迎接价值链延伸和业务本身不熟两个方面的挑战。此外，企业如果能从老客户的业务起步，也有利于在新模式下与客户进行有效沟通，大大降低风险。

大企业和中小企业的起步有差异吗？

预计到2030年，可能有超过1%的建筑企业会从事工程总承包业务，企业工程总承包收入将达到7万亿元左右，而建筑企业将分享超过4万亿元营业收入。部分大型建筑企业已经在工程总承包业务上强势起步，据调查，早在2017年，中建三局、中建八局新签工程总承包合同额就已经超过1000亿元，北京城建超过300亿元，优势建筑企业在工程总承包业务上从起步到迅速发展的跃升时间相当短，年新签合同额1000亿元，已经远远超越勘察设计行业从事工程总承包的老牌劲旅。

由于长期与这些优秀企业合作，攀成德公司的管理专家对中建三局、中建八局的业务转型思路做过研究，这些大型企业首先是在战略上给予相当重视，早在"十二五"战略规划就明确了朝工程总承包方向转型的思路，在没有多少工程总承包业务时就开始储备能力。正是"十二五"期间在工程总承包方面进行了大量的团队、组织和管理体系能力的建设，才有了2016年、2017年业务的大幅度跃升。

对于各方面资源都欠缺的中小建筑企业，应该如何起步？正如前文提到的组合拳思路，中小建筑企业应该选择尽可能窄的业务领域，从中小项目上起步。如广东某建筑企业选择从中小的市政项目上起步，第一个工程总承包项目只有5000万元；江苏某从事医院洁净室的专业承包公司选择从中小型医院的项目起步。这些企业已经从单个、小型工程总承包业务逐步提升到了多个工程总承包业务，团队的专业性、资源的整合能力与日俱增，显示出了良好的发展势头。

对于决心在工程总承包业务上起步的建筑企业，也许这句话是最合适的："下定决心，不怕牺牲，排除万难，去争取胜利"。

15.3.3 如何加强基本能力建设

起步初期，除了积极承接业务，企业更需要加强基本能力建设。需要哪些基本能力？

第一，建设基本的人员团队。包括组建设计团队或者设计管理团队，改造或提升既有团队的能力，包括营销团队、项目管理团队、采购团队等。既有团队的知识、能力、经验往往局限于施工总承包，对工程总承包项目的商务、法务、成本控制、采购管理等不太了解，或者认识存在偏差。

第二，调整企业和项目部的组织。在企业本部，需要增加设计管理部门和采购管理部门，这些新设部门要按照工程总承包的需要定义其部门职能、设立管理岗位；按照工程总承包需要改造其他职能和业务部门的部门职责，增设部分岗位，以满足部门职能的需要。

第三，设计简单级的工程总承包项目管理体系。一般而言，企业从施工总承包向工程总承包转型，管理体系的发育大致会经历混乱级、简单级、规范级、精益级、战略级五个层次。在业务初期，要避免内部的混乱，同时又要避免体系太烦琐，可以建立简单级的工程总承包体系，把工程总承包关键节点、主要接口的管理连接起来，保障业务顺利推进。

以下就人员团队建设、组织建设、建设EPC项目管理体系三个方面的能力建设进行具体分析。

1. 人员团队建设

第一，需要重点解决人才结构问题。

国际工程公司的人才结构一般分两类，一类是自带施工队伍的企业，例如柏克德（Bechtel）、凯洛格（KBR），它们除了拥有招标投标、设计、采购、施工、运营、项目管理等各类技术和管理人员外，还拥有自己的施工队伍；另一类企业则是以设计为龙头的工程公司，如福斯特惠勒（Foster Wheeler）、兰万灵（SNC-Lavalin）等，它们虽没有自己的施工队伍，却具有很强的施工管理能力，人才结构方面以设计人员为主体（60%左右），同时拥有各类技术和管理人员。

以修建铁路发家的柏克德公司，100多年前还只是一家小型建筑企业，仅能

承包美国西部铁路中的一段工程，而如今它已是国际顶尖的工程公司，专业人才结构合理。2005年，公司5.5万名员工中，白领人员3万多、蓝领人员2万多，其中设计人员占37%，施工管理人员占7.5%，柏克德的人才结构能够满足国际工程建设市场竞争的需要（表15-2）。

柏克德公司的人才结构 表15-2

序号	专业岗位	比例
1	项目管理与工程规划	7.9%
2	质量系统	1.2%
3	项目控制与估算	5.3%
4	设计	36.8%
5	工艺、安全与环境	12.7%
6	采购与检验	6.7%
7	IT、材料管理、支持	7.7%
8	施工管理	7.5%
9	非技术人员	14.2%

注：1. 表中为2005年数据，作为成熟的国际工程公司，人才结构能保持几十年都相对稳定，所以数据仍具参考价值。

2. 数据来源：攀成德公司研究部整理。

再看看另外两家以设计为龙头的工程公司的人才结构（成达工程公司、兰万灵工程公司SNC-LAVALIN），以设计为龙头的工程公司中，设计人员的比例一般控制在60%左右，而综合管理型的工程公司，设计人员比例一般也在40%左右。我国大型的建筑企业通常都拥有庞大的施工队伍，具备工程承包管理及一定的资本经营能力，但是规划设计能力却相对较弱，人才结构中设计人才短缺最为明显，尤其是深化设计人才（表15-3）。

成达工程公司和兰万灵工程公司的人才结构 表15-3

岗位	成达工程公司	兰万灵工程公司
设计	63.0%	57.1%
商务	6.8%	6.8%

续表

岗位	成达工程公司	兰万灵工程公司
采购	1.8%	6.8%
施工开车	3.6%	2.9%
管理及后勤	24.8%	26.4%

注：1. 表中为至少十年前的数据，作为成熟的公司，人才结构能保持几十年都相对稳定，所以数据仍具参考价值。

2. 数据来源：攀成德公司研究部整理。

在向工程总承包转型的路上，我国勘察设计企业走在前列，例如成达工程公司、寰球工程公司、西北电力设计院等都是国内工程总承包领域的领头企业。目前，工程总承包已经在化工、石化、冶金等建设领域得到了广泛应用；而在房建、市政等领域，虽然也有一些大型企业进行了探索，但总体进展较为缓慢。我国建筑企业的人力资源水平与柏克德等国际领先的工程公司相比，差距仍然较大，复合型人才缺乏、人员整体素质不高。

中国建筑股份有限公司在"十二五"战略规划中提到：由中建设计集团牵头，积极探索开展以设计为龙头的EPC工程总承包业务，选择具有工艺优势的专业设计院为龙头，部分有实力的施工单位为辅助，开展EPC总承包业务。根据EPC业务的内在需求，对设计单位进行组织结构调整等一系列的改革，使其具备EPC型工程公司的条件；设置专门的管理人员和技术人员，使其具备EPC型工程公司的人才储备和技术力量。中建的人才结构见表15-4，可以看到，即使是国内顶尖的建筑企业，其人才结构与成熟的工程公司相比，差距也还很遥远。

中建的人才结构　　　　　　　　　　　　　　　　表15-4

专业构成类别	2015年占比	2018年占比	2023年占比
项目建造	58.2%	58.4%	56.7%
经营管理	3.6%	3.6%	3.6%
勘察设计	6.3%	6.0%	6%
地产开发	8.5%	9.7%	9.7%
专业管理	23.4%	22.3%	24%

数据来源：中国建筑2015年年报、2018年年报、2023年年报。

第二，看工程总承包与施工总承包企业的岗位差异。

国际工程公司的人才结构是T型结构，既需要纵向发展的专家型工程技术人才，又需要横向延伸的复合型商务和管理人才，横向和纵向人才缺一不可。上文通过人才结构的对比发现，向工程总承包转型，大型建筑企业在总承包项目管理人员、设计人员、复合型商务人员、运营人员、复合型国际人才等方面都较为缺乏。

工程总承包项目管理活动更强调总体控制，具有涉及面广、综合性强等特点，因此需要大量的复合型项目管理人才，需要他们具备更强的综合能力，例如：对于物资和采购管理来说，采购物资牵扯到各类不同的行业和专业，需要全局统筹，使得采购工作更加复杂；对于设计变更管理来说，工程总承包项目无论是项目结构，还是项目规模，都更加庞大复杂，频繁的设计变更也十分普遍。除了缺乏各模块的项目管理人才外，工程总承包项目经理将成为最稀缺的人才，这是由于EPC项目普遍规模较大、涉及的专业较多、需协调的各方关系更为复杂，对项目经理的要求也更高。

设计人员的短缺是目前建筑企业向工程总承包转型在人员方面最明显的短板。中建的人才结构中，勘察设计人员仅占6%，而即使是综合性的国际工程总承包企业，设计人员占比也有40%左右，供需缺口太大，完全通过自身培养显然不现实，绝大多数建筑企业通过兼并收购来解决这个问题，中建在"十三五"战略规划中提到要创新经营模式，通过并购石化、建材、制药等工业类设计院，为开展真正的EPC业务奠定基础。大型建筑企业（央企、地方龙头企业）的收购意向主要是收购设计院，希望以此来完善产业链，实现企业发展战略的落地。

传统建筑企业向工程总承包企业转型的过程中，还缺乏能够组织EPC项目投标工作、合理确定报价、能获取订单的复合型商务人才，同时，更缺乏既懂技术，又懂法律、会经营、通外语、懂国际惯例、熟悉国际项目运作的复合型国际人才。

第三，解决人员培养与外部引进问题。

对建筑企业而言，向工程总承包转型需要补充大量的商务、采购、设计和项目管理人员，全部从外部引进显然不现实，这需要建筑企业调整内部的人力资源结构、盘活现有潜在的人力资源，通过内部挖潜满足部分人才需求。那么，在过去的组织中哪些人适合转岗需要逐步摸索与探讨。

目前国内以设计为龙头的工程公司在人才培养与人才引进上，已经有过较多的探索，并取得了一定的效果。这些企业人才的培养基本是"打组合拳"的形式，除了组织员工去高等院校培训、去国外培训、去业内单位挂职外，还与发达国家的工程公司签订人力资源合作协议，定期选派优秀青年骨干人才到国际工程公司工作，每年派遣数十名项目管理人员到国外顶尖的工程大学与工程项目现场学习。除国内企业外，国际顶尖的工程公司在人才培养方面，更具系统性，值得国内建筑企业学习和借鉴。

人才的外部引进可能会面临更大的挑战，毕竟国内这样成熟的人才不多，主要分布在设计院转型的工程公司，而这些工程公司自身也都非常缺乏人才。

组织与人员匹配之后，如何把人员整合为团队也是一个大的难题。在我国大型的国有建筑企业中，由于体制关系和观念问题，在一家企业有几十年工作经历的人应该不少，但在民营建筑企业中就很少见到。处于完全竞争市场的美国柏克德公司，5.5万名员工中，工作年限超过十年的员工有6000人，工作年限超过二十五年的员工有1800人，这样的一个绝对数和占比，都是令人惊叹的。

2. 如何调整组织

建筑企业向工程总承包转型，意味着企业业务重心的变化。转型前，建筑企业以施工总承包为主，在转型的过程中，会逐步提升工程总承包业务的比例，转型完成后，实现了业务以工程总承包业务为主。业务重心的改变，使得以施工总承包为主的组织体系不再适用，如何对企业的组织体系进行相应的调整？如何从组织上做好转型的准备？

转型中的建筑企业需意识到，新业务的竞争能力是逐步培养起来的，为了保持经营的相对稳定，建筑企业在组织体系的调整上切不可操之过急，宜采取逐步过渡的方式，大体上要经历四个阶段的调整：

第一阶段，施工组织体系+临时总承包项目组织。

在转型初期，建筑企业可能有机会接触一个或几个工程总承包项目，但业务规模、效益在公司总体业务中占比都很低，在这一阶段，建筑企业的组织结构还将沿袭原有的体系，同时需在项目管理组织上做一些临时的调整，以适应总承包项目的管理需要。

初期，建筑企业在工程总承包方面经验不足，还面临各类风险，只能"摸着石头过河"，当有机会承包一个工程总承包项目时，往往采取由公司班子成员亲自担任项目经理，或由企业总经理亲自出面来组建项目团队（是为总承包项目部）：从公司人才库中选拔出最优秀、最合适的人才；对公司内部有一定潜质的人员进行培训；从外部单位寻找设计、采购、运营、项目管理方面优秀的人才。

"一把手工程"在工程总承包刚起步的特殊阶段是必要的，由领导班子亲自协调各业务之间的关系，带领项目团队边做项目边积累经验。第一阶段临时总承包项目组织中，项目部人员数量一般都是超配的，目的是在完成项目时，能同时培养出一批工程总承包项目管理人才，为总承包业务的发展奠定坚实的基础。

第二阶段，施工组织体系+总承包部。

建筑企业工程总承包业务量还很少时，采用临时总承包项目组织的模式尚可，一旦达到一定的业务规模后，第一阶段的组织模式就不再适用了，此时，建筑企业必须设置总承包业务归口管理部门——总承包部来负责公司总承包项目全过程的实施、统一进行总承包项目管理，并逐步梳理业务流程、规范管理制度、提升管理效率。

总承包部具体的职能包括项目计划与控制、项目管理、设计、采购、施工及运营管理，实行矩阵式的项目管理模式，这种模式有利于强化公司层面对总承包项目的管控，但这一阶段总承包项目的施工业务占整个公司业务的比例不大，总承包部与施工业务部门平行运行。处于第二阶段的建筑企业，需进一步解决好施工与总承包业务的融合问题，丰富工程总承包项目所需的人才储备，积累更多的经验和业绩，为第三阶段的组织转型创造条件。

第三阶段，专业工程公司组织体系。

随着总承包业务不断成熟，工程总承包业务量持续增长并达到一定比例，积累了丰富的总承包项目管理经验，项目管理体系运行得足够成熟、人员能力成熟、团队发展稳定，建筑企业可对组织结构体系进行进一步调整，实现公司对总承包业务的高效管理。

　　建筑企业需要在第二阶段组织体系的基础上，逐步设置相关的专业部门，采购、设计、项目管理、项目计划与控制、运营等由公司层面进行统一管理。这一阶段，建筑企业将真正演变成工程总承包公司，此时单一的施工项目可以由原来相应的分公司来承接，这些施工分公司既可以通过市场方式承接单一的施工项目，也可以参与到公司总承包项目的施工环节。第三阶段企业的主营业务已经实现了从单一的施工业务向工程总承包业务的转型，企业性质也从建筑企业逐步演变成工程公司，该阶段企业的重要任务是规模扩张和品牌建设。

　　第四阶段，跨行业跨区域工程公司组织体系。

　　国际顶尖的工程公司业务领域通常都很广，可能同时包括市政、铁路、公路、电力、石油化工等，通常这些跨行业的业务在管理的核心规则和管理流程上有着高度的相似性，因此可采用事业部发展模式。专业的工程公司在工程总承包能力培育成熟时，面对业务的多元化、多区域发展需求，组织结构往往采取以行业划分的事业部模式，总部是集团管理中心，运营单位多是按行业划分的事业部或专业公司，事业部/（事业部制）专业公司作为工程承包的运作单位，内部按照三类部门来设置，具备从设计咨询到总承包项目实施的一体化服务能力。图15-2是某大型国际工程公司的组织框架图。

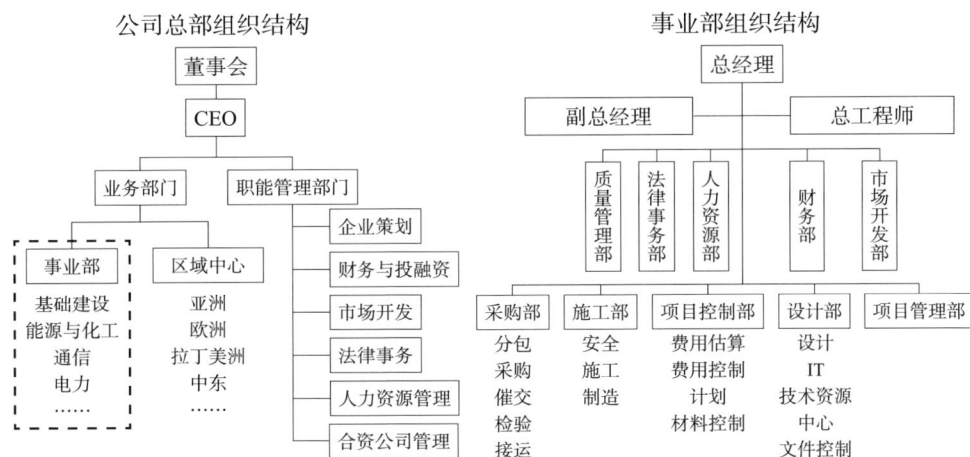

图15-2　某大型国际工程公司组织框架图

市场环境不同、企业资源基础不同，建筑企业向工程公司的组织转型路径可能也会有差异，但对于很多建筑企业来说，转型是工程公司的中长期目标，在很长的一段时间内，施工业务和工程总承包业务可能都是并行的，组织结构体系也需要与业务发展有效结合，企业需在组织体系、制度流程、人员安排、激励机制等方面做好系统规划、逐步推进，才能更好地支持企业转型。

3. 如何管好项目

建筑企业如何管理EPC项目？大致可以总结为"132"。

"1"是一个转变，理念的转变。

建筑企业转型做EPC首先需要转变理念，不是做加法，简单粗暴地将EPC理解为E+P+C，如果抱着这样的认识，企业的盈利水平永远在5%以下。企业要做乘法，大部分工程项目，在设计阶段就决定了造价的70%，建筑企业转型做EPC，就必须充分发挥E的作用，以E带动P与C的充分融合，达到E×P×C的效果。E如何发挥带动作用，主要体现在两个方面：费用、进度——通过设计的优化降低费用；通过设计阶段提前考虑采购与施工，实现合理的交叉以缩减工期。

"3"是三个做法，"分""合""独"。

建筑企业如何具备E的能力？可行的做法是：分包、联合、独立。

在转型初期，可以简单粗暴一点，直接将设计进行分包，先打入"敌人"内部，了解其运作方式、积累管理经验。相对来说，设计院不像施工单位有一系列的二次经营、三次经营的方法与手段，设计分包失控的风险较小。

在转型进阶阶段，或者承接大型项目时，建筑企业可以考虑与设计院组成联合体开展业务。联合体有松散型与紧密型两种类型，但不管哪种类型，组成联合体后，设计院与建筑企业就是利益共同体（针对项目而言），通过项目的实际运作与制度建设，建筑企业可以深度了解设计管理，同时获取超额利润。

在成熟阶段，建筑企业具备独立的EPC全过程能力，可以通过兼并收购等方式快速获取设计能力并进行有效管理。

"2"是两个工具，限额设计与设计优化。

限额设计是根据限额进行满足技术要求的设计，更被动一些，设计院在进行设计时，基本是按照规程规范进行设计，在没有约束条件及"保险"的思想影响之下，往往采取比较保守的设计。同时，由于经验的差异，不同设计人员设计的图纸"含金量"也不一样，建筑企业可以根据合同情况结合自身经验，要求设计院进行限额设计，只要指标定得合适，空间还是有的，只是设计人员的工作量及专业之间的协调量会多一些。

设计优化相对来说更主动一些。设计行业针对设计的优化一般有两种——优化设计与设计优化，好像很拗口，其实主要区别是优化工作是谁提出来的，优化设计往往是业主、施工单位、设备厂商等因为种种原因向设计院提出设计修改。而在实际操作中一般更关注"设计优化"，即由设计人员主动提出设计优化方案，这样的效果往往会更好。

如何让设计人员"主动"提出？这就需要从设计人员的特点考虑，设计人员从本质上来说是"知识分子"，具有"骄"和"娇"两气。"骄"是设计行业长期处在行业前端，甚至一度有"小业主"之称，并且人员的受教育程度较高，骨子里有"傲娇"之气；而同时，设计人员一般是在办公室就把工作干了，工作环境较好，并不适应工地的工作环境，相对来说娇气一些。所以针对这"骄""娇"比较好的做法就是"前""钱"两途——"前"就是要设计一个合适的晋升通道，让设计人员感觉到有前途、被重视；"钱"就是设计合适的激励机制，行业内好的做法是建立优化设计的成果与设计人员分享的机制，这样他们才会有动力主动开展设计优化工作。

构建了基本的团队、组织和管理体系，再经过项目的不断锤炼，对团队、组织和管理体系不断修正、改进、提升，能使企业能力向更高层次迈进，实现能力和业务相互促进的良性循环。当然，企业要认识到，建设团队、组织和管理体系的前提是加强培训。中国最早开展工程总承包业务的是设计院，早在2016年，勘察设计行业的工程总承包收入就已经超过1万亿元，化工、有色、黑色、电力等行业的设计院已经积累了相当的工程总承包经验，这些经验，值得朝工程总承包转型的建筑企业借鉴。

16 重执行：业务变革有没有捷径可走

从业务战略和业务推进的角度来看，当下建筑企业的战略越来越趋同，为什么趋同？企业都希望走捷径，难走的路很孤独，所以趋同；抄袭容易，因为没有验证的风险，而探索艰难，创新有风险，所以趋同；有保护生存容易，市场化很难，所以趋同。由此，造成中国建筑行业肥胖的企业多，筋骨硬朗的企业少；业务上大同小异什么都能做点的企业多，有核心能力和特点的企业少；东方不亮西方亮的企业多，敢于坚守、"傻干"出精品的企业少。更尖刻一点，有多少企业在假做建筑工业化、假做EPC、假做PPP？或许多数企业并没有理解这些业务的真正含义，只是想分一杯羹。建筑企业如何才能重新回到能力建设的轨道上？这是每一个企业管理者要思考的问题。

毫无疑问，业务变革绝无捷径可走，而当下最重要的是解放思想。

16.1 调整心态

改革开放四十多年，城市经济改革三十多年，建筑业遇上了最好的时代，算是人类历史上最大的建筑业牛市，企业在自身能力、组织模式、资源匹配、人员素质等方面不需要大的进步，只需要以惯性的思维、惯性的组织，就能把企业做好，一些企业甚至获得了令人羡慕的规模发展。这固然可喜，但也容易让人产生错觉，错把趋势当企业和企业家能力，所谓"牛市里，人人都是股神"。与其把成长成就看作建筑企业和企业家的成功，不如把它看作是行业的机会和时代的成功。

目前，建筑业外部环境和企业内部条件正在快速发生改变，建筑业牛市已经结束，建筑业细分行业的分化和建造模式分化的新时代正在到来，结构性牛市和结构性熊市会相互交织，成为建筑业未来发展的新景象。对于大多数惯性前行的企业，此前的成功将成为过去，新时代成功的因素正在改变，对建筑企业，尤其是过去轻易成功的建筑企业，更大的挑战正在到来。

那么企业到底要调整什么心态？放弃轻易获得高速发展的心态，放弃机会主义的风口心态，放弃弯道超车的捷径心态，放弃全部押上的赌博心态；建立从容成长能力的心态，建立自我否定和批判的心态，建立敬畏市场和客户的心态，建立持之以恒建设组织能力、技术能力的心态。

16.2　尊重基本规律和市场规则

建筑业牛市结束，意味着行业进入总量不变甚至下降的竞争时代，要坦然接受市场竞争的加剧，要接受企业业务不再增长的新常态。在一些企业的战略研讨会上，攀成德的咨询顾问常常看到企业提出惯性增长，甚至超常规增长的业务发展目标，出于谨慎也基于企业成长的规律，咨询顾问通常都会建议企业去认真思考增长的理由以及维持增长的资源匹配，认真思考发展过程中控制风险的策略。

建筑企业试图超常规发展、走捷径，并不是没有血的教训，某知名园林企业2019年的遭遇，券商和行业人士都有深入的分析，这家企业既违背了作为投资公司的基本规律，也违背了作为建筑企业的基本规律，投资公司忌讳短融长投，建筑企业则不可能通过自己投资来解决业务发展的全部问题，正如饭店不能总是做饭给自己吃，在企业资金有限的情况下，三年时间签署1000多亿元的投资项目，资金层面如何支撑？稍有风吹草动，高杠杆的企业只有倒闭一条路，市场经济已经无数次证明这一基本规律。

建筑企业要信守三条规律：第一，要信守企业成功的规律。企业成功的规律是什么？让客户满意。一个企业未来能走多远完全取决于客户满意度，也许你的价格比较高，但只要客户觉得物超所值就行。龙信和仁恒合作了二十年，据陈祖新董事长说，仁恒最初让他做了几个项目之后，问他"陈祖新你亏了没有，你如果亏了，我再给你一点钱"，仁恒为什么这么说？因为龙信做得好。那龙信真的做得毫无瑕疵吗？也不是，它只是比别人做得更好。第二，要研究工程业务的规律。也许很多企业在"十四五"规划里提到的业务还是施工总承包，企业可以在两三年内先做施工总承包，但是两三年之后干工程要去思考更高层面的业务，比如工程总承包。第三，要坚守项目成功的规律。对于建筑企业而言，项目成功的规律其实就是以成本为中心，从签约开始，到履约、结算的各个阶段都要做好成本管理。

企业需要学习并适应市场规则，在内部建立市场化机制，针对公司正在开展的全部业务进行研究分析，基本原则是业务单元一定要盈利，否则要么换人，要么撤掉/出售该业务，正如一位只做传统建筑业务的民企董事长在内部反复强调的"业绩要用阿拉伯数字说话"。如果是公司为了战略发展的业务，从长期来看能实现盈利的，在明确目标的基础上可以容忍短期不盈利。同时迅速研习各目标区域市场游戏规则，分析与市场主要竞争对手的差距，及时弥补能力与资源的不足。

16.3 关注变化、研究变化、适应变化

建筑行业正在发生深刻的变化，市场在变化、客户需求在变化、政策在变化、技术在变化、管理在变化。面对目前不断变化的外部环境，在业务变革的过程中，企业需要在关注变化、研究变化、适应变化上做文章。

第一层次是关注变化。建筑业中、高端业务市场形成的垄断竞争局面正把大多数企业都排除在外，而中低端市场激烈、无序的自由竞争正在推高企业的经营成本，再加上政策变化，"营改增"、资质进一步放开，冷冽的市场寒风让多数企业瑟瑟发抖。不关注变化的企业应该几乎没有，但仅仅关注环境变化，显然是不够的，企业还需要加强研究。

第二层次是研究变化。建筑业正在发生变化，变化的特点各不相同，整体市场的变化是长期的，细分市场的变化是起起伏伏的。国际化加速并非所有企业的机会，建设模式的变化是行业发展的必然，政策的变化是短期即固化的，市场竞争的分化意味着未来的竞争将基本稳定。外部环境的变化必有其原因，对每个企业的影响各不相同，企业既需要做短期的调整，也需要做长期的准

备。不过当前能深入思考、深入研究和找到对策的企业比例不会太高，即使找到了对策，能实施吗？

第三层次是适应变化。目前激烈变化的市场，将会逐步趋于稳定。要适应目前的变化，企业需要审视自身的经营模式、管理模式、激励模式是否和市场的需要相适应，适应则坚持和修正，不适应则趁早进行大的改变。达尔文提出适者生存，这是生物界的规则，适者生存也是商业界的规则。那么改变容易吗？2000年前商鞅实施变法，即使有秦孝公的支持，改革者依然被五马分尸。路径依赖是领导意识、团队能力、品牌形象、资源禀赋长期累积的结果，放弃旧的路径、找到新的路径是巨大的挑战。建筑行业最简单的莫过于从联营向自营模式的转型，又能有多少联营企业能成功？工程总承包转型、国际化转型，如果没有壮士断腕的决心，又有多少企业能成功？

16.4　开放包容，走出路径依赖

企业和个人的成功往往是有迹可循的，但在这个快速变化和转型的时代背景下，过于依赖过去的经验和路径就可能被行业抛弃。因此，建筑企业在"低头拉车的同时，更要抬头看路"，要学会开放、包容。思想越开放，世界就越大。开放体现在三个维度：第一，时间维度的开放。比如有些企业领导到了40岁、50岁以上，已经积累了足够的经验，但是这些经验面对今天、未来是不是还管用？有些可能管用，但是有些已经不管用了，这就要求企业领导在思想上一定要与时俱进。第二，对未知的领域保持开放态度。新时代每个人未知的领域太多，对于传统建筑人，工程总承包和建筑工业化算是新兴领域，数字建筑对于大多数人也是新领域，我们一定要不断学习，才能尽量不被时代落下。第三，对不可预计的结果保持开放的心态。业务层面的战略在执行过程中肯定会存在很多问题，不确定性时代，战略只能保证方向大致正确，完全正确是很难的，但组织一定要充满活力。如果相信它，撸起袖子加油干，最终很可能就实现了。如果觉得这也难那也难，再好的战略也只能是空谈。

在技术层面，企业可以多研究国家和行业的最新政策，多参加业内高层次的研讨会、多与业内优秀企业交流学习等等。有些大型建筑企业在总部设置了专职的岗位（甚至组建研究院）来研究行业新趋势及新模式，如20世纪八九十年代，中建集团及其下属各工程局都设有"研究发展部"或"政策研究室"这样的职能部门，专职研究政策、行业趋势和企业战略。又如某省级路桥集团为更快实现"进城"的转型，与知名中介机构一起筹建研究院，对标研究国内外优秀建筑企业在建设城市和运营城市上的先进经验，找到自身能力和资源的差距，并设计解决路径。这些做法值得借鉴。

第 **4** 篇

透视组织：善法优术，组织先行

在企业的管理活动中，组织衔接着战略、流程和支撑体系，相当于房子的四梁八柱，麦肯锡咨询公司的创始人曾指出"企业管理中存在的任何大问题都可以归结到组织问题"，也就是说组织管理问题往往是企业管理中最大的问题，所以组织战略举足轻重。2010年前后，攀成德公司在为建筑企业提供战略规划及组织管理咨询服务的过程中，很多企业都提出要跨越发展、弯道超车，在过去的十到二十年，整个行业还存在巨大的红利机会，有实现弯道超车、跨越发展的机会，因此更多的企业是通过战略选择来实现企业的发展。

但在今天，建筑企业弯道超车、跨越发展的机会越来越少，更多地要从企业模式、战略选择回归到企业的组织能力建设上。当一个企业做到1亿元、10亿元、100亿元、1000亿元时，企业的架构是不一样的；当一个企业的主营业务从水工、铁路转为市政、房建时，企业的能力、架构都应该做出大的调整。建筑企业设计出宏伟的蓝图并不少见，但真正通过"法"和"术"成功推进战略实施和转型落地的却寥寥无几，在企业发展的过程中，"法"和"术"要围绕战略转型来设计，企业的能力、组织、资源、文化都要与目标营业收入规模相匹配，不然战略目标就难以实现。

17　看组织：组织到底有多重要

每一个经济大发展时代都会造就大型企业，大型企业的出现，往往意味着企业组织管理模式的重大变革。20世纪初是美国城市化的开始阶段，城市化带来巨大的经济需求，推动了企业的迅速发展，在这一时期，美国企业的业务规模、业务区域和业务领域都迅速发生变化，企业战略在外部环境迅速变化的情况下也发生着重大的变化，当时人们没有意识到这一变化需要组织管理模式的相应调整，一些大企业的组织管理模式严重滞后，导致企业出现经营和管理的危机。如今中国正处在一个迅速城市化、经济市场化的阶段，中国企业的规模也在迅速变大，组织管理模式成为企业要研究的重大课题。

17.1　企业组织管理的现实是怎样的

在经历大规模发展后，建筑企业正面临着复杂的内外部环境，组织管理面临前所未有的挑战：第一，规模大。大多数企业的规模跃上新台阶，在过去二十年中，业务数十倍地增长，规模最大的中国建筑，2017年开始营业收入就超过1万亿元，之后仍然持续高速增长。第二，区域广。大型企业的业务分布已经遍布全国，海外区域的布点也越来越多，中国交建在海外的业务已经遍布100多个国家。第三，业务领域多。业务转型让企业经营的专业越来越多，大型建筑企业内部业务之间的差异越来越大。第四，模式多样而复杂，"投资+"模式、工程总承包模式在不断拉长建筑业务的价值链。第五，新技术、新挑战大，互联网时代，人员流动速度快、技术更新快、新政策层出不穷。这些挑战都要求企业的组织管理模式进行相应调整。

17.1.1 近十年来企业组织管理模式经历了哪些变化

近十年来，建设集团的规模、业务类型和业务区域都发生了迅速的变化，我们可以审视一下十年来这些企业组织管理模式的变化：

中建、中铁、中交沿用了它们传统的组织模式，在工程业务板块，总体上沿用"总公司-工程局-号码（专业）公司-项目部"的四级管理模式；一些规模较大的号码公司，也可能存在"号码（专业）公司-区域公司-（城市公司）-项目部"三级或四级组织模式，总体组织层级变为五级甚至六级。

这样的组织模式基于历史的传承，存在了较长的时间，其变化更多的是在业务规模扩大以后，依靠组织自身容量扩大或增加组织的层次来适应规模的变化。对于新进入的业务领域，比较多采用的是增加子公司或者事业部的模式，比如中建总公司的房地产业务，有中海地产，采用专业子公司的模式，不过，随着中建下属局开展房地产业务，并成立自己的房地产子公司，其业务的管理模式逐步像工程施工业务一样，管理变得更加复杂。

多数省级工程集团采用的组织模式，类似于中字头企业集团下属工程局的"集团-号码（专业）公司-项目部"的三级管理模式，在一些规模较大的号码公司，也可能存在"号码（专业）公司-区域公司-项目部"三级的组织模式，使组织变为四级模式，在工程施工业务板块，也可能存在着号码公司、专业公司并行的模式，使企业在项目层面采用矩阵式操作模式。在新进入的业务领域，如房地产等，往往采用在集团下面设立子公司的模式。

与此不同的是，江浙多数大型的建工集团，采用在集团上面增加控股集团的模式，从建设"集团-区域（专业）公司-项目部"的三级管理模式，逐步演变为"控股集团-专业集团-区域（专业）公司-项目部"的四级管理模式，房地产等业务成为控股公司的子公司，多数江浙的建筑集团由此变为业务多元的按照专业板块来管理的企业集团。

17.1.2 企业组织管理水平发生了哪些变化

（1）正在朝积极的方向变化

最近十年，建筑企业的组织管理发生了哪些积极变化？

首先，推动业务的专业化。部分大型企业总部选择业务专业化的方式对业务进行管理。专业化的业务管理主要是两种模式：事业部模式和专业集团的模式。比如中国建筑在房地产、投资、建筑工业化等新型业务上，都采用了这一模式。但也有部分企业存在认识的局限性，忽视专业性的组织管理思路，组织小而散。

其次，大企业的三级组织模式被广为接受。传统施工总承包业务逐步规范为标准化的三级组织"法人总部-区域分公司-项目部"，这是大型建筑总包业务的经典模式，在三级组织框架的基础上，明确不同层级之间的定位，要设计好责权利和流程，做好配套的管理体系，形成一套标准化程度比较高的管理体系。西方大型建筑企业的组织结构和管理体系，在相当一段时间里，保持稳定，也是基于业务模式基本成型，组织模式与业务的匹配千锤百炼、相互磨合，如果外部环境没有大变化，只需要不断完善和优化，无须进行大的调整。

最后，组织绩效管理越来越科学。绩效管理不容易，组织绩效管理更难，但大型集团正在面对和解决这个问题。无论是目标管理方式，平衡计分卡方式或KPI的方式，组织绩效管理普遍存在考核指标多、数据无法摘取、数据不实、执行过程难等诸多难题。攀成德公司的咨询顾问曾经去过一家大型的建设集团，其组织绩效的指标已达40多项，且基本采用定量化的考核方式，如果没有良好的组织管理基础，40项指标的数据都很难找到，更不用说客观、公正的评估了，能采用定量化的方式并被二级单位接受，可见大型企业组织管理水平的进步。

（2）问题依然存在

如果只看到上面这些积极的变化，未免过于乐观。每个企业的战略转型或内部管理优化都离不开组织的调整和变革，然而每一次组织调整势必会涉及企业的方方面面、多个层面人员的权和利，掣肘多、阻力大，这是来自攀成德公司一线咨询顾问的感叹。本书将企业管理实践中组织管理的普遍问题总结为四个方面（图17-1）：

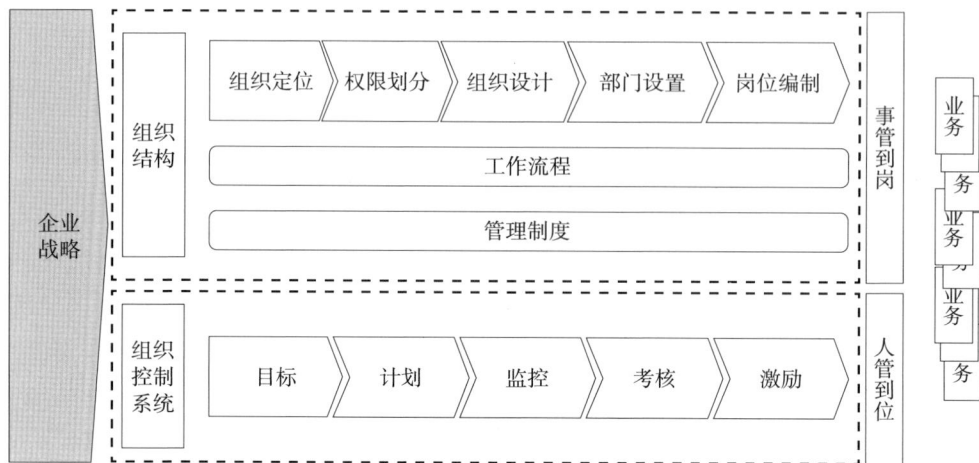

图17-1 组织管控体系结构示意图

来源：攀成德公司

第一，组织与经营模式脱节。建筑企业往往涉猎多个业务、多个区域、多个价值链环节，而且这些业务可能处在生命周期的不同阶段。但组织管理及转型往往滞后于业务发展，类似于经济学中的"生产关系滞后于生产力的发展，进而制约了生产力的发展"。

第二，组织定位不清。由于路径依赖及发展历史的原因，总部机构往往在财务型、管理型、经营型、生产型定位之间徘徊，始终找不到总部机构的价值创造点，各层级定位不清、利益不一致，难以协调、组织效率低下。

第三，组织管理体系不健全。组织管理是一个严密的体系，它由组织结构、控制系统等构成，实现从企业战略到具体业务、事务的全过程控制。事，管到岗；人，管到位。企业往往抓住中间的一两点而忽视了体系的协同，如控制系统不健全、关键管控流程缺失、核心权限划分不合理……

第四，管控体系难以实施到位。首先体系本身不好操作，要么是虚无缥缈、新词新概念迭出，让人不着边际；要么是"高大上全"、脱离企业发展实际，心有余而力不足。其次可能是体系没问题，但涉及众多利益格局调整，不愿也不敢实施。再者是激励约束机制不强，没有执行的主动性。最后可能是能力不足，难以实施。

（3）企业间的组织管理水平差距仍在持续扩大

在管理实践中，无论是优秀的企业，还是一般的企业，其组织管理都存在或多或少的问题。从管理咨询公司的角度来看，企业之间的组织管理水平差距正在逐步拉开，从经营结果就可以看到差异：

一是人均营业收入差异：从传统施工总承包业务的人均收入可以大致看到组织水平的差异，以房屋建筑自营模式为例，人均营业收入最高的，可以达到人均700万元以上，而一些组织管理水平比较低的企业，人均营业收入水平在200万元左右，差距已相当大。

二是转型顺利程度差异：企业转型升级的顺利与否常常能体现出一个企业的组织管理水平，高水平的企业，组织管理推动着企业的转型；低水平的企业，组织阻碍企业的转型。战略转型而组织不转型，业务转型就会相当困难，即使接了项目，项目层面的运作效率低、质量差，挣不到钱；做投资项目，即使有项目信息，能融到资金，但内部管理混乱，业务还是做不起来。

三是风险控制差异：企业战略性进入新业务，总部常常无力支撑和管理新业务，风险管理不到位，就会成为企业发展的新陷阱。

四是组织管理效率的差异：从企业的管理费比率的高低，也可以部分看出企业组织能力的差异，大型建筑企业管理费用控制良好的企业，管理费用率在2%左右，而控制差的企业，管理费用率接近5%。

组织管理水平的差异，正成为企业竞争力之间的差异。组织管理的问题正成为大型建筑企业最关键的管理问题。

17.2 建筑企业的组织模式应该朝什么样的方向走

17.2.1 战略性组织布局的"钱氏模式"

过去十年是中国建筑企业在业务类型、规模、区域发生重大变化的时期，和钱德勒当年分析四大企业组织变化的历史阶段颇为类似，这意味着，建筑企业需要思考其组织结构的变革来适应这种大企业集团的战略发展需要。

钱德勒向人们展示了特大型企业集团组织变革的规律：总部无法实际深入

运营层面，这意味着企业总部职能定位必须发生变化，公司总部的重点是负责监管各运营部门的绩效，并负责整个公司长远的资源分配；业务的运营必须分解到业务部门，而业务部门组合的原则只能是同类业务组合或者是区域组合，对于业务规模巨大的业务，还可以进一步按照价值链的环节进行组合。

对于大型中字头公司来说，运营部门的专业化、区域化是一个组织调整的重大问题，也被探讨和争论了很长时间，然而多数中字头公司的二级工程局在业务和区域方面发生重叠，原因各种各样，这几乎已成为一个无法改变和调整的组织问题。旧的问题没有解决，新的问题也在逐步发生，大多数二级工程局都进入房地产领域，房地产业务也逐步演变成与传统施工业务组织布局一样的模式。

显然，这样自然生长的组织模式，并不是高层管理者的理想模式，这一组织模式的持续多数是基于母集团与子集团利益上的博弈。目前对于传统国营集团而言，未来组织的定位，尤其是母集团与子集团的定位，仍然是最具挑战的组织管理难题。此外，组织管理模式的调整并不是一个单纯的技术问题，也涉及传统的管理惯性、利益机制、思想观念、国家相关人事政策等诸多方面的因素，但是如果不加以适当的调整，将会在集团内部的协同效应、专业化品质、客户服务、品牌、资源效率的有效发挥等诸多方面制约企业的发展。

与大型的中字头公司相比，省级工程集团的问题要简单得多，不过，问题的相似性也同样存在。如上海建工这样优秀的公司，在施工业务板块也同样存在业务和区域重叠的问题，当然，在专业领域程度似乎要轻些。如果能不断强化二级机构的专业化水平，尤其是加强专业机构的营销和管理能力，则可以朝事业部模式逐步过渡，目前日本大成公司的组织模式是典型的事业部制，而其他国际工程企业也多数采用"总部-专业公司"的模式，这样的模式，对于大型省级建工集团未来的组织布局具有较大借鉴意义。

其实，业务区域的拓展只是业务在区域上的延伸，比如很多建设集团将国际建筑业务部，直接放在集团的二级机构层面，与其他业务并列，作为一个管理机构，也许这类机构的设置存在一定的理由，不过，事业部的业务并不是什么新的业务，除了环境、法律的差异，其他方面，如需要的资源、作业的流程与国内建筑业务并无二致，组织管理模式仍然应采用区域公司的模式管理为宜。

相比而言，民营企业集团的组织布局问题要简单得多，大型集团在控股层面，采用专业划分的模式，在规模相对较大的建筑业板块，采用区域布局的模式，这一组织布局，与钱德勒研究的美国企业采用的组织模式比较吻合。

比较三类大型集团的组织布局，我们不得不承认，相比前两类国企，大型民营建筑企业集团的组织更好地适应了业务类型、业务规模、业务区域的变化。大型国企在组织结构的调整上阻力重重，即使人们都认为理论上对的模式，在实际操作时，也困难重重，以致没有人有勇气去碰这种艰难而重大的变革。

基于现实的改革总是艰难的。脱离现实来构想一个理想的组织模式，会是什么样子？

大型工程集团理想的战略性组织布局应该是这样的：

总部和二级机构的定位：总部不再操作具体业务，业务的运营在二级集团。二级集团按照业务划分为专业公司或者专业的事业部，具有完整的组织功能。基于二级机构专业的定位，二级机构不得从事专业以外的业务，出现所谓的多元业务；新业务的进入，由总部集中决策，集中给予资源，或通过成立新的业务管理板块的方式进行操作。

总部和二级机构之间集权和分权的平衡：总部重在资源的分配、资源使用的监控和二级机构的考核。资源分配重点在财务、核心的人力资源和高端的公共关系方面，装备方面，由于二级机构已经具有很强的专业性，总部无须再进行装备的控制。

由于集团规模不同，二级机构的规模也存在显著差异。事业部的规模从几亿元到数百亿元都有可能，由此，事业部内部的管理差异就很大。对于大型的专业事业部，其组织可以进一步切分和调整，由于业务相同，可以对事业部内部的作业机构进行标准化切分，以保持规模和组织结构的一致性，形成一个事业部内部的标准化三级机构"事业部-区域公司-项目部"或"事业部-号码公司-项目部"。

一般而言，号码公司或者区域公司管理的项目数量存在一定的限制，如果平均项目规模在1亿元左右，一个公司能够管理的项目数量在25～30个，年产值通常在30亿元左右；如果一个事业部管理的区域或者号码公司在10～15个，则事业部能管理300个左右的项目，年产值应在300亿元左右；如果事业部的规模高于这一产值规模，也可以进一步通过价值链的环节进行切分，如日本大成公司把其建筑业务分为建筑业务营销事业部、建筑业务运营事业部，为超大业务规模事业部的组织设置提供了有益参考。

由此，一个标准化的大型企业集团的战略性组织布局可以规划为"集团-专业事业部（专业子集团）-区域（号码）公司-项目部"，四级的组织模式承受的业务规模上限大约为1000亿元。

对比本书提出的这一理想组织模式，六十多年前，钱德勒深度研究了杜邦、通用汽车的大型事业部模式，这一号称"钱氏模式"的组织布局，大大推动了这些世界级企业的发展。建筑领域的日本大成公司也选择了这一组织模式，历史和现实都印证了这一组织模式在大型企业、大型建筑企业的适应性。

大发展催生了大企业，而大企业需要大变革，大变革进一步推动企业的大发展。虽然组织模式的理想化布局在实施上存在难度，但如果它是一种不可避免的趋势，那我们唯一能考虑的就是如何去实现它。战略性组织调整既是艰难的，也是长期的，需要从战略、组织模式的标准化、人员思想观念、人员素质和结构甚至是企业的领导风格、企业文化等诸多方面系统考量。

由于企业环境的不同，变革需要有不同的策略，相比而言，国营背景的企业可以在组织模式的调整上采用目标明确和小步快跑相结合的策略，避免疾风暴雨式的组织变革。在民营企业，变革则可以步子更大和更快，毕竟，多数老板的风格是只争朝夕。

17.2.2 "强总部"还是"弱总部"

所谓"弱总部"，是指集团的总部组织设置较为精简，规模相对"瘦弱"；而"强总部"，则是指集团的总部组织设置比较具体，规模相对"庞大"。所谓总部的"强""弱"，可以分为两个方面：

一是组织功能的强弱。组织功能的强弱主要是由组织结构以及其权责分配决定的，总部的组织功能可以分为职能管理的功能和业务管理的功能。国内的一些建筑企业，集团总部的管理功能只发挥职能管理方面，甚至职能管理也只是集中极少数的几个职能。显然，在建设行业，总部只有职能管理功能的企业，不属于强总部的范围。

二是组织自身能力的强弱。组织结构本身设计的功能强弱是问题的一个方面，实际能否实现这些功能是问题的另一个方面。即使总部职能管理和业务管理的功能都具备，要使这些能力成为推动企业进步的力量，远非易事。组织能力的强弱更多地取决于人员的能力和组织的协同性，因此，虽然一些企业集团总部设计的部门非常多，但是总部对下属企业及下属企业相关人员的控制能力非常弱，这也不属于强总部。

实际上，无论是组织功能的强弱还是组织能力的强弱，最终组织运行的现实是强总部倾向于明显的集权，弱总部倾向于明显的分权。

1. 关于强、弱总部的一个案例

中建三局《钢铁铸就辉煌——深圳地王商业大厦钢结构主体工程施工实录》一书提到在项目施工过程中有一件事颇耐人寻味："1994年10月20日下午3点，地王大厦15m标高处的C5柱由于外包制作的箱型柱因混凝土泵压过大，焊缝发生炸裂，对于突然发生的爆炸声，日方一时不知所措，工人们也感到惊慌，中方项目经理却马上赶到事故现场，并用对讲机把其他几位领导和工程技术人员叫到了现场，分析原因，采取措施，组织加固。工人们看到领导在身边，纷纷安下心来投入紧张的加固工作中去。晚上6点，当日本总部电传来加工草图时，我们的工人早已加固安装好，大厦完好无损。"

据经历这一事故的项目经理说，事故发生时，中方人员是朝事故现场里面跑的，而日方人员是朝外跑，安全撤离后，日方人员再将事故情况汇报总部，由总部提出解决方案，而中方是由现场人员来解决的。从事后的结果看，双方的解决方案完全一致，从效率看，中方的效率更高，解决问题的速度更快。由于地王商业大厦项目的重要性，当时中建三局地王商业大厦的项目经理是我国著名的钢结构专家，也是中建三局的副总工程师，而日方的项目经理则是一般的项目经理。这意味着：中建三局的现场水平代表其最高水平，而日方的现场水平是其通常水平。

尽管这件事已经过去二十多年了，人们的思考却一直延续至今：到底是中方的项目管理方式好还是日方的项目管理方式好？为什么日方要采用这样的项目管理方式？

2. 强总部和弱总部两个典型企业

"强总部"和"弱总部"的两个实例是日本大成公司和我国的中建，两个企业都是排名靠前有影响力的企业，那么在组织能力上呢？

日本大成公司是"强总部"典型，2004年共有员工10451人，其中总部2641人，约为其总人数的25%，总部设有秘书部、审计部、管理本部、安全环境本部、大成技术中心等部门（图17-2）。

在日本大成公司集团总部，除了少数部门以外，其他的部门都是围绕工程本身而设置的，这使总部集中了前期的经营、设计、采购、资金、技术、质量、项目控制、人力资源、用户服务、专业保障等诸多功能。而且，总部在这些方面的能力，都代表了公司的最高水平。

下属各地区支店管理部门和作业所（即项目经理部）进行项目施工。在作业所，管理部门按照总部的管理规定实施和控制施工现场的各项管理工作，完成施工作业。

可见，日本大成公司采用了一种相对合理的集权和分权相结合的管理方式，层级很少，其组织结构主要有三个特点：第一，总部的管理作用和力度能够全面控制项目层面，确保了经济管理目标的实现。第二，作业所（项目经理部）自身控制能力非常强，作业所对工程现场的所有管理控制，都处在总部相关规定的范围之内。第三，总部各部门对与项目有关的各环节工作，都能给予全方位的支持和控制。

可以说，日本大成公司的项目，不管在哪里、有任何问题，只要一线人员能将相关情况清楚、准确、迅速地传达至总部，总部就有能力给出相应的解决思路。每个项目组就像神经单元的感应器，而总部就像大脑，能迅速发出指令，解决一线的问题。总部的这种组织智商来自总部的组织模式、优秀的人力资源等，而且，由于总部每天都在处理来自一线的各类问题，也积累了丰富的经验，能力不断提升。

图17-2 日本大成公司集团总部组织结构

来源：日本大成公司2004年公开资料

中建则采用"弱总部"的模式（图17-3）。2018年底中建共有员工30.3万人，其中北京总部319人，约为总人数的1‰，设有21个部门和3个区域总部，整个集团公司的技术能力主要集中在下属的工程局，工程局的技术能力又主要集中在局下面的号码公司和专业公司。

熟悉建筑施工行业运作的人都很清楚，一个300人的总部，现实中的定位只能更多地放在协调和事务性的管理上，要进入业务管理层面是很难的。不仅仅中建，其他中字头建筑企业总部的设置都非常类似，作者调查过的很多拥有特级资质的建筑企业，总部基本也是管理型、协调型总部，业务层面的能力相当薄弱。

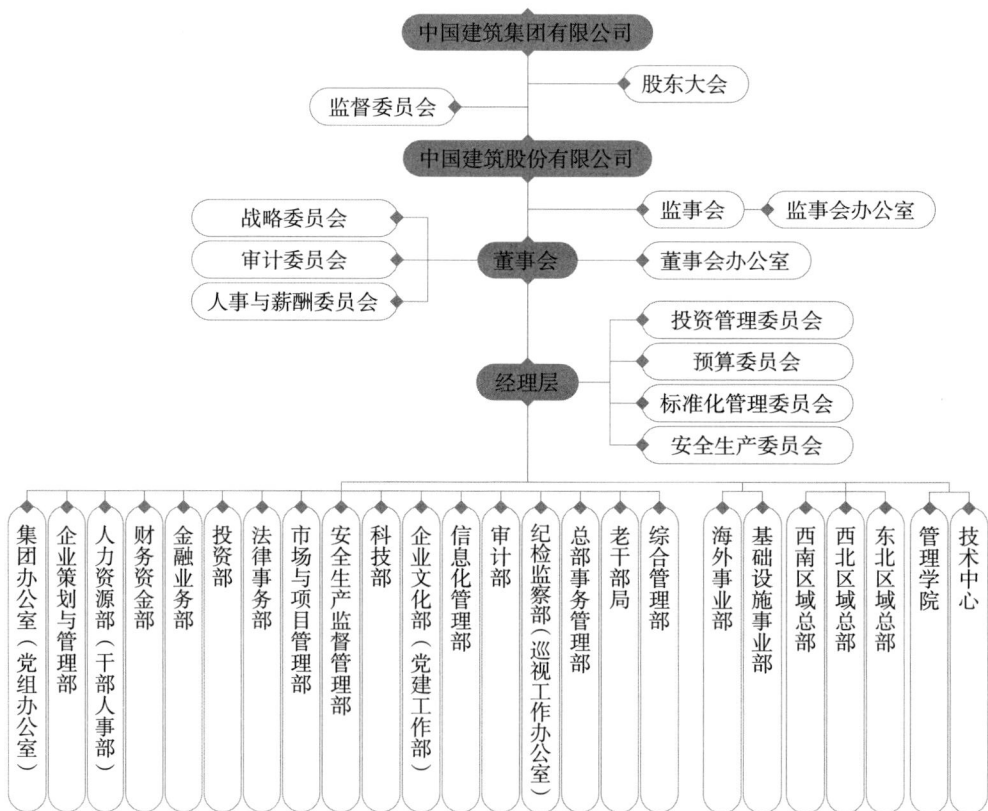

图17-3　中建总部的组织结构图

来源：中建2019年公开资料

　　既然弱总部在中国建筑施工行业是一个普遍的现实，如果存在即合理，那么存在的理由究竟是什么？成因无非两个：第一，由于国内目前的建设环境，工程总承包项目（EPC）不普及，主要是施工总承包，多数都是事务性的活，无须总部支持，项目负责人的利益，不只取决于集团（总部）的指标完成得怎样，更取决于怎样向外分包、分包给谁。第二，由于特殊的历史背景，我国大型国有建筑企业主要由行政管理机构转型而来，民营企业都是从分包队伍发展而来，总体的制度和管理转型尚没有达到新的高度。于是，当多数企业规模逐步增大，中字头企业发展到营业收入超过1000亿元，民营企业达到几十亿元甚至超过100亿元时，企业痛苦地发现，规模是做大了，但是并没有做强。没能做强的原因之一，就是没有强的总部，而总部强不起来的根本原因，在于集团落后的组织方式和管理思路，这两个因素决定了组织的能力和组织的智商。

　　3. 强总部还是弱总部，要考虑哪些因素

　　建筑集团到底应该选择强总部还是弱总部，要依据企业的实际情况而定，难以一言概之。研究表明，国际上多数优秀的建筑企业集团总部都是有很强能力的，如前文案例提到的日本大成公司，总部不仅集中了全公司25%的员工，而且其实际管理、业务运行的支持能力都非常强大。国际上一些以工程总承包（EPC）业务为主的建筑企业，留在总部的技术人员比例甚至达到30%以上，绝大多数业务层面的控制权力都在总部。不过，也不是所有的知名企业都是如此，法国布依格公司就有些例外，其公司总部并不负责业务层面的任何事情，业务操作也完全由下属企业自行运作。

　　一个企业集团总部是强还是弱，实际上是总部在职能管理和业务管理上进行分权还是集权。可以说，没有多少公司在主观上愿意对下属企业和业务进行放权。这不仅仅是多数情况下我们都更相信自己而不是他人，更重要的是企业尤其是大型企业更需要加强风险控制。中字头建设集团在职能管理上走相对集权的模式是一种必然的选择；而江苏和浙江的建筑企业集团总部多数并不参与业务层面的操作，总体上是以分权为主，随着它们业务的多元化，总部要么增加组织层次，要么在职能和业务上对下属企业进一步放权，这是另一种趋势。

上述两种类型的企业，在过去几年的发展中，都取得了各自的成功。那么，建筑企业集团总部到底应该走强的模式，还是弱的模式？集团总部组织的设计需要考虑哪些因素？

第一，要考虑组织的层次。

一般来说，组织层次比较多的企业，总部基本上是决策机构，很难在具体的业务操作上进行管理，且由于工程业务本身的特性是分散决策的，如果业务层面的问题要集中到总部决策，业务的运作效率就会大大降低。像中建、中铁、中交这类公司，组织的层次一般都在4～5层，总部进行强势的业务管控显然不太可能，而且对业务本身的运作也没有太多好处。如果这些企业要实现总部对业务的强势管控，需要缩短管理链条。仔细分析日本大成公司的组织层次就会发现，其管理层次有三个"集团-事业部-作业所"，总部的职能部门只有简单的三个，业务的运作都在事业部。实际上，日本大成公司的强总部，强在事业部这个管理层面。建筑企业集团的强管理应在最贴近项目的组织层次（即项目的上一层级）。很多大型建筑企业集团下面设有区域公司、号码公司和专业公司等机构，在这些机构下面，应该不再有其他的组织层次，也就是这些组织应该直接面对项目。由此可见，采用扁平组织结构的企业更适合于选择强总部，而组织层次比较多的企业可以考虑弱总部模式。

第二，要考虑业务的层次。

对于从事技术难度大、规模大、工期要求特殊、业务多的企业，需要调动的资源会比较多，总部必须有较强的业务管理能力，此时，强总部是更有利的选择。中建等企业倾向于把大型项目如央视大厦、新型EPC业务等放在总部，都是基于业务层面的考虑。相反，业务难度小，项目的管理和运行都比较常规的业务，即使分散决策，也不会对基层管理人员的能力形成太大挑战，那么选择弱总部模式可能可以带来更高的效率。在多数情况下，高端业务更适合于选择强总部，低端业务更适合于选择弱总部。

第三，要考虑业务的分布、人员能力、综合管理水平和领导者的风格。

业务分布广的企业，需要采用适当分权和分散决策的方式，总部可以适当弱化；而业务区域比较集中的企业，总部管理可以适当强化。对于一线员工能力比较强的企业，也可以采用分权和分散决策的方式，适当提升一线作业层面的决策权力，总部适当弱化；对于一线员工能力比较弱、新手多、磨合时间短的企业，总部需要承担更多的管理输出，总部需要有比较强的能力。在企业发展的起步阶段，由于企业整体的管理水平尚不高，总部往往进行较多控制，需要总部比较强；随着企业自身和下属机构的成熟，总部可以进行能力转型或者适当弱化。最高管理者的风格对总部强弱的影响也非常大，一些注重细节管理的领导者，往往倾向于选择强总部。

总体来说，企业集团选择强总部还是弱总部，并没有成规，主要看管理成本、运行的效率、风险控制等因素。一般来说，强总部能控制风险，有利于调动全公司的资源，更利于公司能力的培养、开展具有规模的项目；弱总部能发挥项目和一线的积极性，管理更加灵活、更能适应环境。对于建筑企业集团，无论其规模大小，在选择好强弱总部模式后，都要注意采用与模式配套的措施，这样才能更好地发挥总部的作用。

无论是强总部还是弱总部，对于多数传统的建设集团都存在挑战：强总部的挑战在于管理体系的建设和管理的效率，总部的职能部门非常容易变为脱离市场的机关，这是非常危险的；弱总部的最大危险在于无所事事，最终变为一个毫无竞争力的敲章机构，在目前资质管理模式不变和市场尚不完全规范的情况下，这样的机构或许还有生存的空间，但从长远来看，这样的管理方式必将走向坟墓。

17.2.3 "适应性组织"是未来的一种要求

企业的组织建设要依据外部环境变化、行业发展情况做及时的调整，保持相应的活力和柔性，业内一些大型建筑企业称之为"适应性组织建设"。

1. 优秀建筑企业"适应性组织建设"的探索

国内外大型建筑企业的组织结构基本上是"专业化+区域化"，但先专业化还是先区域化尚无定论，如有些企业在集团层面按专业化布局，有些是按大的区域划分，然后在大区域组织下面再进行专业化设置。

以中建为代表的央企，其管理水平和核心竞争力相对较高。中建在2010年前后提出的"专业化、区域化、标准化、信息化、国际化"对建筑企业的组织管理影响很大，比如从工程局层面往下进行标准化的组织设置，实现公司多个层级从上到下组织的穿透，上下对接、条线管理非常通畅。中建的组织建设有几大特征：内外衔接——结合市场/行业特点，迅速应对外部环境的变化；简洁高效——部门一定要精简，提高决策效率、避免机构臃肿；上下通畅——各级机构设置保持基本一致，合并部门按大块职能整合；合理授权——根据业务及管理成熟度进行评估，差异化授权。

建筑企业的组织要适应客户，行业中优秀的建筑企业正在逐渐由产品中心型向客户中心型转型，围绕大开发商或者某个地方政府，围绕中心客户、重点客户来调整企业组织，攀成德公司接触到的一些企业为了服务好大客户，成立了针对重要客户的事业部，如某企业成立的"万达事业部""恒大事业部"，都是阶段性的战略需要。另外，对于价值链不断延长的创新业务，如工程总承包，在业务不断壮大和成熟以后，更适合采用矩阵式组织模式，这对建筑企业提出了新的组织挑战。例如，大型建筑企业承接了大量阿里、腾讯发包的工程项目，这些项目都是以工程总承包的形式发包的，国内工程总承包的比例正在逐年提高，正因为这样的发包形式是未来的趋势，所以企业组织需要有一定的开放性和弹性。

优秀建筑企业能根据行业所处的阶段及市场特点及时调整组织布局及架构。业内有一家非常知名的民营企业，年营业收入近千亿元，大概有400~500个合作者，业务布局非常广，对接客户的点下沉且非常多。在过去的十几年里，这种业务模式及组织模式适应快速发展的市场，抓住房地产开发黄金十年的机遇，发展速度非常快。但近年来，市场环境发生了较大的变化：综合性项目越来越普遍、能力要求越来越强、对接层级越来越高……广而散的组织已经不满足市场需求，该企业也在迅速地做调整。

我们也看到，某些大型建筑企业将市场经营的功能进行上提，大量的市场经营职能上升到工程局层面（或者在局层面成立定位为"市场经营"的事业部），下属子分公司在主责履约的基础上协助经营，以此调整来应对综合性项目和高层次客户。

2. "适应性组织"要求组织调整能实现与战略的匹配

组织如何和企业的战略相匹配，已经成为大型建筑企业需要认真思考的问题。但明确组织朝既定的方向转型是一回事，能否成功实现组织的转型则是另一回事，并非所有的组织转型都能成功。大型建筑企业正处在战略调整的关键期，"正心跬步"是建筑企业战略与组织匹配的合适选择；在战略上需要"正心"，找准方向；在组织上要"跬步"，步步为营、稳妥调整。一位前央企二级单位的董事长谈到他对组织调整的体会"我在任十二年，调整组织二十余次，每次的调整都很小，但目标明确，必须到位，有时候一年调整两次，因为调整小，所以容易成功，因为不断调整，十多年的调整累积效果很好"，这些真知灼见，或许对建筑企业的领导们有参考价值。

在变化的环境中，以不变的组织应对变化的战略，这是懒惰思想。认为组织不应、不能调整的思维，是僵化的思维。然而，是采用"沉疴下猛药，大力出奇迹"的大改革，还是"循序渐进，润物细无声"的小改革？可能没有对错之分。企业的思想基础、员工素质、领导团队的决心和能力不同，选择的路径和方式就会不同，实用和有效是评价的唯一标准，正如德鲁克所说，管理的本质不在于知而在于行，管理的验证不在于逻辑而在于成果。遵循实事求是的变革思路，组织的变革效果就会更稳当和有效。

17.3　选好组织模式后，怎样构建体系

集团管理体系的建设是大型企业集团业务发展的发动机，集团需要建设规范的、系统的管理体系来推动业务的发展，同时需要通过管理体系来发挥企业内部的协同效应，实现资源共享，并有效控制企业潜在风险。很多大型企业的一夜倒闭，如英国巴林银行、美国安然、国内的德隆，显示出没有规范系统的管理模式，大型企业的风险承受能力并不比中小企业强，而大型企业倒下去对社会造成的影响却比中小企业大得多。

17.3.1   如何选择集团管控模式

1. 集团管控共有四种模式

那么大型企业应该以什么样的方式来管理呢？不同企业总部对下属企业的管理方式不同，通常来讲，企业集团总部对下属企业的管理模式可以分为四种类型：财务管控型、战略设计型、战略控制型和运营管控型。每种管控模式因企业所处行业及业务单元的相关程度等不同而各有特点。

模式一：财务管控型。这是一种相对宽松的管控模式，其特点是：第一，母公司对子公司在法人治理结构和财务上进行控制，结构松散，下属业务单元之间不要求发挥协同效应，总部也难以或者无须为下属企业提供共享效应。第二，集团总部的职能集中在财务监控、业务研究，子公司采用正规的财务报告向公司董事会以及集团报告，集团或者子公司董事会给子公司设定业绩指标。第三，集团总部的能力和价值定位主要体现在投融资、财务及产业并购和法律职能等方面。多数定位于财务管控型集团的核心能力在于对行业的研究、投融资能力，其主要工作人员的背景多为财务出身。对国外典型的财务管控型企业集团的研究显示，这类企业集团总部部门设置简单，多数员工都有财务专业背景。财务管控型企业集团并不迷恋于具体的业务，它们在业务的进出方面思想开放，企业的管理以投资收益为主。采用财务管控型方式的集团一般涉及的业务范围广、领域多且差异大，其管理规模限制也不多。

模式二：战略设计型。这种控制模式比财务管控型相对细致，具体管理上有以下特点：第一，集团母公司对子公司的管理除了财务管控的功能外，还会帮助下属企业制定战略方向，协助它们提升核心能力，通过战略和计划管理对子公司施加方向性的影响力。第二，集团母公司会在人力资源、品牌、技术、公共关系等方面为子公司提供资源支持。第三，集团母公司希望子公司间能体现协同效应，使子公司之间互相学习，经验共享，逐步形成统一的品牌、文化、管理理念等。在战略设计型管理模式下，母公司不会深入关注子公司内部管理，不会影响子公司的计划，也不会对经营结果进行偏差分析等，其职能更多停留在方向性的指导层面。

模式三：战略控制型。这一模式比战略设计型管控深入，不仅要设定下属企业的未来发展方向，更要在战略的实施中进行监督、干预，在出现明显的偏差时，帮助提出改进的建议。这一模式集团的管理作用已经相当明显，在企业战略、管理体系、财务/资金的管控、人力资源管理的各个方面，以及品牌、公共关系、投融资管理方面都相当深入。采用这一管控模式的集团，下属子公司往往只能在一定授权的范围内行动，而集团在文化、管理、品牌等诸多方面更多地体现出其共同的特点；集团通过规范的流程、规划和监控对子公司施加影响；通过不断与外部服务进行比较，求得改进，对子公司强制使用统一的服务或资源；总部强调"无论我们在哪儿，我们属于同一家公司"的一致性，而总部在管理和控制的同时，也会给子公司提供最好的资源支持，包括管理、资金、人才的输出。

模式四：运营管控型。这一模式是最集权的一种管控方式，集团对子公司在战略、计划分解、组织管理、业务操作、预算、资金、人力资源、技术等诸多方面进行全面的统一管理，子公司自行决定事务的可能性小，集团对子公司授权也非常有限，甚至子公司不是独立的利润中心，集团能越过法人治理结构直接掌控子公司的管理。

2. 如何选择合适的管控模式

多元业务集团对下属业务的管控方式，是通过对业务重要性和业务成熟程度的分析来选择的（如何定义重要性和成熟度，具体指标见表17-1）。对于集团来说，整合各类资源和管理能力显然具有子公司不可比拟的优势，集团对重要的业务要加强管控，对于不重要的业务可以适当放松管控。一般而言，对于成熟的业务，集团可以适当放松管控，对于新兴业务则要加强管控。

对管控模式分析的参考指标   表17-1

分析角度	参考指标	指标的具体含义
业务的重要性	与集团发展战略的一致性	根据集团对自身的定位以及业务发展战略，确定各业务板块在集团内的基本定位
	资产和利润贡献	各业务板块在集团净资产和净利润构成中所占的比例反映了它们对集团的重要程度

续表

分析角度	参考指标	指标的具体含义
业务的重要性	市场地位	各业务板块的业务规模和地域范围基本反映了它们在本行业内所处的位置
	协同效应	该业务能为集团其他业务开展带来帮助的程度，包括价值定位的协同效应及运营的协同效应
业务的成熟度	净资产收益率	净资产收益率指标反映了各业务板块自身的盈利能力，并且与本行业的平均水平做比较，以使板块之间的盈利能力有可比较性
	发展时间、投资项目数量、管理和运营系统等	根据各业务板块发展的时间长短、已投资项目的数量，以及是否已经形成系统的管理和运营体系等对产业成熟度作出综合评价

通过定性或者定量的分析，可以从两个维度对业务进行成熟度和重要性的排序，比如某集团不同业务重要性和成熟度分析如图17-4所示。

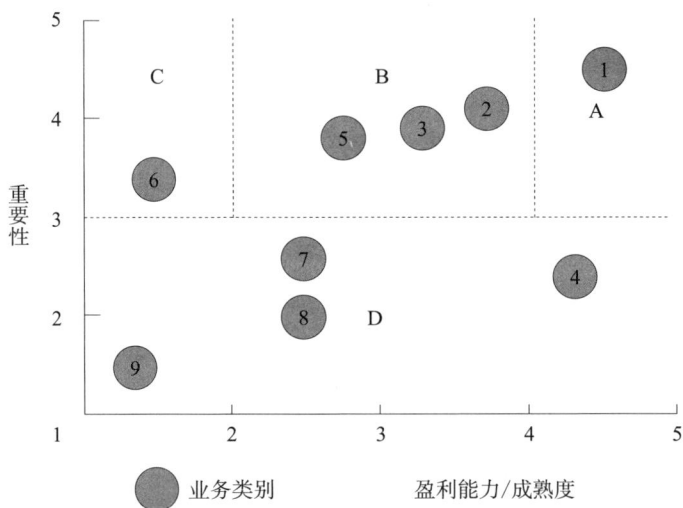

图17-4　某集团不同业务重要性和成熟度分析

来源：攀成德公司

集团管控模式的选择，通常是这样：重要性高的业务控制力度要强，而重要性低的业务控制力度要弱；成熟度高的业务集团管理参与程度要低，成熟度低的业务集团管理参与度要高，由此可以得到对业务的管控方式（图17-5）。

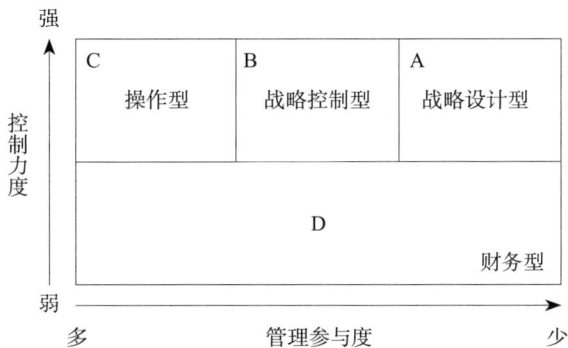

图17-5 集团对业务的控制力度和管理参与度选择

来源：攀成德公司

在一个多元业务集团里，存在着不同重要性和不同成熟程度的业务，这就意味着需要对不同业务进行差异化管控。对于建筑企业而言，施工是核心且传统业务，这样的业务往往是比较成熟的，应该采用战略控制型或者战略设计型模式进行管控。对于一些新生的业务，比如房地产业务，在开始的阶段，往往要集中集团的管理资源和财务资源，采用运营管控型比较合适，随着房地产业务自身的不断成熟，可以逐步调整为战略控制型或者战略设计型业务。有的企业存在多元投资，比如参股投资商业银行、投资制造业等，则完全可以采用财务管控型的管控方式，由企业的投资部门管控即可。

3. 建筑企业集团如何选择管控模式

建筑企业集团管控模式的选择需要与建筑企业管理实践进行有机的结合，通常从业务类型的角度切入考虑：

第一，单一施工业务型。这是多数中型建筑企业的业务现状，从事施工的一个或者数个专业领域，业务模式比较一致。虽然有的企业在业务上存在差异，但是基本属于施工总承包比较单一的价值环节，业务作业方式比较接近，存在深度管理的可能性，所以，既可以选择运营管控型的管理方式，也可以选择战略控制型的管理模式。如果项目分布比较散，区域范围比较大，则采用运营管控型的方式存在很大难度，可以采用战略控制型的模式，作业层面的管理逐步下放到一线的公司和项目部，降低总部管控工作量，提升一线的积极性。

对于业务单一的建设集团，无论选择何种管控方式，应该尽量选择单一的管控方式，选择多种管控方式将增加集团管理的成本。

第二，价值链/产业上下游多元业务型。工程总承包业务是在工程价值链上的拓展，集团对业务的管控变得相对复杂，因为多数建筑企业操作工程总承包业务并不成熟，所以对这类业务的管控要深，集团要深度参与、调动自身既有资源，保证业务的成功。依据作者的体会，集团对工程总承包项目要采用运营管控型。目前，中建、中交等集团都在从事这些业务，而这些业务在发展初期，基本在总公司或者工程局层面展开，很少在工程局以下的子公司层面展开。

建筑企业逐步脱离工程价值链、进入大建设的产业链，例如从事房地产、建筑材料（如混凝土）、钢材贸易、设备租赁。集团对这些业务可以采用不同的管控方式；房地产业务对于多数建设集团而言是重要而且成熟度不算太高的业务，多数需要集中集团重要资源，包括人力、财务、品牌等，集团需要深度参与，这样的业务放在集团层面展开是合适的；建材、物资贸易等业务相对于房地产业务来说，操作难度相对较小（除非把材料提到很高的战略高度），影响也比较有限，多数情况下，建设集团的发展难以被这些业务左右，可以采用战略设计型的模式进行管控，只要加强对业务方向的指导即可。

第三，无关多元化业务型。大型建设集团已逐步将多元化领域扩展到建设产业链以外，进行大量的无关多元化，完全脱离传统的大建设领域，也已经超过了总部自身的技术能力范围，对这些业务的管控已经很难达到操作层面，建设集团也很难在这些领域培养自己的核心能力，只能被动地采用相对比较弱的控制方式，将其列为战略设计型或者财务管控型的方式比较合适。

17.3.2 如何设计组织层次

除了管控模式的选择，建设集团必须关注其组织层次的设计，过多的组织层次必然降低组织的效率。

不妨对比分析一下房屋建筑行业的企业，以采用总包、专业和劳务分包模式的企业为例，企业人均（只计算管理人员）年营业收入超过500万元的企业并不算太多，比如中建五局三公司人均营业收入达到500万元，上海一建、七建人均营业收入达到600多万元；多数企业人均营业收入在200万～400万元，低于200万元的企业也不少，尤其是一些省级建工集团。2009年，某大型建筑央企对其内部的各级组织进行了统计：公司管理范围内的子、分支机构数量为910家，其中，具备法人资格的子机构309家、不具备法人资格的分支机构601家；机构层级最多达到了五级，三级和四级机构的数量最多，分别占全部机构数量的38%和54%，合计占比高达92%；工程局的三、四级机构中，共有239家分公司从事纯房屋建筑业务，这些从事房屋建筑业务的三、四级机构中，半年统计亏损和盈利200万元以下的微利分公司共计70家，合计占比高达29%。研究发现，机构的数量与经营规模和效益存在一定的联系，机构重叠庞杂，是企业成本高、效益低的重要原因。

如何在组织的层次和组织效率之间达到平衡呢？

对于大型建设集团而言，组织层次最多的莫过于建设业务本身，对"中"字头建筑企业的研究显示，最长的链条为"总公司-工程局-专业/号码公司-区域分公司-城市公司（区域办事处）-项目部"六个层次，对于大型建设集团最佳的组织层次应该为"公司-专业公司-项目部"，专业公司与项目部之间的层次可以采用矩阵式的模式进行操作，由此可以大大降低组织的层次，提升集团的组织效率，降低管理成本。

对于迅速发展的中型建筑企业，一般采用"公司-项目部"两级模式，由于管理幅度和区域分布的限制，这样的企业未来组织层次增加成为必然，走向将是"公司-专业公司-项目部"或者"公司-区域公司-项目部"的模式，增加组织层次能达到有效控制的目的，当然，组织层次的增加势必会增加管理成本，但管理失控企业所付出的代价比管理效率降低付出的代价更大。

17.3.3　如何设置二级组织

在过去的十多年里，中国的建筑业取得了快速发展，年营业收入上百亿元甚至上千亿元的建筑企业越来越多。随着企业业务量的不断增长，项目越来越多，依靠单一总部管理的难度也越来越大，设立二级组织成为大型企业发展的必然趋势。建筑企业在二级组织的设立上，通常会采取两种方式，一种是按照专业化的思路进行设置，比如某个从事冶金工程的建筑企业就设立了安装工程公司、炉窑工程公司、土木工程公司、压力容器制造公司等专业公司，通过冶金工程总承包的各项专业进行划分；另一种是按照区域化的思路进行设置，这种二级组织的设置思路在房屋建筑领域相对较多，大多数房屋建筑企业都是按照区域化进行的二级组织甚至是三级组织的设置。

在从事单一业务时，不管是专业化还是区域化的设置一般都比较符合建筑企业的发展。然而虽然建筑业的总产值增长很快，但细分行业的发展速度和规模是不一致的，如冶金、水电等行业都经历了一波建设的高峰，现在业务逐步在萎缩，房屋建筑业务则随着保有量的不断增加增速也开始放缓。在这种情况下，大型建筑企业想实现持续发展，必然需要进行业务上的调整，开拓新的业务和新的区域。在调整的过程中，企业往往由于管理惯性，很少对原有的组织进行调整和优化，通常只是对现有二级组织的业务范围进行重新界定，业务发展设计的系统性、统筹性不足，导致在开展新业务时，内部单位恶性竞争、新项目亏损严重等现象屡有发生。如何针对业务发展建立有效的组织体系？对于新的组织架构，是按照区域设置还是专业设置？

第一，从战略发展的角度考虑二级组织的设置。

企业的发展战略决定了企业未来发展的方向，在制定战略时企业通常会考虑未来在业务、区域和价值链方面的定位，在分析时要明确公司未来的业务发展战略是更重视新业务的开发还是新区域的开发。如果是新业务的开发，就可以考虑从专业的角度设立公司；如果是要重点开发某一个新的区域，就考虑从区域的角度设立公司。

第二，从行业成功的关键要素考虑二级组织的设置。

建筑企业成功的要素主要包括客户/社会资源（营销能力）、供应商/分包商资源（采购能力）、资本（融资和回款能力）、资质、人力资源、品牌、技术研发、实物资源以及项目管理能力，在选择区域化或者专业化时，需要根据细分市场对不同关键成功要素的重要性和相关性进行具体分析，如差异较大，则可采取专业化运营，如差异不大，则可以考虑区域化运营。如中建就认为市政路桥、市政管线等基础设施业务差异不大，但地域性较强，因此应以区域化为主，可以避免资源重复投入和内部同质化竞争。

第三，从细分行业的体量考虑二级组织的设置。

房屋建筑业务之所以多以区域化进行二级组织的设置，除了施工工艺相对简单以外，业务体量的巨大也是主要的原因，房屋建筑业务总产值占建筑业总产值的64%，而其中住宅和商业地产又占房屋建筑业务的80%以上，如此大的体量足以支撑众多区域公司的设立。而如果细分行业体量不足，或者公司业务量较少，则应该考虑成立专业公司开展业务。

第四，从自身能力考虑二级组织的设置。

不同的细分行业对于项目管理和相关的技术要求是有所差别的，企业需要认真思考自身的资源和能力，如果公司在新业务的能力较弱，可以考虑以专业公司的模式进行运营，培养相应的能力；如果公司原有的资源和能力可以很顺利地支撑新业务，则可以进行区域化的运营。比如中建的核心能力在房屋建筑项目上，所以对于铁路、水务、电力等专业性比较强的基础设施业务以专业化为主。而同样是铁路业务，具有核心能力的中铁，则主要是按照区域化进行设置。

以上四种考虑因素，建筑企业可以根据需要进行组合式的思考。企业的二级组织对下属的三级组织进行设置时同样可以按照上面的思路去考虑，选择适合自身的组织设置。同时需要注意的是，组织的设置并不是一成不变的，需要根据实际的情况进行调整。比如某企业在成立后的一段时间里，二级组织是按照专业化进行的设置，随着业务规模的不断增长，逐步调整为区域化，现在主营业务逐渐萎缩，业务类型逐渐多元化后，又按照铁路、基础设施等业务设立了专业化的公司，未来随着业务的成熟，可能又会向区域化进行调整。在调整的过程中，尤其是不同区域的组织调整，如何处理好人员的安置是一个非常关键的问题，如果处理不好，很容易导致企业伤筋动骨。

随着公司业务发展壮大，无论以何种方式设置二级组织，二级组织都必然会存在业务交叉的情况，这就需要考虑如何协调这方面的业务。中建鼓励一定的内部竞争，上海建工也鼓励其下属的二级组织开展内部竞争，一方面是房屋建筑市场的规模足够大，任何一个二级组织都不可能在自己的区域范围内覆盖所有的业务；另一方面是为了提升企业的活力，促进组织内部的能力不断提升。一些民营建筑企业则通过二级单位间的利益关系来进行协调。但是无论采用何种方式，前提是企业必须具有规范的管理和相关的执行标准，如果企业缺乏明确的管理制度和运行机制，就会变成恶性竞争，结果必然损害公司的整体利益。

17.4　如何让组织上下行动一致、效率高

17.4.1　总部需要做好四件事

前文在"强总部还是弱总部"的论题上提过，无论是强总部还是弱总部都存在着挑战：强总部的挑战在于管理体系的建设和管理的效率，总部的职能部门非常容易变为脱离市场的机关；弱总部的最大危险在于无所事事，最终变为一个毫无竞争力的敲章机构。那么，建筑企业总部到底应该做什么？如何才能实现自身的价值？总部在新的管理模式下需要做好"定战略、配资源、编标准、控风险"四件事。

第一，定战略。就是企业应该朝着什么方向发展，不同的战略决定了企业的格局，比如中建的企业愿景是"成为最具国际竞争力的投资建设集团"，因此中建的主营业务包括房屋建筑工程、基础设施建设与投资、房地产开发与投资、勘察设计、海外业务、新业务六大领域，紧密地围绕企业愿景开展工作。相比之下，很多企业并没有确定自己的发展方向，申请了一堆资质，只要有工程就去投标，没有方向的乱闯，结果不言而喻。

第二，配资源。围绕战略方向进行资源的调配和整合，这里的资源包括人力资源、财务资源、物资设备资源和组织资源等，利用企业优势有效地利用资源，例如中建就根据业务领域设置了相应的专业化板块和公司，建筑、海外、设计勘察基本上以区域为主，兼顾特色，整合集团的房地产业务，形成中海地产和中建地产两大品牌，并形成钢构、安装、投资、财务等专业配套公司支持公司业务发展。企业资源是有限的，只有在战略的指引下进行有效的配置，才能够最大限度地获取利润。

第三，编标准。中建专门就设立了标准化管理委员会，现在人们走到任何一座城市，应该都可以很轻易地分辨出中建的在建项目，统一的logo、统一的布置，带来的是企业形象的辨识度和认知度的提升。除了现场标准化以外，中建从2002年就开始推行管理标准化的工作，经过十几年的不断更新，实用性越来越强，大幅提升了企业的运营效率。

第四，控风险。建筑企业的利润点都在工程项目上，而项目地域广、生产周期长、资金大、利润低，一旦出现风险，可能就会导致企业亏损，中建将风险的管理固化到标准化管理中，通过事前、事中、事后的全面控制降低风险，如通过诉讼案件运行情况分析表实时跟踪诉讼案件，并明确责任，和绩效考核全面挂钩。

17.4.2　重点关注授权体系

授权体系作为企业经营管理过程中各种权利行使的基本规则，是企业的根本性制度和游戏规则的基础，也是企业的根本"宪法"，通过实施授权管理，企业可以建立核心的控制体系，实现有效监管，在企业范围内实现全方位的责、权、利对等。同时，企业必须加强对授权体系的管理，才能使其真正发挥作用。

古人云："付之以责，授之以权"。对企业而言，授权是企业赋予管理人员或机构为履行其职责而在其职责范围内合理支配公司各项资源（财务资源、人力资源等）的权利。由于思想意识薄弱、管理能力不足等原因，现阶段建筑企业在授权体系的建设中常面临这些困惑：第一，授权过度集中于高层，降低了企业运营效率，无法满足快速发展的战略要求。第二，授权体系（包括财务授权、人力授权、工作授权）不透明，每个员工对本岗位权责不清晰。第三，授权体系对事项的发起、监督、管控等权限没有明确的规定，更多地关注涉及审核与审批权限的事项。第四，授权内容过多关注日常事项，未涉及转授权和临时性的授权。第五，授权体系中权限与绩效考核的匹配程度不高。

美国著名管理学家西蒙曾经说："管理就是决策"。而权限管理不只是一个授权的动作或表格，还包含了很多专业的体系构建，与企业当前阶段的战略规划、管控模式、组织架构等相适应，同时，结合了岗位说明、部门职责、创立者、执行者、维护者等多方面的综合体系。有效的授权体系建设需把握一定的原则：

第一，权限清晰明确原则。授权是用于工作的权力，是在特定范围内、一定层次上的处理权与决定权。授权应充分考虑各下属部门或单位的实际管理和经营情况，既不能与公司现有的制度及流程规定相违背，又要有专门适用于各下属部门或单位的条款。要明确规定权力使用的范围与条件，使被授权者了解自己的权限范围，鼓励其充分用好所授权力，同时有效避免越权行为。

第二，逐级授权原则。授权应该逐级下放，应该在有着直接关系的上下级之间进行，不可越级授权。既不可以代替自己的上级把权力授予自己的下属，也不可将自己的权力授予下属的下级，更不能代替下属把权力授予他的下级。

第三，授权有度原则。合理授权应做到授权而不失控，授权不足将造成下属部门或单位难以充分发挥积极性和主观能动性，上级领导工作琐碎而事务繁杂；授权过大、无分寸则将近似于弃权，导致内部失衡或失去对某一业务单元的管控能力。因此，授权需平衡企业管理的分权与集权，防止"一放就乱，一管就死"。

第四，信任与牵制原则。授权的基础是上下级之间充分的相互信任，只有建立良好信任关系，才能做好授权。授权之外的事项需上报上级批准，被授权者应该认真对待所得到的权力，明确职位权力而不是个人权力。但是，在相互信任基础上的授权并不代表上下级之间互不相干的局面，相反，应有更多的相互交流与沟通，授权之内有效监督，以此消除上级的担忧同时使下级获取必要的支持与帮助，不能因为对个人的信任而放弃对系统的控制。

建筑企业建立合理的授权体系，将实现全方位责、权、利的对等。一套成功的授权体系是"自上而下"的管理系统，体现隔级管理，有助于授权制度本身的权威性与法治化，同时具有很强的可操作性和灵活性，通过有效的事前管理和必要制约，可防范对外风险与系统风险。另外，授权体系的成功建立能使企业战略规划和上级意志得到充分贯彻，充分调动下级单位及员工的积极主动性。长远来看，授权体系将成为所有制度、流程制定的指导性文件，对企业由人治转向法治、建立先进的管理系统和企业文化产生深远影响，推动企业健康稳定发展。

17.5　组织改革如何推进

就中国几千年的发展史来看，从商鞅变法到王安石变法、戊戌变法等，每次重大社会、经济变革都充满着腥风血雨，企业的组织变革虽然远不如社会、经济变革来得那么猛烈，但同样有利益格局的重新划分、权力和人员洗牌、文化重塑等等，若处理不当，轻则导致企业转型升级失败，重则导致企业混乱、给社会带来不稳定。作者总结了组织变革管理中需要注意的五个事项，供企业参考借鉴。

第一，抓住组织变革的时机。

新战略周期开始：业务、模式和目标都有相应的调整，这对组织结构及组织管理都提出了新的要求，这是调整组织布局、推进组织变革最好的时机。

业绩下降：企业进入某个发展阶段后，外部环境和业务结构没有发生明显的变化，但市场占有率、中标率/中标质量、工程质量均有大幅下降，同时运营成本、客户投诉等持续增长，这时就需要考虑组织的变革了。

组织出现病态：决策缓慢、指挥不灵，工作推进淹没在无尽的汇报、评审中；机构臃肿、部门墙厚重、扯皮/纠纷层出不穷，单个机构业绩、人均绩效低于行业、弱于竞争对手……

员工士气低落：不满情绪增加、合理化建议减少、离职率提升……背后很可能就有组织不合理的原因。

第二，正心不移，组织调整以战略转型为导向。

相信绝大部分管理者对这个观点都持赞同意见，但很多时候企业的战略是不清晰的甚至本身就是为了应付上级组织的检查（经常是换个主要领导换一种发展思路），这要求企业必须明确大的发展方向，不同的发展阶段或者不同的领导可以在这个大的方向下调整路径和策略，业内有人称之为"一张蓝图绘到底，组织路径勤修正"。

第三，跬步频移，组织调整要结合企业文化。

不同企业对组织调整的频次不一，有些企业认为组织必须保持一定的稳定性；有些企业认为组织要保持活力就必须经常调整。企业在大转型时期要结合企业文化、特点（如中西部相对稳健，国有体制对变革更谨慎）来考虑组织调整，在当前的外部环境下尽量不要在短时间内做颠覆性组织变革，最好小步快跑，通过"边开车边修理"的方式，确保生产经营不受大的冲击。

第四，行稳致远，组织调整需兼顾各方利益。

企业是各种组织/团体及个人利益的混合体，任何的调整和变革都会对现有权利格局造成冲击，在实操中不能完全摒弃历史成因，实行革命性的"腾笼换鸟"。企业一方面要结合各业务的特点，如传统主业的组织调整不能太频繁、调整幅度不能太大；新业务的组织不能过于固化，需保持相应的柔性以应对快速变化的内外部环境；剥离业务的组织要简单，通过不断归并完成业务退出。另一方面要考虑人员特点和利益格局，一是尽量用时间换空间，不要用行政手段一次性颠覆原有组织；二是尽量用增量价值的分配来解决新组织的激励问题。

第五，选贤任能，变革推进者需担当与技巧兼备。

纵览中国历史上的大变革，有两个截然不同的案例，一个是秦孝公与商鞅的组合，一个是光绪与康梁的组合，成败似乎一开始就注定了。企业的变革必须有最高决策者的坚定支持，特别是变革过程中遇到困难、遭到质疑时，最高决策者必须力挺推进者，为转型和变革的推进保驾护航。另外，变革推进者的选择极为关键（一些企业选择第三方来参与变革，有效转移矛盾、化解风险），他们必须具备担当意识，敢于为企业的发展披荆斩棘，同时又不能蛮干、硬上，需要充分运用变革技巧、建设性沟通和培训来化解过程中潜在的矛盾和风险。管理变革模型如图17-6所示。

某顶级管理咨询公司的创始人认为，企业管理中存在的重大问题根本上是组织管理的问题。在市场环境日趋复杂、竞争惨烈的建筑业，构建能够高效服务企业发展目标，并能积极、灵活应对市场变化的组织，是建筑企业活下去、更好地活下去的必要条件。当然这个过程是艰辛的，更不会一劳永逸，这是伴随企业发展的永恒课题，也是企业管理者的价值所在。

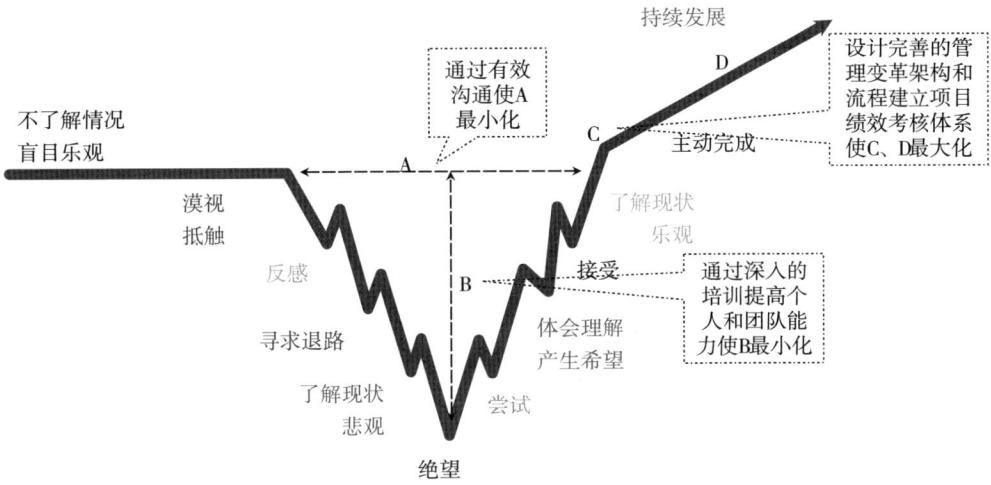

图17-6　管理变革模型

205

18　看标准化：标准化对效率有多大影响

工业革命带来了产品的高度标准化，极大地提升了社会的运行效率。一百年前，泰勒从研究动作、工具标准化开始，深刻地认识到只有管理的科学化和标准化才能提升工作效率，福特从20世纪20年代开始用流水生产方式制造汽车，创造了汽车工业的神话。从这些奇迹中，人们看到的是生产过程、工具、产品的标准化，而其背后是管理标准化的支撑，今天以麦当劳为代表的快餐业，从企业的理念、商业模式、管理方式、物流、单店管理、员工培训等都采用标准的管理手册。从产品的标准化到管理的标准化，已经深刻地影响我们的生活。在建筑行业，企业管理标准化在领先企业中已经成为管理体系的重要方向。

18.1　为什么要做管理标准化

18.1.1　企业发展和管理面临挑战

攀成德公司在二十年前开始思考和研究建筑企业管理标准化的问题，当时人们更多关注技术标准，很少去思考管理层面的标准。但一些企业管理者发现，随着企业生产规模扩张、企业的管理区域、员工人数、项目数量都大幅度增加，横向和纵向管理跨度增大，企业管理疲于应付，规模扩大对管理提出挑战；在企业内部的管理体系上，贯标认证与企业日常的管理很难融合，贯标认证与日常管理"两张皮"，如何把企业"三证合一"与日常管理融合，体系的多样性对实际管理提出挑战；市场的竞争需要企业不断提高服务效率和质量，一味增加人员使成本相应增加，甚至人员薪酬不断提高和管理难度增大导致的成本增加远高于企业收入的增加，企业必须提升管理效率，满足客户不断提升的要求，要做大规模，同时尽量减少人员，效率对管理提出了挑战；从长远看，企业管理需要把企业内部先进经验予以归纳总结，将单个的、零散的成功做法予以组织集成，在持续改进基础上，形成企业标准，推广复制，才能为企业可持续发展提供保障，基业长青对管理提出挑战。

正是基于这些挑战，一些具有管理意识、掌握先进管理理念的建筑企业负责人成为建筑企业管理标准化的先行者，开始了他们建立管理标准化体系的征程。先行者的时间最早可以追溯到二十年前，包括中建五局三公司、龙信建设、中南建设、金螳螂等，这些企业进行了非常丰富的管理标准化实践，有的从制度开始，有的从管理手册入手，有的从作业手册入手，不同的尝试给我们展示了丰富的案例，展示了企业在管理标准化方面的探索，也为建筑企业树立了标杆。今天当人们到这些企业去考察的时候，常常发出自己管理落后十年的感慨。

如今的建筑业与十五年前虽不是沧海桑田，变化也相当惊人。一是规模的变化，2023年建筑业产值是2008年的5倍，多数企业在过去十五年里的规模发展很快，且大型企业的组织层次立体化程度和管理幅度都是过去无法想象的。二是业务模式的丰富，十多年前的建筑企业主要从事施工总承包，今天人们口口相传的EPC/PPP/BOT这些业务模式已经逐步渗透到建筑企业的工作中，业务模式丰富意味着企业从事的行业价值链环节延伸，管理的难度也会成倍增大。三是资源的边界越来越大，过去接触的事情是围墙内，现在社会已经呈现网络结构，沟通和管理的方式日新月异，管理逐步呈现出复杂化的趋势。四是竞争日趋激烈，效率的差异来源于管理的差异，而效率的差异影响着企业的竞争力，这些方面的差距还在进一步拉大。

正是这些巨大的变化，推动企业对管理标准化的不断重视，2010年，中国建筑把管理的标准化列入其"十二五"发展规划中，与区域化、专业化、国际化、信息化并列为"五化"，并认为管理标准化是"五化"的基础和关键，开启了世界最大建筑企业管理标准化的征程。

18.1.2　标准化正成为企业管理的战略抓手

管理标准化对建筑企业到底意味着什么？建筑企业可以从中得到什么？一句话来概括是"标准化成为企业管理的战略抓手"，具体表现在三个方面：

第一，管理标准化大幅提升管理效率。

就整体而言，目前建筑业的劳动生产效率还比较低。作业层面效率提升的出路在于机械化、建筑工业化，管理层面效率提升的出路在于管理标准化。以占全国建筑业产值60%的房屋建筑为例，攀成德公司研究部的统计表明，管理效率最好的总包分包型房屋建筑企业，管理人员人均营业收入可以达到650万～700万元，效率低的企业，人均营业收入只有200万元左右，差距有三倍多，几乎是生与死的差距。好在不是完全的市场规则，好在部分企业还被区域间的市场壁垒、政府的照顾所保护，部分低效企业还存在生存空间。

即使在中国建筑内部，也可以看出推行管理标准化的价值，中建最优秀的号码公司进行十强的排名，这些号码公司在业务类型、业务层次、业务模式之间的差异不是很大，推行管理标准化的中建五局三公司在人均营业收入上一直靠前，这与中建五局三公司长期推进标准化管理的努力密不可分。

为什么标准化能提升效率？据研究，营业收入30亿元的建筑企业，员工数量在800～1000人，岗位数50～60个；营业收入1000亿元的企业，员工数量在2.5万～3万人，岗位数也不超过200个，其下属单位中编制近1000人的岗位有10～15个，可见同一事件在建筑企业的重复发生率之高。管理标准化针对重复发生的事情，既然是重复发生，以前的经验就有价值，通过把过去的成功经验进行总结并提升，并逐步修正过去由于失误造成损失的行为。标准化能大大降低学习成本、学习时间，实现资源的最佳配置，效率自然就能提高，泰勒基于科学化标准化的管理，在作业层面提升的效率达到四五倍，据统计，建筑企业之间的效率差异也在两三倍。

第二，管理标准化能控制企业风险。

建筑企业的风险大致可以从三个层面进行划分，第一是战略层面的风险，第二是企业层面的风险，第三是项目作业层面的风险。战略层面的风险更多是基于对未来的判断、对资源的配置等，多数都在董事会层面决策，从管理标准化的角度，比较难控制这一类的风险。第二、第三层面的风险，管理的标准化则能起到非常重要的作用。建筑企业的管理标准化可以采用2-3-1的模式（图18-1），2是两个基础，即产品专业化、组织标准化，3是三个步骤，即确定内容、确定方式以及内容与方式的结合，1是一个关注点，设计由上而下，执行由下而上。

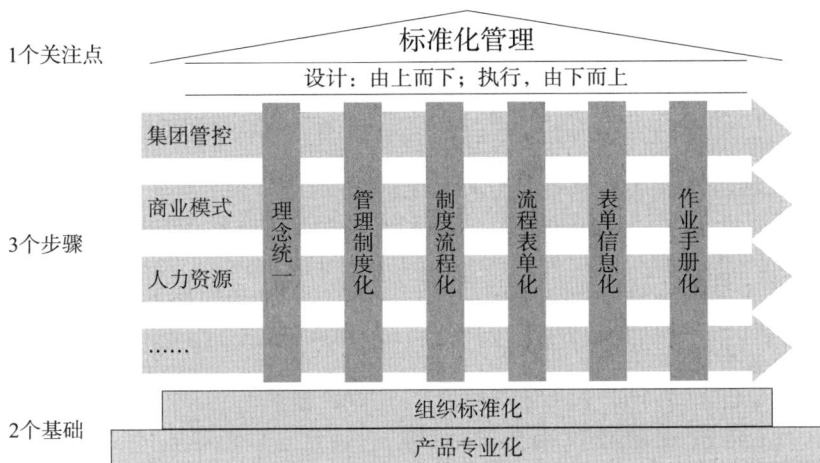

图18-1 建筑企业管理标准化采用的2-3-1模式
来源：攀成德公司

就标准化的方式而言，需要从统一理念、制度化、流程化、表单化、信息化、作业手册化六个方面进行努力，毫无疑问，这六个方面无论对企业管理层面还是作业层面都能大大降低风险。企业在进行管理的标准化以后，对"人"和对"能人"的依赖性逐步降低，正如麦当劳的品质相比中餐馆不会强烈依赖于店员（厨师）水平一样，建筑企业也能逐步从"项目做得好不好关键看项目经理"或者"成也劳务、败也劳务"这样的八卦阵之中逐步找到清晰的思路。

在企业内部是非常关注经营质量的，对经营质量的评价主要是企业的盈利水平、平均水平高低以及好项目与差项目的偏差度，或者说盈利项目的比例。攀成德公司的管理专家曾经在不同的研讨会上跟建筑企业的领导探讨，A企业平均利润3%，B企业平均利润2.5%，哪个企业的经营质量好？答案毫无疑问是A。接下来的问题是A1建筑企业的平均利润为3%，好的项目利润6%，差的项目0%，A2企业的平均利润率也是3%，好的4%，差的项目2%，哪个企业的经营质量好？毫无疑问是A2，为什么？原因是好差项目之间的偏差小，相对而言A2企业的经营风险更小。

如何使好的项目和差的项目偏差缩小？答案是管理标准化，把人的影响因素降到最低。一位杰出的建筑企业老总认为人的因素在企业管理中非常重要，对于管理者来说有两个重要的任务，一是把人的积极性发挥出来，二是把人为的因素降到最低，不能因为张三换成李四，老员工换成新员工，高收入员工换成一般收入员工，就导致企业在运营上出现重大偏差，出现重大逆转，人是可以调整的，而管理体系要标准，这是他的管理思维。

第三，管理标准化提升产品品质。

从客户的角度看，他们需要的不一定是最好的，但一定需要符合标准要求的产品。管理标准化是企业管理和生产过程的底线管理，正是管理对过程的重视，对作业标准的重视，才能让企业守住底线。

18.1.3　优秀企业管理标准化的实践

一些优秀的建筑企业在管理标准化方面起步较早，而且做出了卓有成效的努力。

中建五局三公司从2005年开始在内部建立标准化的管理体系，当时五局三公司也存在众多的矛盾，它总结为"五个矛盾"：规模扩大与人才不足的矛盾，即随着企业规模的不断扩大，人员不断增加而各类人才相对不足；组织权威与个人英雄的矛盾，即在人才缺乏的条件下，一些能力突出的个人容易被房地产公司挖角，个人英雄主义得以挑战企业权威；贯标认证与日常管理的矛盾，即贯标认证流于形式，与企业的日常管理脱节严重；组织进步与个人进步的矛盾，即企业为个人进步买单，但这些个人的经验却很难转化为企业经验，企业只能不断重复交学费；制度管理与经验管理的矛盾。这些矛盾错综复杂且相互交织，不加以解决的话，必将阻碍公司管理水平的提升、企业规模的进一步扩大以及企业效益的提高。

时任公司总经理的阎军说："标准化管理是我们进行的一项探索，以往我们习惯靠能人、超人管理项目和企业，但能人和超人毕竟是少数，成功的企业都离不开标准化管理，这是提高效率和品质的唯一道路，也是人才快速、大量成长的坦途。"

五局三公司标准化体系的建设思路是以制度为载体，建立了"红黄蓝三色书"的制度体系，同时把一些流程和作业手册融入制度体系或者将其作为制度的附件。与此同时，五局三公司通过建体系、抓培训、严执行、做总结、重考核、促提高六个阶段的循环，在内部不断完善标准化体系的建设。经过长期努力，五局三公司实现了外在形象、机构设置、管理流程、管理成果和干部培养五个方面的标准化管理体系。目前的五局三公司是中建内部优秀的号码公司之一，无论是人均产值、人均效益、发展速度、客户满意度方面都取得了良好的成绩。

在标准化管理方面，中交四航二公司则采用了不同载体，从企业内部管理流程入手，通过建立和运行规范化的流程体系提升内部管理的标准化，它认为，只要工作程序对了，过程规范了，事情也就规范了。目前，四航二公司从事的基础设施业务涉及水工、铁路、公路、市政等领域，海外业务占比也很高，可以说标准化有力地支持了企业跨业务、跨区域发展。

龙信建设集团是江苏知名的房屋建筑特级企业，主要从事全装修房屋建筑业务。全装修业务的特点是作业链条长、接口多、作业过程细致烦琐，而龙信在内部没有专业分包和劳务分包，只有专业核算和劳务的核算，作业工人近2万名。

龙信依据全装修施工业务的特点，从作业的规范入手，建立标准化的作业手册。龙信标准化的基本思路是对实践中行之有效的作业方法进行全面的细化总结，形成各种类型的书面小手册，并推广到各个项目，而不断总结和完善的作业方法在全公司推广后，就成为整个公司的标准化做法。2万名作业工人按照规范的作业方法进行施工，大幅提升了作业层面的质量和效率，良好的质量和效率为龙信赢得了客户的信赖，为其赢得了长期的市场，成就了龙信在中国全装修建设领域的领先地位。

很多建筑业的领导认为中国建筑行业的竞争非常激烈，但建筑企业的管理仍比较粗放，如果粗放的企业尚能够在行业中生存下去，说明行业的优胜劣汰还没有真正到来，未来企业将被迫进一步走向管理的精细化，而标准化是企业走向精细化的必经之路，没有管理标准化的修炼，精细化几乎不可能。所以，管理标准化对于中国建筑企业而言，是今天必做的功课，没有这一课，在未来的竞争中，也许你的企业就会最先被淘汰。

18.2 如何建好体系

18.2.1 管理标准化的基本任务

企业实施标准化应当做些什么、怎样去做？国家标准《企业标准体系　要求》GB/T 15496-2017指出，企业标准化工作的基本要求有七项：贯彻执行国家和地方有关标准化的法律法规、方针政策；建立并实施企业标准体系；实施国家标准、行业标准和地方标准；制定和实施企业标准；对标准的实施进行监督检查；采用国际标准和国外先进标准；参加国内、国际有关标准化活动。除了制定规划、成立相关机构、明确责任这些一般性要求外，这些工作尤为重要：编制企业的标准体系表并据此形成企业的标准体系；有效地实施国家标准、行业标准和地方标准；编制符合"标准"特点的企业标准；适当采用国际标准和国外先进标准。

18.2.2 如何在企业内部建立标准化的管理体系

认识到标准化经营和管理的重要性是一回事，要建立这样一个体系又是另一回事，需要系统的思考、长期建设和不断完善体系、坚定不移地推进和执行体系。那么，如何在建筑企业建立标准化的管理体系？

第一步，理念的标准化。

首先是认识到标准化的重要性，认识到建立标准化体系的可能性。英国标准化专家桑德斯从标准化的目的、作用和方法上提炼出七项原理，并阐明标准化的本质是"有意识地努力达到简化，以减少目前和预防以后的复杂性"。日本教授松浦四郎通过系统研究，阐述了标准化活动过程的基本规律，提出了十九项原则等，这些思想为企业建立标准化的经营和管理体系奠定了理论基础。

第二步，业务的专业化。

建筑企业经营管理标准化的起点是业务的专业化，或者说产品的标准化。产品的差异将导致经营和生产作业过程的差异，从而导致管理的差异，因此，没有业务的专业化，就难以提倡经营和管理的标准化。专业型的公司已经具备标准化管理的产品基础，对大型和超大型建筑企业而言，第一步要做的是在内部推行业务的专业化，中建的"五化"中的第一步就是专业化。大型企业在内部进行业务的专业化时，可以首先推行一个子分公司做一个业务，同一业务采用事业部或者专业集团的管理方式，通过专业化布局，大大降低各个业务板块之间的差异。在大型集团，业务专业化的调整显然需要一个比较长的转换时间，存在思想统一、资源重新分配、能力调整的过程，无论如何，这样的调整是有益的，是战略性的。没有这样的调整，企业难以建立专业能力，难以塑造长期的核心能力。业务专业化以后，项目的差异减小，作业层面的相似性就比较多了，企业各个层面的标准化体系的建设就可以开始了。

第三步，建立标准化的经营和管理体系。

经营和管理标准化体系的载体是制度、流程和手册，而制度、流程、手册的展开可以与具体的组织层级、职能、业务的各个环节进行紧密结合。

对于多数建筑企业而言，要建立作业层面的标准化，需要关注两个方面：一是国家、行业、地区的各类标准和手册，二是企业自身的特点和资源。只要善于总结和积累，加强沟通，作业层面的标准化手册是比较容易建立的。需要注意的是，作业层面的标准化是基础，非常重要，它不仅包括劳务人员的现场作业手册，还包括管理层面的作业手册。不管是对于以总包为主的企业，还是以专业分包或劳务分包为主的企业来说，管理层面的作业手册都非常重要，其目的在于帮助企业建立具体的作业指导规范，比如企业的形象手册，企业施工组织手册等。制度和流程并不能解决具体作业层面的问题，但这些手册能有力地提高作业层面的标准化程度。对于专业分包和劳务分包企业来说，劳务人员的现场作业手册也很重要。

与作业层面的标准化相比，企业管理流程和制度的标准化涉及更高的层面，制度和流程体系的设计依赖于产品和作业，范围非常广泛。企业制度的制定首先是依据组织层面进行，各个组织层面应该制定自己的制度。在某个组织层面，制度应该依据职能进行分块。企业内部流程的梳理和建立，可以依据制度进行，目的在于能高效地执行企业的各项制度，也就是制度的流程化。流程手册包括流程图、流程的说明和与流程配套的表单，制度的流程化能更好地推进制度的执行。企业流程运行比较顺利时，既提高了效率，也提高了工作的规范性，而一旦离开流程，具体事务的执行将比较困难。

第四步，有效地执行和完善标准化的经营和管理体系。

最好的标准化管理体系是能执行的体系，从标准体系建设阶段就需要考虑其可执行性。最好的执行者莫过于其制定者，以公司的力量，尤其是中层管理者的力量来总结和设计标准化的管理体系是最可取的方式。制定好体系后，应该进行相应的评审，评审既是一个完善的过程，也是思想统一的过程，有了好的体系和统一的思想，执行的阻力就会大大减小。另外，执行体系持久的动力来自持续的绩效考评，以及执行体系产生良好效果的鼓励。

18.2.3　中小企业管理标准化的困境与突围

过去的十多年，大型建筑企业的标准化建设开展得有声有色，并且不少企业已经取得了实质性效果。不少中小建筑企业也在尝试通过标准化管理来提升企业运营效率，以应对行业下行及利润水平低下的现实，但由于种种原因总是不得要领，要么汇编了大堆制度流程及表单，大大增加了日常事务性工作量，员工怨言较多，效果却不明显。要么借用了顶级央企的体系文件，却受限于组织能力和人员素质，最终实施效果与预想相去甚远。

中小企业管理标准化体系建设面临的困境大致有四个方面：

第一，管理基础薄弱，体系建设欠账较多。中小建筑企业的发展更多地依赖于经营，认为只要搞定经营，企业就能发展，长久以来管理上留下很多欠账。同时，由于经营主要依靠核心人员，经营的权威容易成为管理的权威，经营的灵活性变为管理的随意性，体系建设欠账较多。

第二，资源能力有限，难以构建系统完善的体系。中小建筑企业自身的资源能力有限，导致管理体系建立比较零散，要么是结构性缺失，许多重要的内容没有通过制度固化；要么是一堆制度文件的堆砌，边界模糊，到处打补丁，更别说提升管理水平、引领企业转型升级了。

第三，外部环境变化大，自身发展快，对管理体系的"柔性"要求高。中小建筑企业由于规模小、发展速度快，同时业务波动相对较大，自身的运营体系就处在快速变化中，对管理体系的"柔性"要求高，而标准化恰恰提供的是相对稳定的运行、操作规程，这中间的平衡点难以把握。

第四，人员素质及配套跟不上，拿来主义导致水土不服。一些中小建筑企业的管理者看到业内优秀企业的标准化体系很完善、实施效果良好，就想尽办法拿过来套用到自己企业，殊不知不同的体系是建立在不同的经营模式、组织能力、企业文化等基础上的，生搬硬套的结果必然是水土不服、南橘北枳。

中小企业管理标准化体系建设的实施路径是怎样的？

第一，聚焦核心业务，摒弃完美主义。建筑企业一般会涉及多个业务板块，各业务的市场竞争态势、业务模式、管理成熟度等可能差距较大，一套体系难以覆盖所有的业务。中小建筑企业可先围绕相对成熟稳定的核心业务开展标准化建设，一方面有利于集中资源，为后面其他业务板块做好示范；另一方面便于实施，减少变革对企业经营带来的冲击。

第二，围绕业务管理展开，辅以职能管理。管理是为经营服务的，不能管理过度超越了经营，同样职能管理是服务于业务管理的，不能为管理而管理。中小建筑企业的标准化建设应当围绕业务管理展开，规范、提升公司在市场营销、生产管理、物资设备、成本合约等方面的管理，辅以职能管理，去繁就简、务求实效（图18-2中画框部分，即业务运营的施工业务管理部分）。

第三，注重实用性，去除形式外装。一些企业在介绍标准化建设成绩时，总喜欢拿编制了多少本手册、撰写了多少万字的制度、设计了多少个流程来说事，这对于中小建筑企业来说是很不可取的。中小建筑企业可通过优化部分关键流程（如30个、50个），并围绕这些关键流程建立配套制度的形式来促进管理的提升；在实践中，还有一些企业聚焦核心业务，优化设计部分重点环节的标准化手册（如合约管理、商务策划、分包分供管理等），舍弃次要要素、聚焦核心要素，小步快跑逐渐提升管理水平，效果也不错。

第四，外部优秀经验融合内部最佳实践。中小建筑企业由于自身能力较弱，组织往往比较闭塞，内部的管理模式和方式可能已经落后业内优秀企业不止一个身位，这时如果只是简单地生搬硬套优秀企业的体系，效果必然不好。好的做法是外部优秀经验融合内部最佳实践，具体操作是：（1）针对某一个事

职能管理	行政综合管理分册	公文管理；档案管理；印章管理；会议接待管理；文化建设；党群工作；信访维稳等
	企业管理分册	章程；董事会\监事会\经理层\委员会议事规则；组织管理及组织绩效；战略研究\制定\执行和调整；年度目标制定\执行与分析调整；管理体系建设；信息化建设等
	内控管理分册	法律事务；审计\内控\巡视监察等
	财务资金管理分册	财务体系；会计核算；财务分析；预算管理；资产管理；资金管理；税务管理等
	人力资源管理分册	人力资源规划；招聘；薪酬福利；考核；教育培训；社会保险；离退休管理等

业务运营	设计业务管理	施工业务管理	海外业务管理	投资业务管理
	市场营销管理分册	市场营销管理分册	市场营销管理分册	股权投资　PPP类投资　房地产业务
	设计管理分册	科技质量管理分册	施工管理分册	投资策划管理分册
		安全管理分册	竣工结算管理分册	融资管理分册
		生产管理分册		实施管理分册
		物资设备管理分册		后评估管理分册
		成本合约管理分册		
		项目部作业手册		

利润价值

企业与项目管理评价标准

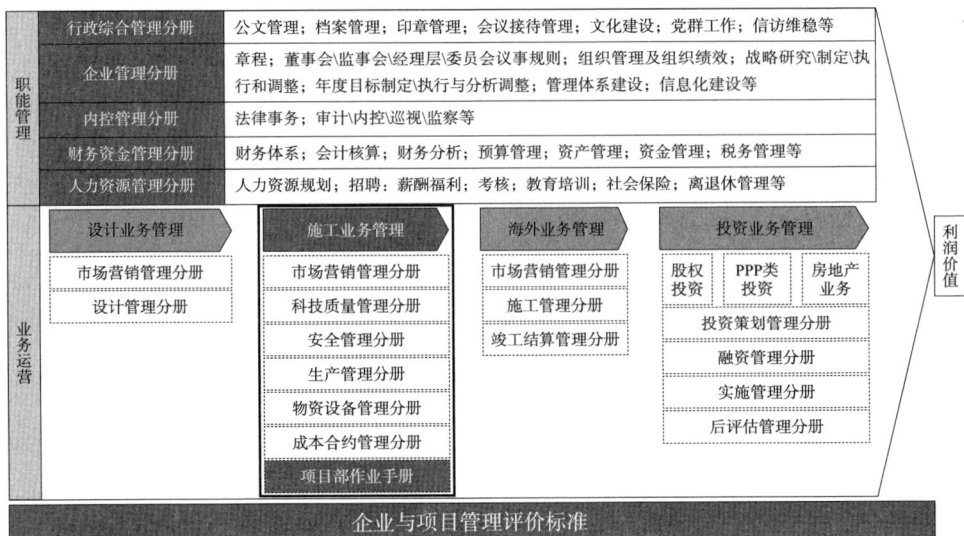

图18-2　建筑企业标准化体系内容结构示意

来源：攀成德公司

项或者流程列出企业目前的做法（一些企业有多个下属单位/项目部，下属单位的做法多有差异）。（2）组织内部资深人士对这些做法进行研讨，分析成因，寻找最佳实践。（3）通过外脑或者外部交流获得优秀企业的经验，二者结合，形成具有一定前瞻性并能在企业实施落地的"新最佳实践"，同时通过形成对应的制度或者流程将其显性化、固化。

第五，重视试运行及持续改进。一个新体系的推行是对现行管理模式和习惯的颠覆，不确定性及风险性很大，这对于中小建筑企业来说是难以承受的，在全面推行前最好先选择个别下属单位及项目部进行试运行，找出过程中存在的、潜在的不合理环节，及时论证并调整。山东德建集团在标准化体系成型后，成立了以分管副总牵头的实施推进小组，选出具有代表性的子分公司及项目部试运行，最初以两个月为一个修正节点，汇总过程中存在的问题、持续改进，整体运行效果不错。一般来说在正式推行以后，可以以年为周期，收集实施过程中发现的问题，并结合外部环境、企业自身的发展变化进行优化调整，不断迭代升级。

18.3 如何落地实施

18.3.1 制度建设是基础

1. 为什么要重视制度建设

一般来说，企业开始对已有的制度做系统梳理，一定是相关要素发生了变化，要么是客户、业务变化了，要么是模式、区域变化了，要么是管理技术变化了，还有可能是企业发展的期望值变化了，或者是这些要素全部都变化了。制度建设的根本目的是追求更高的效率、更好的效益、员工更高的收入，制度建设就是要提升核心竞争力。

对已有制度做系统梳理，责任部门需要想清楚并明确这一次制度建设的内容和范围。即使领导的要求是"我们业务范围、业务模式在创新，这次制度建设就需要覆盖不同业务和不同价值链环节"，责任部门也需要确定边界，毫无边界范围的制度建设，最终的成果很难让领导满意。

企业制度可以有很多种表达方式，比如现在绝大多数制度是文字表达，但也可以是手册的表达方式。

2. 制度建设如何做

第一，解决理念问题。制度建设到底是发展导向还是问题导向？如果是发展导向，就要走出路径依赖。如果是问题导向，就要抓主要矛盾或者矛盾的主要方面，不能眉毛胡子一把抓。即使是最优秀的企业也存在很多问题，企业都是在问题中前进的，或者说是"戴着镣铐跳舞"的，企业只能抓主要矛盾、持续改进，永远在PDCA的循环中。实际的管理工作中，往往是把发展导向和问题导向两者相结合，这是一个灰度选择，例如，顶层设计方面的制度主要是发展导向，底层项目管理方面的制度则主要是问题导向，灰度到底是五五开，是四六开，还是六四开，需要斟酌，这是制度建设的理念问题。

第二，梳理制度的组织基础。组织是制度的基础，组织不顺，制度中的很多流程一定走不通，同时还要梳理清楚组织各部门和岗位的权责，没有清晰的部门、岗位权责，制度中的流程也走不通。

第三，系统地设计制度架构，要根据组织架构、部门架构、岗位架构来系统地设计制度体系的架构。在制度架构设计方面，攀成德公司已经积累了很多经验，从上海航道局制度建设开始，攀成德在制度层次和制度的组织渗透性方面做过很多尝试，目前最成功的制度体系，已经渗透到四个组织层级。制度的系统设计尤其需要关注两点：其一，要努力避免盲点，要实现对业务的全覆盖，例如某企业认为它的财务制度有很多盲点。其二，避免"屁股指挥脑袋"，因为制度制定部门往往考虑自己行事方便。

第四，确定到底谁来建设的制度。大型企业通常会借助咨询公司的力量，需要注意的是，即使是借助咨询公司的力量，企业也需要充分参与，管理者参与制度体系建设是非常重要的，千万不要希望能找到可以照抄照搬的东西，一定要把业内优秀企业的经验和本企业的管理实践结合起来，完成初稿后要认真评审，在内部做多次评审（至少是自上而下、自下而上、条线之间），并邀请业内优秀的企业来评审。

对整个制度做系统梳理，尤其是在大型企业，其艰巨程度可能比企业想象的更大，时间也会比想象的更长，有时候欲速则不达，还要追求实际效果，"慢工出细活"才能把事情做得更扎实一些。

3. 制度梳理后怎么实施

基于最佳实践，抓住重点，不断培训，持续改进。最佳实践可以来自企业自身，也可以来自业内优秀企业。建筑企业要努力把自己的最佳实践"用上去"，并通过咨询公司把同行优秀企业的最佳实践"引进来"。

塑造更加开放和包容的企业文化，一是要在时间维度上开放，接受新生事物；二是对自己未知的领域要开放包容，承认自己的不足；三是对不可预计的结果要开放包容，这个时代变化太快，人们都在不确定的条件下进行决策，决策能有60%～70%的正确率就已经很高了，所以对决策结果的正确与错误要开放和包容。

18.3.2　信息化建设是载体

信息化是建筑企业提高工程项目管理水平、提升企业竞争力的重要因素，在工程领域信息化迅速发展的同时，也存在一些企业对其认识不足、为了信息化而信息化的现象。

　　信息化的驱动因素应该是管理而不是技术。信息化能加快管理的速度，提升管理的效率。没有信息化，大型企业的管理在今天是不可想象的。

　　信息化和企业的组织结构层次、组织内部的权责划分、管理和业务的流程都是紧密相关的。从理论上来看，信息化的技术问题已经很少，但是由于企业的特点各不一样，提供信息化产品和服务的公司要做出完全适合每个特定企业的信息化系统还是很难的。因此，很多国际工程公司（如柏克德公司）都有自己的信息系统服务部门。

　　建筑企业对信息化要有正确的认识，信息化只是一种工具，对企业的管理起辅助作用。信息化系统发挥作用的前提是企业自身的管理要规范，如果企业自身的管理不规范，很难通过信息化系统来规范企业的管理。因此，要推进企业信息化建设，企业自身管理的规范性和流程化是非常重要的前提。

19　看分配：绩效管理，如何成为高效的指挥棒

好的绩效激励模式是调整发展方向、实现企业转型最直接有效的工具。因此，不少企业管理者认为"绩效激励是企业管理的第一抓手"。

19.1　传统的绩效管理存在哪些问题

传统绩效激励模式存在种种局限性：

一是量方面的不足。建筑行业的利润率水平（约3%）远低于其所属的第二产业（约5%），且施工环节利润还在不断地下降。但企业在给业务单元或者项目部制定预期收益目标时，只考虑公司目标的实现，对行业的低盈利水平或项目实际的"肥瘦"选择性忽视，导致设定的目标偏高（如给下属组织核定毛利率8%，超过部分各分一半），其结局是下属组织无激励可言或者想办法获取"桌面下的收益"。

二是及时性方面的缺陷。在不少企业里都有这样的声音：一个项目的兑现没有五年下不来（必须审计完成、质保期结束），项目上的人员都走完了，特别是年轻人要结婚还房贷，根本等不及滞后这么久的兑现；个别项目由于特殊原因利润超高，按目标责任书兑现的数量太高或者涉及所得税方面的问题，迟迟不能实施兑现，规则的权威性大打折扣；公司不敢过程兑现，总担心项目"报喜不报忧"将风险和潜亏隐藏，项目完全结束后预发奖金难以收回，所有的损失还得公司来承担。

三是单一性方面的问题。虽然金钱激励对于大部分员工来说是第一位的，但毕竟不是唯一的，荣誉、"爵位"等方面的作用同样不能小觑。如对于业绩好、能力强的给予家庭旅游奖励，公司年度会议公开表彰并前排就座，进入公司专业委员会参与公司管理等。

四是短期与长期结合方面的不合理。如何使激励兼顾短期的及时性和战略的长期性一直是业内头疼的问题，一方面由于人的趋利性和对未来的不确定性，总希望尽可能早点获取到激励；另一方面公司希望员工和公司的长期利益一致，至少不能为了个人的短期利益损害公司的长期利益。

19.2　如何做好绩效方案

身处传统行业，大多数建筑企业多少年来一直在施工领域恪守着接项目、做项目、结算收钱的商业模式，对各业务单元/项目部的激励也基本是围绕着经营提成、收益超额/成本压降分成来展开，也取得了非常好的效果。最近几年，随着行业的分化和企业的转型升级，相当多的建筑企业逐渐由原来的单一业务、单一施工总承包模式向多业务、多模式发展，经营模式的调整对绩效激励模式的匹配提出了新的要求。

19.2.1　传统业务/传统模式的激励

传统业务是公司的利润来源，是实现转型升级的"现金牛"和人才输出基地。因此，传统业务的绩效考核更多的是围绕"稳业绩、树品牌、出人才"展开，经营团队一般采用年薪制（根据绩效指标完成情况发放），经营激励一般根据业务规模大小设置超额提奖系数（可设置分段提奖系数）。此类业务主要负责人的选择宜偏重"稳健型"。

传统项目绩效激励的最大矛盾点在于责任成本或预期收益点的划定，不少公司一方面要确保盈利目标和收益红线，另一方面不愿意或者没有能力去做标后测算，干脆一刀切提成几个点，最多也是"相互博弈一番"后做适当调整，而忽视了工程项目的收益来源发生了根本的变化。企业一定要花精力留心建立起自己企业内部的定额体系。过去与现在项目利润来源比较如图19-1所示。

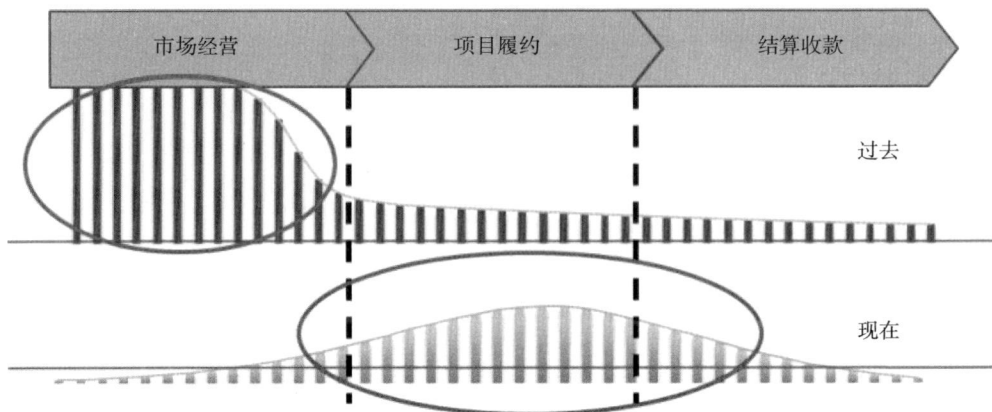

市场经营　　项目履约　　结算收款

过去

现在

图19-1　过去与现在项目利润来源比较

来源：攀成德公司

19.2.2　新业务/新模式的激励

新业务是公司转型的方向，是未来的支柱业务，因此新业务的绩效考核更多围绕"出业务、高增长、建团队"展开，经营团队的激励一般短期与长期结合，短期用年薪制（跟指标完成情况相关，但不能太低，必须起到保障作用），长期可用股权或者虚拟股权激励（与中长期转型指标完成情况强相关）。此类业务主要负责人的选择宜偏重"进取型"。

19.2.3　退出/剥离业务的激励

退出业务往往是公司中人们最不愿意接手的业务，容易使人深陷泥潭并难得好评。对退出业务的绩效考核应该围绕"平稳、降本、减亏"展开，经营团队的激励一般分为年薪（与业绩的相关性偏弱）和专项奖励（预先设定出售价格或者退出成本，实现后综合评定兑现），曾有一家企业欲剥离公司酒店业务，于是委派公司一位善周转、社会资源广泛的副总负责，时间为两年。该管理者一边改善酒店内部经营管理，一边做外部市场推广宣传，两年后被一知名酒店以高出目标50%的价格收购。此类业务主要负责人一般为"特使"，业务一旦完成退出，其使命结束。此类业务主要负责人的选择宜偏重"经营型"。

19.2.4 树立"以业绩为导向"的文化理念

"不让雷锋吃亏""以奋斗者为本"等是近年来建筑企业普遍坚持的分配原则，在企业的转型期显得尤为重要。这就需要企业决策者有更宽广的胸怀和视野，敢于在公司这个大平台上让更多的能人、强人施展才能，同时设计合适的游戏规则，让这些为公司转型做出贡献的人得到应有的物质、精神上的回报。

19.3 推进实施的关键点

19.3.1 绩效改革要努力做到"三个满意"

首先是客户满意。企业推进绩效改革之后，如果客户在见到董事长的时候说"你们这个改革很成功呀！跟我们做项目团队人的干劲、积极性都比以前强多了"，这说明改革有效果。改革成效客户要看得见，如果只是企业口袋里的钱变多了，客户没有感受到的话，说明改革是没有见效的。

其次是企业满意。绩效改革后，企业的各项指标要看得见，利润要增长，如果改革只是将企业原来赚的利润发给员工，那就只是利益的重新分配，不叫成功。企业应该通过改革实现利益的创造、价值的创造。

最后是员工满意。从整体角度来说，绩效改革要提高薪酬平均水平，与这个同等重要的是要敢于打破平均主义和大锅饭的现象，多劳多得，少劳少得，提高分配的公平性和激励性。

19.3.2 绩效改革过程需要担当和包容

绩效改革要做好，需要各层级员工勇于担当。

首先，领导要有担当。改革并不是给员工普涨工资，薪酬由市场决定，绩效改革不意味着所有人都涨工资。所有的改革者都面临着各种各样的挑战，成功的路从来就不平坦，有各种坑坑洼洼，所以企业领导要有担当。

其次，各级干部要有担当。如果一个人能担当十个人的思想工作，那绩效改革的难度就小多了。绩效改革就像坐在火山口，注定会有各种各样的矛盾，

223

但是如果干部都有担当，绩效改革就会顺利得多。

最后，员工要有担当。员工既要从个人利益角度考虑问题，也需要从公司的角度来考虑问题，任何一个企业吃大锅饭的话都不会有未来，正如任正非先生说："以奋斗者为本"，如果有些人在改革后利益有所减少，是否可以通过绩效改革激励他们成为奋斗者？成为奋斗者意味着企业会以你为本，而当更多人成为奋斗者时，企业的整体绩效也会随之提升。

同时，在绩效改革的过程中，企业还需要具备一定的包容性。通常来说，建筑企业的历史都还比较长，拥有五六十年历史的企业比比皆是，而每一位员工的经历和背景各不一样，所以需要具有一定的包容性。

19.3.3　金条要诱人，大棒要吓人

新市场的拓展、新业务的开展总是艰难的，而人又习惯待在自己舒适的地方，所以对于外出拓展业务又做出业绩的人员要加大激励，一方面是收入方面的激励，另一方面是"爵位"（公司职级及荣誉方面）的提升，塑造英雄和标杆，打造崇尚业绩的主流文化。对于明确了拓展指标但又不能完成的组织的主要领导，要先扣发绩效奖金，再不达指标就换人。关键时期，必须下重手倒逼转型。

19.3.4　绩效考核要做实

当前，绩效考核被众多企业重视，因为好的绩效考核是企业达成目标的手段，是进行人员激励与利益分配的依据，是促进企业与员工共同成长的抓手。但是，如果绩效考核做不好，不仅得不到应有的效果，反而会产生考核流于形式、员工抗拒、考核结果无法有效应用等劳民伤财的负面影响，致使日常工作效率低下。为了获得绩效考核的良好效果，这三个方面的问题值得重视：

第一，明确绩效考核的目的。企业管理者在进行绩效考核之前要明确一个问题：企业通过绩效考核想要达到什么目的，想要得到什么就考核什么。但这里经常会产生一个误区，有的管理者想通过绩效考核实现多个目标，导致什么都想考核却什么都得不到。以建筑企业中的行政职能部门为例，行政职能部门的工作特点是任务繁杂、事务性工作多、业务指标与评判标准不明确、工作业

绩难以量化，面对这些困难，想要对行政职能部门进行系统全面的考核就需要企业投入大量精力与成本，然而这样的投入是否经济？行政职能部门考核的实施对企业的经营目标能带来多大的贡献？考虑清楚这个问题后，想要在公司产值、利润方面有所突破的建筑企业管理者就不会把有限的资源过多地投入到行政职能部门的考核上。绩效考核不是万能的，不要幻想通过绩效考核来达到企业所有的管理目标，而是要选取与企业当前主要目标相关的一些关键指标进行重点考核，利用企业有限的资源获取最高的回报。

第二，绩效考核需要配套体系的支撑。企业想要进行细致有效的绩效考核，需要有完善的目标管理体系、组织管理体系、信息化系统的支撑。绩效考核是以目标完成结果为导向，因此需要利用完善的目标管理体系来设置合理的目标，并自上而下将企业目标分解到单位、部门、岗位，作为绩效考核的依据；完善的组织管理体系，要做到各单位、部门、岗位的职责相对固化与明确，这是确定考核指标的依据，也是考核明确到岗到人的依据；完善的信息化系统是获得考核所需数据与信息的重要渠道，线上获取信息能够为绩效考核工作节省大量的成本与时间，让绩效考核工作可实施性更强。绩效考核没有最科学，只有最合适，不可过于追求绩效考核的细致化与完美化，适合自身的才是最好的。

第三，绩效考核不仅仅是对工作结果的考核，过程管理更重要。绩效考核最主要的目的是达成企业的目标，而不是对工作最终结果的简单评判，不能为了考核而考核，而是要通过过程的管控实现企业目标。举个例子，假设企业给市场经营部下达的目标是第一季度完成合同签约额20亿元，考核责任者的任务仅仅是在下达目标后等到三月底看这20亿元的目标完成了多少，然后给被考核者打出分数吗？当然没有这么简单。考核责任者在下达目标之后要指导被考核者对考核目标进行分解，将20亿元的目标分解到三个月，目标分解之后考核责任者还要进行过程跟踪与把控，假如2月底合同签约额还没有达到10亿元，考核责任者就要及时提出预警，督促和指导被考核者及时制定措施，保障20亿元目标的完成。仅对工作最终结果进行评判是亡羊补牢的行为，结果已成事实，无法改变，而过程控制可以在"亡羊"发生之前就采取措施，助力企业达成目标。

19.4　职能部门如何考核

19.4.1　职能部门的考核难在哪

许多管理者都认为绩效考核是亘古不变的管理难题，而难题中的难题往往就是对职能部门的考核。

一是定指标难。我们可以给业务部门定合同额、利润、人均效率值等，给职能部门能定什么呢？可以定今年要完成哪几项重点任务、要培训多少人次、要组织几次活动，但这些事仅以数字或结果来衡量的话，想完成其实很简单。还可以定工作不能出什么岔子、出现什么问题扣几分，但这些事在最终考核时，往往区分度很低。剩下的就是一些极端的情况，出现负面清单事件或者正向奖励事件，但实际情况中都很少见。

二是定目标难。我们给业务部门定目标，可以自上而下承接下达，可以背靠背测算，也可以引用激励机制来达到某种平衡，但给职能部门定目标该怎么做呢？首先是它很难有量化指标；其次就算有了量化指标，真正深谙这项指标含金量、合理目标值的，往往是这个部门的人，公司很难去把握。

三是结果应用难。绩效考核的结果应用是层层传递的，部门干好了，大家都跟着吃香，可以得A、晋升、涨薪等等。事实上，多数企业除了在年前定指标、定目标时遇到麻烦，在年末考核结果出来时也一筹莫展。因为预期结果和考核事实差别较大，重要的、带核心指标的部门经常都排在后头，也因为部门考核结果是如此重要，所以不敢轻举妄用，所以在年末的时候总会有一场关于职能部门绩效考核结果的讨论会议。

19.4.2　指标能量化吗

不论是对组织还是个人的考核，都可以从"做了什么"和"做得怎么样"两个角度来解构，也可以简化为"量"与"质量"。对业务部门而言，量和质量的评判都可以归到一些关键业绩指标上。对职能部门而言，常规的量还好说（比如要做哪几件事），但质量很难定论。

职能部门真的拿不出量化指标吗？其实不然，在认真盘点核心职责后，所有职能部门都应该拿得出量化指标。只不过区别在于，有的指标是直接的，例如资产收益率、人工成本利润率等，可以从公司常规运营数据中提取计算；有的指标则没那么直接，例如招聘效率和会议管理质量等，需要用某种方式去获取数据并建立指标体系，需要配套；也有一些指标，它可以产出量化结果，但过程仍然是主观的。我们评价一项任务完成的质量，要找最能衡量它的指标，比如工会组织活动的成效，最合适的可能就是员工的满意度。

这样来看，理论上职能部门也是可以采用量化指标来评价的，只是需要多花功夫去琢磨。事实上，在很多管理水平优秀的企业中，职能工作已经以项目形式发包，像项目一样衡量人员投入与产出、评估产出质量。

19.4.3　如何设置考核指标

部分企业对职能部门的考核习惯于采取工作计划任务考核方式，即年初由部门报工作计划（每项工作计划就是一项考核内容），主管领导审核批准，年底考核工作小组或人力资源部门根据工作计划进行考核评价。这种方式初步确立了对职能部门进行目标管理的工作考核机制，有利于督促并激励职能部门及其员工保质保量地完成工作计划，但也存在着随意性大、无法量化、无法衡量其工作量是否饱和的弊端。绩效考核必须基于企业战略实行目标管理。只有将绩效和企业战略紧密结合，使之目标同向、工作同步，才能有效激励全体员工为实现企业战略协同工作，保证绩效考核内容和企业工作重点相一致。

一方面，根据职能部门工作内容体系，制定绩效指标库，为量化考核提供平台。

绩效标准在部门层次上主要是指职能标准，即根据部门职能确定本部门所应达到的工作要求。根据部门职能层层分解，确定各个职能下的绩效考核指标，形成绩效指标考核库，绩效考核计划阶段则可直接提取指标库指标作为考核标准，编制绩效指标库时要把握好几个环节：一是绩效指标基于企业战略，企业战略分解后细化为部门职能；二是随着企业战略的变化，需及时调整指标库；三是部门职能通过二级甚至是三级分解，详尽反映部门全部职能状况，形成系统的战略支撑体系；四是多级分解后的每项部门职能都必须着眼于绩效考核的需要，导出若干绩效标准，作为绩效反馈、绩效考核的重要依据。

另一方面，提取关键绩效指标，为绩效考核提供可量化的对象。

绩效标准的特征决定了它不能成为绩效考核的直接依据：一是每项工作、每个岗位的诸多绩效标准中，总有一部分难以量化；二是标准太多，面面俱到反而无法把握重点。因此，必须从中提取若干关键绩效指标，为绩效考核提供可量化的对象。

常用的绩效考核衡量工具是KPI法，但如何科学合理提取职能部门KPI，可以用到平衡计分卡（BSC），从财务、客户、业务流程、学习与成长这四个维度入手，结合部门绩效标准，提取部门的KPI。

财务角度。一般BSC的财务指标包括销售额、利润额、资产利用率等，但绝大多数职能部门并不产生业务收入。因此，这个角度的KPI可用"部门年度预算发生额""人力资本投资回报率"等指标来替代。

客户角度。经典BSC的客户指标包括客户满意度、市场占有率、进度节点达成率等，但绝大多数职能部门并不与客户发生联系，更多的是对内服务和支撑，那么其他部门乃至整个公司就可以作为职能部门的客户，主要考核职能部门对其他部门的支撑服务达成情况。以人力资源部为例，其KPI的设置可以是"岗位到岗率""薪酬及时发放率"等这些维持企业和其他部门正常运行的指标。

内部流程角度。职能部门主要通过提供管理流程为其他部门服务，这也是其"职能"要义之重要体现。因此，在这方面应侧重通过对本部门应负主要管理职责的各项规章制度、管理服务流程的质量、执行力及效率的考核，来判定其内部流程绩效。其KPI可设置为"对某项规章制度的执行力度""对某项管理、服务流程/工作的满意度""流程处理及时率""内控体系的评价"等。

学习与成长角度。任何一个部门都有保障并促进员工学习与成长的职责。学习与成长角度的绩效对企业发展具有根本性的影响。职能部门在这方面的KPI可设置为"组织氛围评价提升率""培训计划完成率"等。

行政部门绩效考核指标分解逻辑示意图见图19-2。

行政人力部

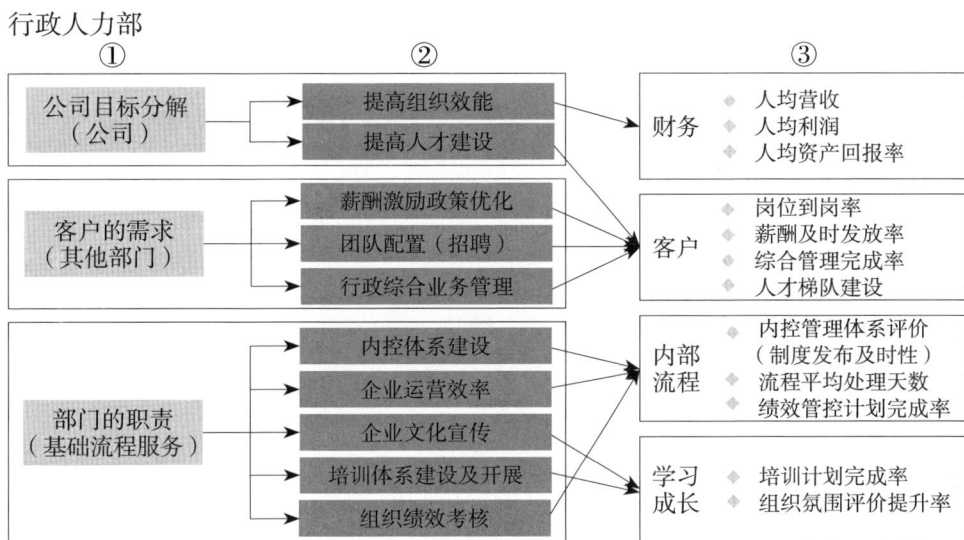

图19-2　行政部门绩效考核指标分解逻辑示意图

来源：攀成德公司

企业职能部门的绩效考核应从企业战略出发，层层分解后形成各个层次的绩效标准，再从绩效标准中提取、整合出KPI体系。接着采用平衡计分卡模型进行分解，以保证考核指标的完整性和科学性。但各个企业发展阶段和管理方式存在差异性，考核模型在技术层面的可操作性可能仍会受到一定限制。

20   看资源：找资源重要，还是优化资源配置重要

现今社会是一个专业分工足够细化、追求合作共赢的时代。任何一个企业都不可能具备所有的资源和能力，涵盖产业链上所有的环节、具备全部的比较优势。比如作为飞机制造产业里的老大哥，波音在整合利用全球资源方面一直是企业的典范，以波音787为例，其零件超过230万个，供应商遍布全球五大洲70多个国家和地区。任何资源都是有成本的，所以优化资源配置有时比找到资源更重要，如何高效整合生产资源，提高生产资源的使用效率，在竞争白热化的建筑行业赢得一席之地，这是行业从业者极为关注和渴求解决的问题。

更值得关注的是，行业内建设模式正在发生快速变化，建设模式的变化对建筑企业资源整合带来了新的挑战，原来是在C模式（单一的施工环节）上整合资源，现在是在EPC/LSTK等工程总承包模式上整合资源；原来是在B模式上整合资源，现在是在BOT模式上整合资源。

20.1   如何整合、优化资源

20.1.1   完善资源大超市，引进更多的合作伙伴支撑传统业务和新业务

根据攀成德公司研究部的统计，全国超15万家建筑企业里，2023年净利润超过10亿元的有56家，这些万里挑一的顶级企业，其营业收入规模和盈利水平都达到了世界顶级水平，在它们背后是数万家专业分包及合作企业（含供应商，下同）、几千万劳务人员，共同支撑起建筑业成为国民经济支柱产业。

传统总包业务需要更优质的合作伙伴。

我国倡导的建筑业发展是以总包为主体、专业分包和劳务为两翼的模式，鼓励各类型企业共同发展。但实际情况是各企业都想做总包，都奔"大而全"去，不愿意、不甘心做专业公司，最后的结果是专业水平参差不齐，行业利润

水平（约3%）远低于第二产业的平均利润水平（约5%）。

以美国为例，美国的建筑业产值约为中国的35%，企业数量达80万家，但绝大部分都专注于各个细分行业。我国建筑企业应该构建并不断完善自己的生产资源"超市"，里边的"商品"应有尽有，并不断推陈出新。

新业务需要更多类型的合作伙伴。

随着行业的发展，建筑企业涉足越来越多的新业务、新模式，比如工程总承包、建筑工业化、运营等，这就要求建筑企业引进更多的合作者，如某大型建筑企业近几年承接了数百亿元的PPP项目，其中有几十个项目是需要运营的，涉及的类型也很多，企业自身不可能同时具备这么多类型业务的运营能力，因此在积极寻求市场上的合作伙伴，甚至准备投入部分资源来培育这样的伙伴。另外，还有向工程总承包转型需要的设计、咨询及设备供应商等合作伙伴。

引领者需要跨行业的合作伙伴。

除了常规的专业分包、劳务分包、材料、设备供应等合作伙伴，许多优秀企业已经极大地拓展了"资源超市"的范畴，比如提供法律事务服务、管理咨询服务、行业研究及数据服务的外部机构。某城建集团寻求与中介机构合作，一起研究城市发展形态及由此带来的基础设施建设业务需求及结构的变化，尝试将这样的前瞻性报告提交给政府高层领导，协助政府在区域布局和投资建设上的决策，同时也为自己的前瞻性区域布局提供支持。

20.1.2 多层次、多渠道、多举措完善生产资源的管理

生产资源的重要性是企业的共识，生产资源的管理之难更是企业共识，企业普遍面临的问题是：公司各层级都在做资源平台建设，重复工作多、信息不共享；下属单位采购量小，价格上没有谈判空间；平台上资源数量不少，但都是松散型的，关键时顶不上；总包方想的是压价，分包方想的是挖坑和偷工减料，双方不是合作而是博弈……

第一，大企业要注重高端合作关系的建立。大型企业集团由于规模优势，具备了跟大型供应商议价的能力，这种优势必须通过企业的最高层面代表全集团来体现，比如与钢材、水泥生产商直接洽谈合作。某省级建工集团与西部某

个地级市签署了劳务合作的战略协议，建工集团在该市成立子公司（税收留在当地）、每年在该市投资多少个工程项目、解决多少就业等；对应地，该市保障每年为建工集团提供相应数量的高质量劳务。

第二，生产资源管理在企业内部要有效分级。大型企业集团内部有多个组织层级，每个企业都有自己的资源库及信息系统，存在大量的重复工作和信息不对称，比如大家都在做入库和评分，不了解同一家供应商在集团内部的履约情况等等，这就需要自上而下系统地构建生产资源管理分级体系，集团总部、子分公司及项目部分别做什么、权限是怎样的、基础数据怎么录入和更新、评价机制怎么建立等。当然这个工作的难度很大，首先是区域差异、项目差异，基础数据非常繁杂；其次是对信息化水平要求非常高；最后是这个工作关系到太多的利益体，他们不愿意"这潭水太清"，也许这是最大的阻力。

第三，生产资源的高效利用源自分类管理。有管理者提出这么个设想：通过基础数据整合，利用信息系统形成一个菜单式应用平台。简单来说就是从集团层面建立生产资源的分类管理体系（各层级分工完善、更新基础数据），按区域、资源类型、评估分级等形成生产资源分类菜单，同时将合作伙伴也纳入这个系统（伙伴在各个地区的分布及履约能力等），这样只要在地图上一点某个区域，各种生产资源在该地区的情况便一目了然。

第四，资源分层，巩固核心。对生产资源的管理一定要分层次，对于那些合作多年且信誉良好、履约能力强的伙伴，必须纳入核心朋友圈。在这个朋友圈里的伙伴们，一方面总包方要确保每年为伙伴提供多少业务，分包方在提供高水平的履约资源同时确保关键时能一起打硬仗（比如赶工期、资金紧张时相互帮衬等）；另一方面双方着眼于"一起把蛋糕做得更大，而不是仅仅盯着眼前这三瓜两枣相互算计"，核心层的数量占比不会特别大，但是承担的任务量可能超过一半。除了核心层外，还有相应的紧密层和松散层，需要建立相应评价、晋级机制，确保核心层不断有新鲜血液输入。

20.1.3　改变思想意识，平等协作赢得未来

每个总包企业都希望有一大批有实力的供应商和自己长期合作，同样供应

商更希望自己能成为对方的战略伙伴、核心合作者，本来是"天作之合"的事，但现实中往往弄成相互算计和博弈关系，对簿于公堂更是屡见不鲜，何故？其实，改变思想意识，树立协作共赢的理念尤为重要。

很多大型建筑企业都提出要构建"生态、平台"，但生态和平台不是那么容易构建的，不是简单地召集别人来干活，然后分享他们的收益，那是在偷懒或者"异想天开"。平台型企业首先要思考自己能创造什么价值，是不是实质性地提升了两方的利益。

总包企业需要改变"甲方就是发号施令方"的意识。甲方往往不自觉地把自己置于强势的一方，将一次合作看成一次性买卖，尽可能地把好处占完，谁都不会傻到倒贴，最后的结果一定是无限的扯皮。只有双方契约在先，一起获利、一起做大蛋糕，才能"你好我好大家好"。

相对于合作伙伴来说，总包企业的综合能力及资源水平一般较高，在合作的过程中要注重协助它们提高管理水平和组织能力，同时在特定的时期给予一定的资金等方面的支持。它们的效率提高了，自然就能降低总包方的成本，在总包方遇到困难时，它们不再"登门逼债、落井下石"，而是并肩作战、共度时艰。

20.2 要提高效率，核心的资源怎么管

建筑企业在生产运营过程中需要各种各样的资源，如：人力资源、资金资源、分包分供资源、市场资源、技术资源、资质资源、信息资源等，以下仅对资金、人、分包三项核心资源的管理提出一些见解。

20.2.1 资金资源管理：管好现金流，解决投融资问题

现金流是企业的血液。从资金流量的角度来看，建筑企业面临两方面的挑战：一方面，资金的逐利性越来越强，而建筑业的行业吸引力正在下降，导致资金流入的进口变小，企业普遍出现资金难筹的问题；另一方面，资金使用的成本在增加，融资成本提高，即使能筹到资金的大型企业也背负压力，中小企业更是不堪重负。

在资金资源管理方面，建筑企业需要思考这三个方面的问题：

第一，企业的资产负债率多高合适？应收账款比例多高合适？

第二，投资问题：未来还有投资机会吗？在哪里？如何投资？投什么行当？怎么投？如何让投资对其他业务产生协同作用？如何建立投资管理体系？投资管理体系能解决投资业务的问题吗？如何在国内大背景下，控制投资的风险？

第三，融资问题：如何融资？这也许是绝大多数企业最头疼的问题。

现实中，面对激烈的市场竞争，建筑企业业务规模大，需要大量的资金周转，一些项目垫资要求高等因素导致许多企业的资金链相当紧张，因此，建筑企业无不千方百计通过各种手段提高融资额度、降低融资成本。当然，也有一些例外的情况，国内也有一些企业，如中铁四局、中国铁建电气化局、中建一局发展等，它们公司的账上常年"趴着"十几亿元，甚至几十亿元的现金，成为真正"不差钱"的建筑企业。

那么，企业所拥有的现金是不是越多越好？在不同情况下，也不尽然。当企业判断当前行业或资产明显存在泡沫，拐点即将出现，这时企业应该拥有现金，"现金为王"，以便在行业低点时购买资产或开拓业务，实现资金价值的最大化。但当企业认为目前行业发展形势平稳、资产估值合理时，过多地持有现金并不见得是明智之举，企业可能需要通过多种手段，将所持有的现金置于一个较为合理的水平，并通过提升企业资金的利用率，从而实现资产的保值增值。

在资产价格低估时，能够用足杠杆，果断出手的企业自然可以赚取高额利润；但当资产价格高估时，能够保持定力，选择降杠杆，持有现金的企业更是难能可贵。对这些企业来说，经济危机有时不是敌人，而是朋友。

20.2.2 人力资源管理：用好双"70"法则，激发企业活力

人员是企业的财富，建筑企业在人力资源的需求方面面临三大挑战：第一，人员的进口变小、出口变大，进口变小是因为建筑业人才吸引力下降，出口变大是因为人员流失到其他行业。第二，新业务需要新人员，例如建筑工业化业务、工程总承包业务、海外业务、投资业务等都需要大量的新人员。第

三，既有业务人员的新旧更替。除此之外，建筑企业还面临新时代的人员管理挑战——代沟和焦虑。

每到年关都能听到这样的"吐槽"：公司在发展过程中，一方面，人员配置总是滞后实际需要，员工能力总是跟不上，企业用人长期处于拆东墙补西墙、无才可用的境地；另一方面，公司业务或项目有波峰波谷，波峰时配置的人员在波谷期间利用效率低下，造成极大浪费，这两方面的矛盾往往比较尖锐。

建筑业不同于制造业，属于订单式生产模式，有订单才能开始组织生产，因此具有较大的波动性和不确定性。攀成德公司在咨询工作中，总结了建筑企业用人的数量质量双"70"法则，可以在一定程度上缓解以上矛盾。即：企业在发展过程中，根据业务的发展需要，按照70%的人员数量要求来配置，保留一定的缺口；同时在任用员工时，当其能力达到岗位要求的70%就可以任职该岗位，坚持"跳一跳，够得着"的用人原则。

1. 数量"70"法则

数量"70"法则有利于：控制人员数量、降低用人成本；防止某个阶段对宏观大势判断偏于乐观导致人员配置过于饱和，需要花几年时间来消化"人员的超配"，从而降低运营风险；人员饱和状态下可能形成惰性和指责文化，适度的不饱和配置有利于激发员工活力。数量"70"法则的具体应用有以下几个方面：

人员配置保留余地。每个规划期或者年初，企业及各业务单元都会根据业务发展情况预测人员需求，进而制订招聘计划。此时可根据实际测算量的70%去配置，一方面保留适当的弹性和压力，另一方面倒逼企业寻求提升能力和效率的途径。

发挥关键岗位人员的"种子"作用。数量"70"法则也并不是针对所有的岗位，在特定的发展阶段、部分关键岗位人员是要尽可能"足配"的，比如某路桥企业加强自有专业班组的配置，通过发挥其"种子"作用，带动了十倍甚至更多的非自有班组。

培育奋力向前的拼搏文化。通过培育具有自我驱动力的组织文化，让每个员工意识到都是为自己工作，奋勇向前，激发出每个人超乎自己想象的潜力。这方面建筑企业应更多地学习、借鉴互联网行业（如《重新定义公司》《重新定义团队》），充分调动起"80后""90后"员工的工作激情。

树立市场就是人力资源库的意识。市场是资源配置最高效的手段，企业不可能培养、储备所有可能需要的人员，这就需要企业管理者放开思维，树立市场就是公司最大的人力资源库的意识，"不求我所有，但求我所用"，多渠道补充人员需求。比如中建某三级单位在确定大力发展市政基础设施业务以后，意识到单靠自己培育、逐个招聘来充实业务团队的话，不知要到何年何月才能形成在市场上能与强大对手一较高下的队伍，于是果断从市场上、竞争对手处系统性地引进团队，迅速打开了市场。

2. 质量"70"法则

质量"70"法则有利于：合理利用人的自我评价（一般的人都会自我评价偏高，在其具备岗位能力要求70%时就认为自己可以胜任），调动人的积极性和主动意识；在员工队伍中找到只具备70%的岗位能力，但动力十足、品质过硬的"潜力股"来满足企业的发展需求。质量"70"法则的具体应用如下：

打造高水平的组织体系。高水平的组织体系能大大降低对人员能力和素质的要求，企业在坚持质量"70"法则的同时要特别重视组织能力的建设。有两个这样的案例：一个案例是攀成德公司的咨询顾问在马来西亚调研海外业务时，发现一个街区两个性质类似、规模相差无几的房屋建筑项目，国内某公司承建的项目现场管理人员超过30人，且大多为经验丰富的资深人士；而由日本大成公司承建的另一个项目现场管理人员不到10人，且大多为年轻工程师。问其原因，国内公司人员感慨对方后台支持、体系能力超强，而自己公司的支持乏善可陈，基本靠现场管理人员的个人能力和吃苦耐劳，正如本书前文所述深圳地王大厦的案例。另一个案例是国内一家顶级建筑企业，它在北京和武汉分别设置了二级公司，北京公司地理位置占优，每年新招人员的能力和素质均在武汉公司之上，但对比发现这些年武汉公司的发展态势和经营效益均领先，北京公司的人员在调研时承认是自己公司的组织体系和能力比不过人家。

注重培训，提升能力。让能力暂时不足的人担任工作，并不代表其能力永远不匹配，企业需要通过一系列的培训及时地提升这些人的能力，使其尽快满足岗位要求，控制运营风险，同时为公司更长远的发展和用人打下基础。

"以奋斗者为本"的激励导向。"不让雷锋吃亏""以奋斗者为本"等是近年来建筑企业普遍坚持的分配原则，在企业快速发展期或转型期尤为重要。企业一方面要容许那些能力"70"的人适当犯错，毕竟人家是"火线提拔"的；另一方面要明确激励导向，对于积极拼搏并达成目标者要加大激励，让公司这些宝贵的"种子"保持持续的奋斗激情，带动更多的人奋力向前，进而使公司在行业下行周期里走出一条上行的路。

20.2.3　分包资源管理：加强管理、尊重分包、合作共赢

工程分包（包括专业分包和劳务分包）是建筑企业弥补资源不足的一种有效手段，是国际工程建设市场经常采用的一种模式，自20世纪80年代起，国内工程市场上也开始采用这种方式，但是由于种种原因，因分包管理不到位造成的安全、质量事故仍时有发生，进而给总承包企业造成巨大的经济损失。一个失败的分包工程可能会影响到整个项目目标的实现，因此，加强分包管理成为建筑企业项目管理的一项重要内容。建筑企业应以加强分包商准入管理为前提，分包合同管理为主线，现场管理和服务为手段，构建合作文化氛围为辅助，不断提高分包管理水平。

第一，完善分包商准入管理，加强分包商的动态管理。

建筑企业在遴选分包商时，除了对方必须具有法人主体资格等基本要求外，还要进一步严格规范分包商的其他准入条件，对诸如企业资质、市场准入资格等真实性进行慎重审查，确保分包商身份真实合法。企业可以通过自身接触、外部行业协会交流或者相关方反馈等多个途径获得更多的信息，在企业层面建立和充实分专业、分等级的分包商信息库，并在公司内部实现共享。

根据工程特点，选用合适的分包商，在使用过程中坚持进行动态管理。动态管理内容包括：定期或者不定期核查分包商分包工程的施工能力、验证入场资源等，以此对分包商的表现进行评价和对分包商花名册进行动态调整。在对分包商进行动态管理的过程中，企业可以采用正负双向的激励措施，对表现最佳的分包商进行奖励，对有恶劣行为的分包商实施淘汰，并不允许企业内部再次使用。

在分包商关系管理上，德国最大的工程承包商豪赫蒂夫公司每年组织分包商论坛，为分包商提供沟通交流的机会，并组织其对复杂项目如何协作、有效完成进行研讨等。国内像中交四航局二公司等一批建筑企业也进行了有益尝试，措施有：制订"最佳分包商计划"，培养最佳分包商，定期对表现最佳的分包商进行奖励，扩大和深化在专业领域的合作，与之建立长期、稳定、利益共享的伙伴关系；为优秀的分包商开通绿色通道，在相关方面提供一定的优惠政策，包括公司在任务分工、合同订立、价格确定、工程款支付、工程结算等方面给予优先政策，简化管理程序。

第二，合法合规开展分包活动，加强分包合同管理。

为了使分包管理过程透明化、程序化，总承包企业在一定的组织保障基础上，需要逐步完善工程分包有关的制度和流程，明确分包审批程序，形成一套系统化、规范化、易于执行的操作程序。通过制度确保分包是在有合法必要的条件下进行的，避免违法分包和随意分包；在确定实施分包后，要加强内部各级对于分包工程的管理审批工作。中铁二局早在2002年就出台了《劳务分包及管理实施办法》，规范公司劳务分包管理工作，并在此后进行了修订完善；中石化在《工程承包商安全管理规定》《工程建设企业施工分包管理办法》中，要求直属企业将分包商纳入企业管理范畴，指出分包商发生安全事故要追究工程发包单位的责任，企业要督促分包商建立健全相应的安全管理规章制度并抓好落实。

在分包合同管理上，总承包企业在合同谈判阶段就应对双方相应的权责进行详细约定，制定的分包合同在确保合法有效的基础上，还要尽可能细致和准确地明确总包和分包商之间的工作范围和协调配合责任，使总分包界面责任明确、专业协作有法可依，同时，要注意防范分包的隐性风险。企业要遵循"先签合同后开工"的原则，杜绝分包商先进场，后签订合同，避免因受分包商要挟而陷于被动境地。遗憾的是，多家建筑企业就曾出现为了赶进度而让分包商匆匆上阵，在后期因谈判筹码降低而不得不遭受利益损失，甚至被迫对簿公堂。

第三，加强现场工程分包管理，并做好服务工作。

总承包企业在分包工程管理中的核心工作是组织、指导、协调、控制各分包商的工作。总承包企业在工程实施中应认真履行合同责任，对分包工程进行跟踪监督和动态管理。

在分包质量管理方面，避免以包代管，在分包管理中坚持"谁分包谁管理"的原则，严格管理各个环节。企业要从人、材、机、方法和环境等方面依据分包合同控制质量，采取加强过程控制，强化工序验收、质量奖惩制度等措施督促分包商履行合同质量承诺，切实保证工程质量。

在分包进度管理方面，企业应将分包进度纳入项目总进度计划管理中去，根据项目实际情况合理制定工程分包计划，依据分包合同严格检查分包商资源投入，加强进度统计和考核，并做好现场服务和配合工作。

在分包安全管理方面，企业要加强对分包商安全体系建立和完善、安全交底、安全培训、劳动保险等工作的监督，强化分包过程控制，持续开展分包安全隐患排查治理活动，落实责任，降低分包安全风险。此外，企业也应当不定期对分包商进行安全培训，组织其参加定期不定期的安全检查活动和安全工作例会，以此强化分包商的安全和质量意识。

针对项目规模比较大、涉及分包商比较多的情况，总承包企业更是要统筹安排，做好多方的管理配合工作，尤其将注意力集中到关键的施工分包商身上。

此外，总包方还要配合分包商做好分包实施中的服务和指导工作，为分包商创造有利的作业条件。总包方对分包商的服务可以体现在灌输先进的管理经验和管理模式；对分包商的管理方法和形象建设进行指导；协助分包商进行内外关系协调等方面。

第四，尊重分包、强化沟通，构建共赢的合作文化。

工程分包是一种合作行为，总包商和分包商是风险共担、利益共享、合作共赢的关系，两个企业的合作必须建立在企业文化融合的基础上才能牢固。因此，总包和分包企业要增进沟通与了解，取长补短，逐步培育共生、共荣、共发展的合作文化，实现文化融合。

作为总包企业，一方面应该尊重分包企业，在执行合理的价值评价与分配体系之外，与分包企业多沟通，在条件许可的情况下，给予其关心和帮助，在紧密的合作和配合服务过程中实现双方的持续发展。另一方面，通过文化引导分包商认同自身企业文化，提高信任度，构建和谐共发展的文化氛围。

21 重执行："大力出奇迹"和"润物细无声"，哪个更有效

充满活力、开放和包容的组织是建筑企业永葆生命力的关键。企业的组织变革是采用"沉疴下猛药，大力出奇迹"的大改革，还是"循序渐进、润物细无声"的小改革？可能没有对错之分。

21.1 "大力出奇迹"的企业改制不容易

改制是很多国有企业管理的一个重大课题，从国营企业数量的统计可以看到这些年国企改制的进程。国企改制成民营或者带有民营成分以后，体制变化所带来的活力，促进了企业的发展，使一些企业从亏损走向盈利，员工的精神面貌也出现了很大变化，国企改制为社会、经营者、企业员工带来了新的希望，多数企业实现了国企改制的初衷。但是，大多数企业在改制过程中都经历了比较艰难的过程，很多企业在改制的过程中，困难重重。

改制中常常出现这些问题：一是改制无法推进，方案在提交主管部门后，无法进一步细化，细化中碰到的问题无法找到依据，无法将问题解决到实施层面；二是改制方案实施后，内部产生新的矛盾，法人治理结构无法运作，或者即使运作也没有权威，企业在旧的矛盾没有彻底解决之前，又面临新的挑战，而且在治理结构无法运作的情况下，缺少新的协调机构介入，矛盾久拖不决，企业发展陷入困境。到底是什么原因使改制变革这么艰难呢？因为改制是解决企业管理最核心的问题——法人治理结构（图21-1），这是一场企业的重大变革。如果能深刻认识到改制在企业管理变革中的地位，或许这场变革会变得容易一些。

产品、标识	7
生产、流程	6
人员、管理	5
组织、功能	4
资讯、机制	3
经营理念、企业文化	2
治理结构—体制	1

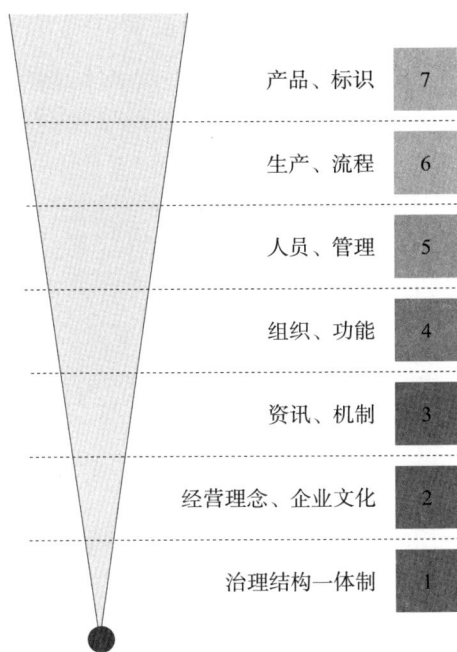

图21-1　企业管理剖面图

企业改制要解决两个层面的问题：

第一个层面是观念层面。

要解决全体员工的思想问题，企业将改制视为一场重大变革，因此无论多么重视观念转变都不为过。改制的动力往往来自政府和企业中的强者，政府推动改制是因为国家战略的需要，企业中的强者推动改制是希望企业获得新的发展环境，个人获得新的发展环境；改制的阻力往往来自企业中的弱者，他们对改制后企业对于自己的意义深刻地怀疑，由此产生不安全的感觉。为什么在企业改制中，一些弱者的声音能迅速得到很大的响应，形成一股力量，是因为人在失去希望、失去安全感的时候，反抗是最有力的。一个500人的小单位改制，可以把问题闹到省委、省政府，问题解决需要书记或者省长批示，一个问题刚刚解决新的问题又会产生，甚至一个问题拖几年不能解决，往往一个小的问题就能将改制拖入绝境。

解决观念问题首先需要分析环境。国企在改制之前，经营状况很理想的并不很多，即使经营状况很理想，未来面临的挑战也很大；要逐步赢得竞争的优势，体制优势是必需的，可以说，很多企业如果不进行改制是没有发展出路的，或许有人能举出无数的例子证明国企也能经营得很好，但是统计的数字正在逐渐证明改制是赢得体制优势的途径。

其次是改制中要旗帜鲜明地保护弱者的经济利益。强者需要的是能够施展的环境和未来发展的机遇，或许，一种新的机遇能让他们影响和改变环境；弱者在获得既得的经济利益后，心态能变得轻松，能大大减轻逆反心理和情绪。

对改制企业来说，改变观念最重要的是获得一个变革的轻松环境，没有这个环境，改制的任何一步走起来都会更加艰难。

第二个层面是技术层面。

改制技术层面的问题也非常重要，技术层面的问题分为四个方面：

第一，资产处置。资产处置有国家规定的制度和程序，一般说来，只要加强与相关部门的沟通，遵守相关制度，改制都不太会在这个层面产生过大的阻力。

第二，人员安置。人员安置往往是企业改制过程中的第一只拦路虎，内容涉及如下方面：一般在职员工安置；距离退休仅有五年的在职员工安置；离休、退休人员安置；内退人员安置；下岗人员安置；工伤人员、精神病患者安置；员工遗属安置等。虽然国家有相关的制度，但在实际执行中仍有较大的弹性。对于骨干人员身份的转换是一个相对容易的问题，对于离退休人员、内部竞争力比较弱的员工的补偿和身份转换相对困难，往往这是改制矛盾爆发的第一个点。因此，充分发挥国企组织内部各部门的作用成为关键，一般来说，党委、工会、离退办可以很好地起到作用，要做好这个工作，首要的是公司领导班子思想要统一，如果各级机构能以同样的思想做相应的工作，也许事情会变得容易些，如果领导班子的声音比较杂，完成人员安置的工作会非常艰难。

第三，股权设置。如果说资产处理和人员安置是解决历史的问题，那么，股权设置和法人治理结构则是解决未来的问题。

股权设计是企业改制实施中的第二只拦路虎，企业往往会对股权的设计有很多争论，股权是对员工过去工作的认可还是对员工未来能为企业创造价值的预计?股权如果是对过去工作的认可,那么过去代表未来吗?如果代表对未来创造价值的预期,其评判标准又是什么?股权是集中好还是分散好?股权设计应该依据职位还是依据岗位?员工辞职、退休、被辞退时其股权怎么办?这些问题往往没有答案。股权集中对未来的决策有一定好处,全员持股可能会出现股东会取代职代会的结果,但是股权集中往往会导致改制难以推进;对同一个问题的看法出现很大的差异,即使企业改制股权设计以前的问题已经解决,也可能因为对股权设计方案的差异导致内部的严重分化,有的企业在改制过程中出现50%骨干离职的现象,这对企业来说无疑是严重的一击。

第四,法人治理结构。或许一些企业认为,股权方案各方接受,改制也就大功告成,从短期的角度看,也许如此,前面的工作已经一劳永逸;从长期来看,新公司的运作才刚刚开始,这就是改制企业通常说的"新三会"与"老三会"的矛盾,企业决策中矛盾逐步在企业的运营中凸显出来。要解决这些问题,企业在改制的过程中,应该对新企业的治理结构进行制度化约束,具体包括这些内容:公司章程、股东会议事规则、董事会议事规则、经营班子的议事规则和责权利规定。

对于一个新的公司而言,要建立一套完善的治理结构的规则,或许需要一个较长的过程,但是没有这些规则,或者把这些规则当成过程文件(如公司章程),只是在企业注册时用而已,企业未来的管理和决策有可能陷入混乱。在公司决策中,一票否决、三分之二同意通过、少数服从多数,在实际决策中会产生很大的差异;股东会如何选举产生董事,是否需要有候选人;董事长是等额选举,或者差额选举还是董事民主选举,对内部人员的变动会产生比较大的影响;在改制初期,股权比较分散、核心领导班子权威尚未建立、内部思想比较混乱、旧的平衡已经打破、新的文化尚在形成的过程,这些规则的制定需要非常认真和谨慎。

或许没有什么"灵丹妙药"可以使企业改制变得轻而易举,作为企业的一场重大变革,如果有一个团结的领导团队、创造一种轻松和公平的氛围、科学地设计周密的改制方案,无论是对企业改制本身还是企业未来的发展,都是有百利而无一害的事情。

21.2　管理变革做到"润物细无声"不容易

攀成德公司的管理专家曾参加国内一大型建筑企业有关管理变革方案的评审会。该企业每年业务量达到150亿元，员工近万人。管理的变革方案由外部机构完成，内容涉及整个企业的管理体系。外部机构对企业进行了全面调研，在了解了企业的情况后，对企业的管理问题进行了深入分析，三个月后提出了自己的管理解决方案。企业领导认为，这家外部机构对企业问题的分析是符合实际的，但是管理解决方案太理想化，于是双方在这个问题上产生了严重分歧。企业领导认为，外部机构对问题的分析和提出的方案在理论上都没有错，但是脱离了企业的实际，致使企业无法操作；而外部机构也满腹委屈，认为企业不操作它提出的方案，是领导们找借口，方案没有实施，那管理咨询的价值何在？这个争执使我们陷入思考，企业的变革到底应该如何进行？怎样的变革方式才能争取更大的胜算？

毫无疑问，案例中专家们设计的方案是不可能实施的，在企业的最高决策层就被否决了。三个月设计一个大型企业管理提升的方案，其本身的系统性、逻辑性和深入程度我们暂且不论，从双方争论的起点看，问题首先出在变革幅度的设计上，如果变革方案设计的幅度很大，要实际操作需要很多前提条件，忽视这些条件，方案只能束之高阁。

如果从变革幅度和变革频率对企业管理的变革进行分类，变革幅度可以分为小、中和大，变革的频率可以分为低、中和高，通过对变革频率和变革幅度的分类，可以得到如图21-2所示的矩阵。

第一，要理清变革幅度与风险的关系。

变革幅度小，可能意味着：变革的范围比较窄，涉及企业内部的部门、人员、作业程序等都比较少；变革的内容与企业过去的操作方式差距不是太大，不会从根本上改变人们的习惯和理念；更多的是优化企业的管理，而不是根本性的改变。毫无疑问，这样的变革实施的难度小，推进相对容易，实施的风险就比较低。

企业目前进行的绝大多数变革都属于幅度小或者中等的变革，比如在薪酬

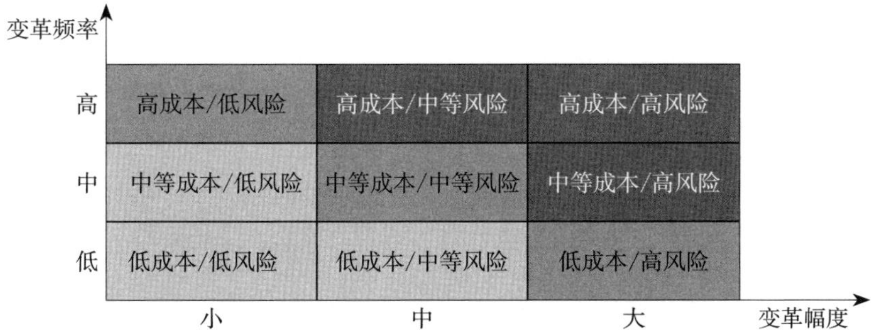

图21-2 攀成德变革频率和变革幅度矩阵

来源：攀成德公司

结构、梯度方面的调整，企业财务资金的逐步集中，流程的逐步完善，项目管理的逐步规范等等。多数企业都在不断完善企业各方面的管理，这些完善多数都在不断进行，并且效果也在不断显现。

变革幅度大，可能意味着：变革的范围比较大，涉及企业内部的部门、人员、作业程序等比较多；变革的内容与企业过去的操作方式差距大，需要根本性地改变人们的习惯和理念；更多的是塑造企业新的管理模式，而不是企业管理的小修小补。毫无疑问，大幅度的变革意味着较高的变革风险。

这些年，企业管理的信息化、业务模式的改变（建筑企业朝EPC转型）、业务转型（多元化的投资等）就属于变革幅度比较大的变革方式。可以看到真正成功上线的信息化项目并不多见，短时间内业务模式转型成功的企业也是寥寥无几，业务成功转型的企业百分比也比较低。显然，不是企业的决心不够大，付出的努力不够多，而是事情确实不容易。

第二，要理清变革频率与成本的关系。

变革频率低，企业在变革方案的设计、推进、内部员工适应新方案、新方案和老方案对接所需的时间、新方案实施不成功造成的损失等都比较少，相应的变革成本就比较小。如果企业外部环境、技术条件、客户需求等都不发生变化，企业无须变革，只要将内部的管理方式不断完善就行，理论上可以做得非常系统、细致、完善。这样的例子并不多见，但并非没有，法国波尔多的一些传统酒庄，演绎着数百年的传奇，它们的经营方式、管理方式在很长时间内都只发生了很小的变化，它们固守着自己的传统并逐步形成风格，然而这样的例子并不是社会的主流，多数企业很难有这样的幸运。

变革频率高则意味着企业需要经常设计、推进新方案，而内部员工需要经常熟悉和适应新的变革方案，也可能需要进一步调整相关的生产、销售程序，意味着变革成本的增加。由于企业处在变化的环境中，外部环境变化、内部技术条件变化、企业领导者的期望也在不断变化，企业的变革是必然的，不变革可能意味着机会的流失、竞争地位的下降、客户流失等。

第三，基于变革幅度与变革频率的分析，管理者在推进管理变革时，最需要关注的是掌握合适的变革幅度。

在企业内部，有些变革的幅度往往是难以调整的，如企业的体制改革、企业的信息化、企业在某些行业的战略调整以及由于战略调整引起组织结构的重大变化等。对于这样的重大变革，管理者需要有充分的思想准备，在人力、财力和内部思想的动员上进行足够的储备，以保证变革成功。

多数情况下，企业要进行的大幅度管理变革都可以采用分步走的方式，适当增加变革频率，减小变革幅度，从而降低变革难度。如果管理者能够将管理变革做得水到渠成、润物细无声，即使由于变革频率增加而适当增加管理成本，最终还是会由于变革风险降低、企业内部波动减少而大大节约成本。

如果企业在设计方案时，不只是简单寻找全球管理的最佳实践、简单对标国际管理的最佳水准，而是将最佳实践当作企业管理长远追赶的目标，更多从企业管理实际出发，掌握合适的管理变革幅度、分步实施，或许变革管理会相对容易，企业也能因为变革获得更大的成功。我们再回到前文的案例，如果方案设计时，选择的标杆是国际上最佳的工程公司，要求一个传统的大型建筑企业在短时间像一个管理优秀的国际工程公司那样选择业务、进行组织调整，参照国际工程公司的流程开展内部业务，而不考虑国企的领导体制、工程环境、企业内部人员的情况等等，显然是不现实的。如果企业在目标明确的前提下，将这样的变革分为五个、十个步骤来完成，管理提升的实际意义也许就出来了。

管理是一个艺术的过程，管理变革更是一个艺术的过程。把企业的管理变革做得润物细无声，对企业家来说是一个长远的挑战，但往往行之有效。

第 **5** 篇

展望未来：骤变时代，奋力前行

2023年建筑业实现产值已超30万亿元，产值规模仍在增长，但外部环境变化剧烈，意外事件也频频涌现，时代显现出新的特点，建筑企业也需要对迅速变化的时代做出应对，同时又不能动摇前行的决心。

22　未来的建筑业到底走向何方

上一个十年，得益于我国经济的快速增长、城镇化建设的需要，以及数10万家企业、5000多万从业人员、吃苦耐劳的新兴产业工人队伍、数千万的农民工兄弟的共同努力，建筑业实现了跨越式发展，行业产值由2008年的6.2万亿元增长到2023年的31.4万亿元。但是下一个十年，房地产市场空间有限，基础设施领域不断调整，我们不得不思考，行业发展将走向何方？2035年的中国建筑业市场又将会是怎样的一派景象？建筑企业要做好哪些准备？

22.1　市场总量：增量市场还有吗

悲观主义者认为，市场需求将发生巨大的变化，他们看到的更多是挑战，国内建筑业市场将会快速缩减。

第一，房屋建筑市场的需求将锐减。1992～2010年是我国城镇化的快速发展时期，平均每年有1880多万人进城，高峰时期每年有2100多万人进城；2010～2020年是我国城镇化的高速发展阶段，平均每年有2000万农村人口向城镇转移，高峰时期每年有2400多万人进城。1992～2020年的近三十年是我国城镇化的重要阶段，也是我国房屋建筑新建市场发展的高峰时期，随着城镇化的高峰逐渐过去，到2035年，房屋建筑新建市场的容量可能只有高峰时期的三分之一，这三分之一的市场需求主要来自：（1）每年可能不超过1000万甚至可能只有几百万的农村人口进城；（2）房屋建筑的拆旧建新；（3）城市间人口的不平衡流动。除新建市场外，房屋建筑维保市场空间有多大还是一个未知数，而且未来维保市场最大的一个特点是业务规模小而散，这对建筑企业提出了新的挑战。

第二，基础设施建设市场空间较大，但经历了短期的暴增后，也开始有所下滑。尤其是基础设施投资中占比较大的铁路、公路、市政建设市场，已基本达到建设顶峰。

第三，工业建筑市场，随着去产能的加速，长期来看工业建筑市场的空间也非常有限。除了国内市场之外，海外业务也是中国建筑企业的新机遇，但走向哪里、如何走、如何控制风险，将是一个长期的挑战。

当然，也有一些细分市场将迎来增长，如城市更新市场会持续增大，但市场容量、操作方式、细分市场会不断演化，很难做准确预计；如维保和运营市场将缓慢、稳步增长，但商业模式、组织方式、能力要求与施工企业过去的业务和管理方式存在很大差异。

乐观主义者认为长期来看，建筑业的支柱地位不会改变，十年后建筑业对GDP的贡献至少还有4%～5%，他们看到的更多是机遇。从建筑业增加值占GDP的占比来看，建筑企业更应该抱着乐观的心态：近几年我国建筑业增加值占GDP比例约7%、日本占6%、美国占4%，十年后，即使我国建筑业增加值占GDP的比例只有4%～5%，仍是非常大的市场。

22.2　企业结构：将会有怎样的调整

未来，中国建筑企业的结构必将发生翻天覆地的变化，主要表现在以下三个方面：

第一，建筑企业总数将数以十倍地增加。我国是全球最大的建筑业市场，排名第二的是美国，排名第三的是日本。2014年，三个国家建筑业增加值分别为7291亿美元、6640亿美元、2618亿美元，但当时我国建筑企业数量仅8.1万家，相比之下，美国拥有65万家建筑企业、日本拥有45.6万家建筑企业。可以预见，我国建筑企业的数量将数以十倍地增加。

第二，专业承包企业的数量将大幅度增加。2022年，我国建筑企业总数近14.3万家，其中总承包企业10.3万家，占总数的72%，专业承包企业4万家，占总数的28%。美国65万家建筑企业中，总承包企业占35%左右、专业承包企业占65%左右；日本45.6万家建筑企业中，总承包企业占40%左右、专业承包企业占60%左右。未来，我国专业承包企业的数量将大幅度增加，而总承包企业数量则相应减少，最终专业承包企业数量占比将从近年来的30%~40%增长到60%左右。

第三，未来建筑企业中，小型企业（人员规模＜100人）数量将占99%。对比美国、日本建筑企业的数量结构：美国有65万家建筑企业，100人以下规模的企业共64万家，占比99%；100人以上规模的企业共1万家，占比1%，这1%的企业中，人员规模破万的大型企业的数量仅100家。日本45.6万家建筑企业中，100人以下规模的企业有45.4万家，占比99.6%；100人以上规模的企业共2000家，占比0.4%，这0.4%的企业中，人员规模超5000人的大型企业数量仅15家（表22-1）。

美国和日本100人以上规模的建筑企业数量统计　　　　表22-1

美国			日本		
人员规模等级（人）	企业数量（家）	占比	人员规模等级（人）	企业数量（家）	占比
＜100	640000	99%	＜100	456000	99.6%
100~500	5000	1%	100~300	1456	0.4%
500~1000	450		300~1000	414	
1000~2500	250		1000~2000	84	
2500~5000	100		2000~5000	32	
5000~10000	60~70		＞5000	15	
＞10000	100		—	—	

注：1. 美国建筑企业数据为2011年数据，日本建筑企业数据为2014年数据。

2. 数据来源：美国普查局网站http://www.census.gov/，日本总务省统计局http://www.stat.go.jp。

发达国家和地区建筑业的一个显著特点就是企业结构呈现出明显的金字塔型，小型企业数量最多，一般在95%~99%，中型企业很少，一般在1%~5%，大型企业则只占0.1%~0.5%。未来，我国建筑业企业结构也会朝这样的方向调整：目前大量的中型企业会越来越少，十年后几乎可能会没有了，原因何在？目前建筑业的"总包-专业分包-劳务分包"形式，总包企业拿到项目后，该项目往往经过层层分包，随着互联网的发展，未来中间层次的分包企业会逐步减少，行业结构的扁平化、企业组织的扁平化、业务链条的扁平化是未来必然的方向，这三个扁平化都会使得中型企业数量减少。

展望未来，大型建筑企业（1万人规模以上、营业收入1000亿元以上）可能在20～50家，每个细分行业都有少数几家大型企业，例如，房屋建筑行业主要是中建、上海建工，公路、市政建设行业主要是中交，铁路建设行业主要是中铁、中铁建，轨道交通建设行业主要是中铁、中铁建、隧道股份，水电建设行业主要是中电建，能源建设行业主要是中能建，石化建设行业主要是中国化学等等，这些大型企业主要做高精尖项目，专注于对技术要求高、项目价值大的项目；建筑业将涌现出一大批小型建筑企业（人员规模＜100人）甚至人员规模10人以下、20人以下的微型建筑企业，这些企业专注于某个细分行业，在该领域比大企业更具优势。

22.3　市场竞争：与对手竞争还是与自己竞争

22.3.1　业务和管理竞争策略

建筑企业未来的竞争，一定是和自己竞争。如何与自己竞争？企业可以从业务和管理两个层面来考虑，不仅要努力做好这两个方面的工作，而且要扎扎实实地做。

从业务竞争策略来看：第一是找准模式，未来建筑企业最好的两种业务模式分别是工程总承包和BOT，尤其对于大型建筑企业而言，一定要在工程总承包模式上有所突破，而且需要久久为功，把能力建设好。第二是通过客户满意赢得市场，这方面有很多企业做得很好，例如，山东德建，长期深度耕耘一个市场，都是回头客，客户回头必然是因为客户满意，这样的企业是不缺市场的。第三是要聚焦业务，建立基于业务的专业能力，要有钻研精神。建筑行业里，营业收入规模在50亿～100亿元的企业千万不要去学几万亿元的中建，中建这种企业不适合大多数企业学习，至少中建的多数方面不适合大多数企业学习，并不是说中建不好，企业学他的精神是可以的，但是要学习他的战略和商业模式，那是不行的，每个企业都要根据自己的实际情况来确定业务竞争策略。

从管理竞争策略来看：要抓好"三个方面"，第一要抓组织，从项目底层思考管理，从企业顶层思考资源配置，形成立体的组织设计。第二要抓效率，市场化是企业资源配置的唯一准则，所以国有企业要努力去行政化。第三要抓文化，赚大钱、快钱、急钱的时代已经过去，建筑行业能走的捷径都被人走完了，现在已经没有什么捷径可走了。

22.3.2 建筑央企的困惑和策略

按照正常的逻辑，一个行业到了顶点之后，应该是它现金流最好的时候，因为不用做企业的基本建设了，不用增加投资了，就这么做下去，应该是有很大的正现金流的；只有在产能扩张时，企业出现负现金流才是正常的；比如说水泥行业在顶点时，新建产能主要是替换旧产能，大建设时期过去了，所以现在的水泥企业都有很大的正现金流，处在回收过去投资的阶段。

然而，建筑行业现在到了顶点，建筑企业的现金流却在恶化（图22-1）。从上市公司的公开数据可以看到，在行业到达顶点时，应该是收银子的时候，可大型央企却还是负现金流，而且经营和投资都是负现金流（表22-2）。这是一种很不正常的现象，值得整个行业从业人员去思考。都说建筑行业苦，不是苦在"风里来雨里去"，而是苦在"干了活钱收不回来"，赚的钱都变成了应

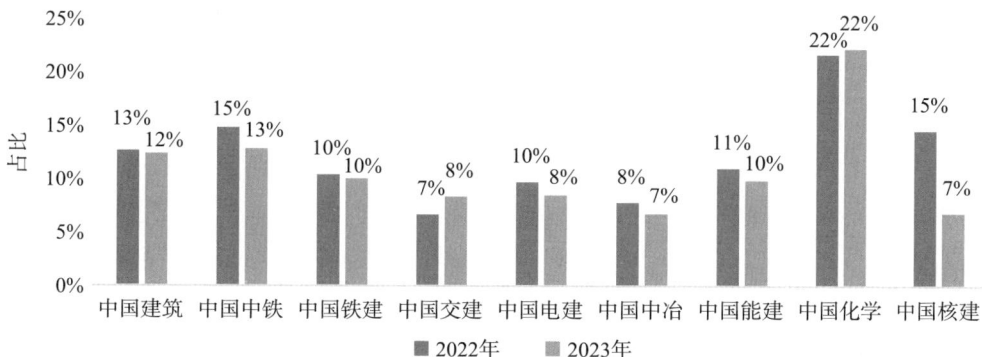

图22-1　2022～2023年央企货币资金占总资产比例变动

数据来源：各上市公司年度报告

收账款，从这个角度来说，建筑业除了要推动技术进步以外，更加需要推动行业管理和法律体系的进步。如果去看看发达国家建筑企业的年报，比如美国和日本的建筑企业，就会发现它们的财务报告中并没有这么多的应收账款。一般来说，企业的应收账款不多，企业的现金流状况就比较好，企业的经营就比较稳健。

建筑央企2023年和2024年第三季度末经营和投资活动现金流　　表22-2

公司名称	经营活动产生的现金流量净额（亿元）		投资活动产生的现金流量净额（亿元）	
	2023年第三季度末	2024年第三季度末	2023年第三季度末	2024年第三季度末
中国建筑	-164	-770 ↓	-212	-134
中国中铁	-337	-713 ↓	-509	-368
中国铁建	-432	-890 ↓	-399	-367
中国交建	-498	-770 ↓	-502	-221
中国电建	-359	-469 ↓	-620	-421
中国中冶	-225	-307 ↓	-34	-30
中国能建	-147	-125	-232	-399
中国化学	-34	-56 ↓	-32	-13
中国核建	-159	-137	-8	-8

数据来源：各上市公司季度报告。

从上面的分析可以看出，2023年的情况是非常艰难的，那下一步怎么走呢？建筑企业的发展还是要尊重基本的发展规律，比如说先做施工总承包，再到工程总承包，再到建设投资商，再到城市运营商，最后到资源集成商，这个规律是尊重能力成长过程的，也是企业能够承受的（图22-2）。如果要跳级，结局是只有极少数从施工总承包直接做工程投资商的企业能活下来，即便能活下来，也会活得非常艰难。

发展阶段	特点	举例
施工总承包商	主要从事施工环节	成为业主首选的工程建造商
工程总承包商	设计、采购、施工	成为全国知名的工程总承包商
投资建设商	以投资撬动业务	成为最具国际竞争力的投资、建设集团
城市运营商/服务商	将产业链延伸至运营环节	成为国内工程建设领域富有竞争力的综合服务商
资源集成商	平台型企业，以资源整合为主	成为生态圈资源集成商

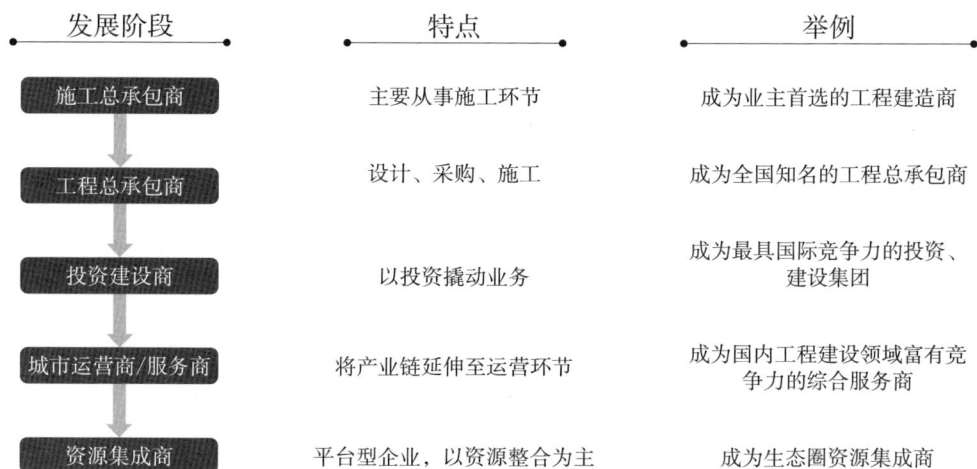

图22-2 建筑企业应遵循能力增长的转型升级路径

来源：攀成德公司

22.3.3 下一轮竞争的重点

从目前大多数建筑企业的现状出发，未来的几年，应该做什么？工作的重点在哪里？

重点一：做好工程总承包能力的建设。

预计当前超15万家的建筑企业里，有500家能转型成总承包企业。朝工程总承包转型主要在六个方面：思想转型、组织能力和组织管理方式转型、管理体系转型、人力资源结构和能力转型、资源匹配方式和管理转型、技术能力提升。这六个方面相互促进、相互融合，才能提升企业的工程总承包能力，正是因为大多数企业很难在短期内做好这些工作，很难让这六个转型相互融合，所以，转型成功的企业数量比例不高。

重点二：研究城市。

"城市使生活更美好"，城市是人类文明进步的产物，也是文明进步的标准，中国经济的大发展催生了城镇化，进而带来建筑业四十年的蓬勃发展。从城市到都市圈、城市群，中国城市的发展潜力差异巨大，城市研究、城市选择的价值更加重要，因为：第一，人口持续向大城市集聚，1991～2000年、

2001～2010年、2011～2017年，一线城市人口年均增速分别为3.9%、3.4%、1.5%，二线城市分别为1.9%、1.8%、1.0%，而全国人口平均增速为1.0%、0.6%、0.5%。第二，投资集中在城市，城镇固定资产投资占全社会固定资产投资的95%以上。第三，大城市产业基础及创新潜力突出。第四，大城市占据交通枢纽地位。第五，大城市绝对购买能力较强。第六，大城市住房供给偏紧，需求更高。

现在中国有五大国家级城市群，分别是长三角城市群、粤港澳大湾区、京津冀城市群、长江中游城市群、成渝城市群。企业总部不在这些城市群的建筑企业，可以考虑把总部迁移到这些城市群。中建的工程局中，八局把总部从济南迁到上海，四局把总部从贵州迁到广州，这都是很多年前的事情了，可见中建领导的前瞻；现在很多企业都有这个意识了，总部要么迁到上海，要么迁到广州、深圳，如果总部不在这些区域，就要思考这个问题，抢项目是第二步，第一步是把总部迁到五大城市群。

重点三：建立或者利用他人的专业化能力。

研究国际工程公司的管理后，我们发现它们的二级机构主要是专业公司（图22-3），这些专业公司的业务不同，能力也不同。我国的建筑企业却不是这种模式，二级机构主要是号码公司，这些号码公司的业务相似、能力也相似，

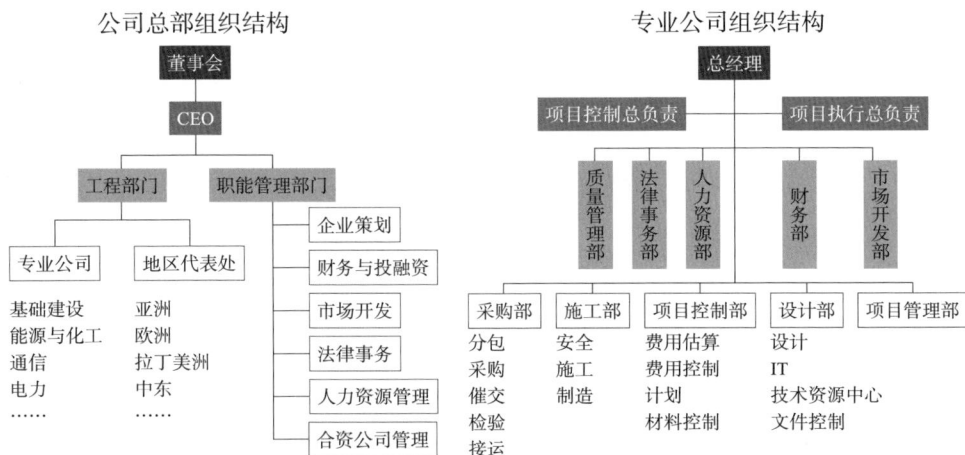

图22-3 典型国际工程公司的组织结构

例如，中建三局是一个小中建，三局一公司又是一个小三局。对中国铁建三级公司的研究可以发现，在业务上什么都做的公司往往效益不太好，而做专业化业务的公司都做得不错。企业可以选择建立自己的专业化能力，也可以选择利用他人的专业化能力，不管选择哪种方式，都要思考一个问题：企业应该拥有的专业化能力，到底是作业环节的专业化？还是客户和产品的专业化？

重点四：均衡发展组织能力，保持组织活力。

组织能力要均衡发展，就要成就基层组织，一个企业主要是由下面的业务单元支撑的，好企业下面的业务单元都比较好，差企业下面很难找到好的业务单元。以中建为例，做得好的工程局，号码公司和区域公司做得好的数量就多，2023年的统计数据显示：十大三级号码公司中，八局四个，八局四个，一局、二局、五局各一个；前八的区域公司中，八局五个、三局两个、二局两个（表22-3）；由此可见，三局和八局的强大，是由其数量众多的优秀二级机构支撑的。中国中铁2022年的统计数据也显示（表22-4）：中国中铁的领先工程局中铁四局，其强大的工程公司数量也最多。所以说三级公司的好坏，支撑着工程局在建筑央企的地位，工程局要把下属二级公司做强。

2023年度中建各工程局号码公司、区域公司排名　　　　表22-3

名次	号码公司排名	区域公司排名
1	八局一公司	三局总承包公司
2	三局一公司	八局总承包公司
3	八局二公司	三局西北公司
4	一局建设发展公司	八局发展建设公司
5	八局三公司	二局华东公司
6	五局三公司	八局西北公司
7	八局四公司	八局西南公司
8	二局三公司	八局南方公司
9	三局三公司	—
10	三局二公司	—
备注	八局四个、三局三个	八局五个、三局两个

来源：根据中建各工程局、号码公司、区域公司公开数据整理。

2022年中国中铁三级工程公司二十强　　　　　表22-4

名次	三级工程公司排名	名次	三级工程公司排名
1	中铁一局集团有限公司第三工程分公司	11	中国铁工投资中铁市政环境建设有限公司
2	中铁一局集团第一建设有限公司	12	中铁三局集团有限公司运输工程分公司
3	中铁建工集团第二建设有限公司	13	中铁电气化局集团北京电气化工程有限公司
4	中铁建工集团有限公司上海分公司	14	中铁四局集团有限公司第八工程分公司
5	中铁四局集团第四工程有限公司	15	中铁四局集团第一工程有限公司
6	中铁八局集团第三工程有限公司	16	中铁建工集团有限公司华北分公司
7	中铁电气化局集团有限公司城铁公司	17	中铁电气化局集团第一工程有限公司
8	中铁建工集团第五建设有限公司	18	中铁四局集团第二工程有限公司
9	中铁四局集团有限公司第七工程分公司	19	中铁一局集团新运工程有限公司
10	中铁四局集团第三建设有限公司	20	中铁三局集团建筑安装工程有限公司

数据来源：中国中铁公开信息。

　　组织能力要强，就要保持组织活力，提升成本管理水平，主要从三个方面着手：

　　第一，提高资源效率、控制资源成本。目前国内优秀的建筑企业，资源投入推动力、管理创效推动力、创新推动力这三种动力的比例大概是6：3：1，未来要转换增长方式和增长驱动力，当企业发展动力比例达到5：3：2，甚至5：4：1或4：4：2时，企业的进步一定是明显的。管理创效是大型组织永恒的主题，企业要尽力去用管理驱动资源效率、用管理驱动组织和技术创新。

　　第二，分公司和项目部要控制项目成本。房屋建筑领域内如中建三局、中建八局这样的特种兵，也只在高端市场具有绝对的竞争优势，在房地产开发的普通住宅项目上，未必比优秀的民企强，江苏优秀的民营建筑企业在房屋建筑项目上直接管到小班组，墙壁粉刷完，落地灰非常少，可见成本管理之精细，这样的企业，可以从最苛刻的房地产开发项目上盈利5%以上。目前"高大精尖特"的项目正在减少，如何在做普通业务时打造和江浙民营建筑企业同样的成本优势是一个有待解决的重要问题，更不用说大手大脚从事大型铁路、港口、水电站、地铁、电厂等基础设施项目的企业了，江浙民营企业的成本控制水平，是它们永远无法比拟的。

第三，企业要狠抓基本功。"334"工程建设是中交集团提出的重大发展战略，指"三基、三全、四化"，其中三基为"基层、基础、基本功"，要求"重基层、强基础、苦练基本功"，形成先进的管理经验和有益的启示，通过推动基层做好基本功，进而推动岗位和个人成为高效的团队和高效的个人。

重点五：改善心态、绵绵用力、久久为功。

建筑企业要从"跟别人比"到"跟自己的过去比"，从"赢家通吃"到"做好自己能做好的"；要从"行政化"到"市场化"；要从"赚大钱、快钱、急钱"到"积小钱、慢钱、长远的钱"；要从"谈大国情怀"到"做好'三基'"。如果建筑业有三分之二的人是绵绵用力、久久为功，不在乎今天赚多少，而在乎未来十年赚多少，相信我们的行业会越来越好。

23 领先企业的未来在哪里

在激烈竞争的建筑市场中，成为"领先者"并不容易，企业要进入领先者队伍，"向内"是痛并快乐的修炼，成为被追赶者的日子，注定只有向前一条路，要承担"无人区"的困惑，要承受"筚路蓝缕"的艰辛；"向外"是社会担当，在享受竞争优势红利的同时，更应承担行业进步的责任，构建从优劣无序到优胜劣汰的竞争规则，推动从粗制滥造到工匠精神的转型，引领从传统模式到工业化模式、从施工总承包到工程总承包的发展，追求从国内竞争到国际竞争的新高度。

同时，领先企业还需要从更高的层次来寻找自己的使命感、审视自己的定位和行为，没有领先企业责任的觉醒，就不会有中国建筑业思想的未来，即使建造再多的工程，也无法担当大国复兴的建筑业重任。展望未来，大企业比小企业更有生存能力吗？毕竟它们的脂肪层很厚，但事实往往不是这样，恐龙并不一定比蚂蚁更能适应环境、更具生存能力，那些轰然倒塌的"标杆"是明证。那么，在这个骤变的时代，领先企业如何转型发展？

23.1 "存量时代"的领先企业如何谋发展

2000年以后，我国建筑业的发展进入年增长20%以上的高速发展阶段，且这一阶段维持了十余年，直到2011年之后，建筑业总产值的增速才进入20%以下区间，尤其是2015年开始，进一步进入个位数增速区间，建筑业总产值的增长牛市已经结束，普涨的时代已经过去，行业正加速进入存量时代，建筑业面临的是行业内部的结构性调整与业务模式的深度转型。中国建筑业粗放发展的时代已经过去，过去大水漫灌、水大鱼大、高杠杆、流动性泛滥的发展环境已经不再有了，过去靠公关、靠手段去中标，靠加班缩短工期去盈利，这样的模式恐怕已经一去不复返了。未来建筑企业要适应如何在低杠杆、低增长的环境中追求有质量，甚至高质量的发展。在"存量时代"如何求生存谋发展？领先企业需要做好四点：

第一，要坚定信心。

中国建筑业是一个超过30万亿元规模的庞大市场，即使增速放缓或不再，现有的存量市场也蕴含着巨大的商机，这是我们信心的第一个来源。此外，我国经济还处于长期发展阶段，未来还有很大的发展空间，2023年，美国的人均GDP是8.6万美元，我国为1.3万美元，约是美国的六分之一，难道我们的增长就到头了吗？只是企业过去熟悉的模式到头了，发展还远远没有到头，这是我们信心的第二个来源。

第二，找准定位，修炼内功。

中国建筑业长期处于过度竞争状态，市场集中度不高，对于头部企业而言，行业增速放缓正是优化重组的大好时机，依靠资本运作与并购重组，依然可以实现增长。但是，对于中小企业而言，存量时代意味着全新的竞争逻辑（具体内容在后面的第25章会有详细的论述）。

过去的建筑企业，不论规模大小，基本都是综合性的，大型的集团公司是综合性的，工程局是综合性的，劳务公司也是综合性的，甚至劳务班组都是综合性的。所有公司都是一个样，就像大学，知名大学和一般大学的专业设置基本一致。但是，国际工程公司发展的历史经验告诉我们，不应该是这样的，归根结底还是定位问题。尽管住建部关于专业化发展的政策推了多年，但是对总承包企业、专业公司、劳务公司都推不动，相信在行业发展的新形势下一定能推动，因为这不是行政的力量，而是市场的力量。

关于修炼内功，从国际承包商的发展路径来看，它们过去几十年甚至上百年，都是在低增长的竞争环境中求得发展的，它们通过修炼内功，通过稳增长，度过了经济和行业下行的一个又一个周期。从某种意义上来说，我国建筑业的头部企业是没有经历过经济周期的，所以我们的淘汰赛还没有开始。如今人们耳熟能详的或正在谈论的"专业化""多元化""国际化""信息化""数字化""两化融合"等发展理念，都是国外企业带给我们的。过去我国建筑业发展比较好，企业没有想过修炼内功的问题，因为钱来得太容易，所以都不去学习、不去提升自身的核心能力。现在，在没有增量的市场上，企业必须加强自身核心能力建设，才能不被市场淘汰。

第三，在发达国家做存量市场，在发展中国家寻找机会做增量市场。

发达国家优秀承包商最普遍的做法是：在发达国家做存量市场，持有优质的运营资产，产生源源不断的、稳定的现金流。因为发达国家的市场竞争非常激烈，竞争是淘汰赛，最后能胜出的就那么几家，所以要有现金流；在发展中国家寻找机会做增量市场，通过国际化业务维持规模的增长，同时致力于信息化、数字化与资本运营能力的打造。

在这方面，法国的万喜集团是中国同行最常拿来对标的标杆企业。万喜集团通过建筑承包与特许经营的多元化组合，实现了收益与风险的平衡，各个板块实现专业化的运营，并形成强大的协同效应，值得我国建筑企业学习。即使是万喜，在发达国家盈利也很难，只能靠存量加速现金流，比如法国机场的电力系统、停车系统，万喜都有在收费。万喜在海外新兴市场的定位是做增量，因为海外的增长可以带来股价的增长，股价的增长带来融资的容易，这样的联动是我国建筑企业现在普遍还不适应的。

过去中国是没有水务这个概念的，在水务领域，都是跨国公司的水务集团进入我国经营自来水厂、污水处理厂，这个行业风险不高、利润率不高，但现金流很好。这些跨国公司并不是看重一时的盈利，而是依托良好的信用，通过获得低价的融资成本来占领市场，在中国不断地扩大市场规模来推动市值的增长，这些跨国公司都是上市公司，本质上是一种做市值的思维。从长远来看，这恐怕也是我国领先的建筑企业将会面临的战略选择。

第四，积极谋求业务转型。

近几年，央企领先的工程局，部分地方建筑集团以及优秀的民营企业，均在积极地谋求业务转型，应对长期发展的挑战，它们普遍都在谋求几个转变：其一，由单一的工程承包商向综合的建筑服务商转变。其二，由建造环节向产业的上下游延伸，开展强相关多元化业务的拓展。其三，由国内发展转向"国内+国外"更加均衡的发展，布局全球化。其四，从过去海选项目到目前精挑业主的转变。过去建筑企业找项目比较容易，中国这么大，发展机会那么多，项目到处都有，未来企业要聚焦，要学会有所为、有所不为，要学会放弃，不适合就放弃，不能产生现金流和利润就放弃，而不是什么都要。

23.2 优秀企业是怎样转型发展的

这里介绍三个典型的企业案例：

第一，中建领先的工程局，在向EPC领域转型并不断地发力。这些年中建所属的工程局都在寻找发力的方向，尤其是三局、八局等几个领先的工程局，早在2013～2014年就已经在系统化地布局EPC业务了，从制度体系完善、知识储备、组织变革、团队建设、资源动员、市场引导等方面进行大量的探索，目前应该说都取得了显著的进步，初步具备了自己的领先优势。三局和八局近几年EPC业务订单快速增长，占了总合同额相当大的比例。

第二，葛洲坝集团，朝环保领域的转型令人印象深刻。葛洲坝集团是一家水电企业，其发展有很多地方可圈可点，朝海外发展和朝环保领域的转型都比较成功。葛洲坝集团过去的主营业务是水电领域建设，近年来水电领域产能过剩的问题凸显，大型水电站的建设减少之后，任务的严重不足迫使企业转型，企业经历了长期痛苦的寻找和探索，从2013年开始大刀阔斧地谋求转型升级，这个时间点比房屋建筑企业普遍要早好几年。朝环保领域转型是葛洲坝集团突破的方向之一，借助50多起投资和并购案以及自身的孵化培育，五年之间葛洲坝集团的环保业务从零起步，打造成了百亿元级的环保产业集群。除了环保之外，葛洲坝的海外业务也做得非常好。

第三，广东省建（广东省建筑工程集团有限公司，简称广东建工集团、广东省建），以棚改作为发展的突破口。广东省建2018年整合了广东水电总公司，两家企业整合成新的广东省建工，特色是以棚改为突破口驱动业务的转型。广东省建过去也是赫赫有名以联合发展为主的集团，2018年它深刻意识到这条路走不通了，于是寻找到与政府深度的捆绑、深耕全省的棚改领域，实现以棚改为支点的纵横向拓展。纵向主要是棚改后的城市运营，横向则是发力住房长租市场，积极谋求从通用施工承包商向城市建筑建设综合服务商转型。当然，其他的省级建工集团也多数都在转型，各个省都在行动，对于转型发展，认识早的在行动，认识晚的还在观望。

24　国企、民企的未来在哪里

年利润超过10亿元的建筑企业，大致可以称为中国建筑企业的排头兵。攀成德公司的研究部每年都会统计净利润超过10亿元的建筑企业，包括央企的二级建筑子公司、地方国企、民营企业。如果把企业性质简单分为国有和民营两类看，2013年净利润超过10亿元的企业合计22家，央国企17家，民营企业5家；到2023年，合计56家，央国企55家，民营企业1家。从企业数量的变化来看，央国企总体保持了快速的发展，从17家增长到55家，而民企的数量却大幅减少，国企与民企之间竞争的天平正在倾斜且愈发明显。

从目前整体市场的竞争态势来看，民企从过去的市场进攻转为全面的市场防守，难以在新领域、新模式上实现根本性的突破，甚至在房屋建筑领域的中高端也难有作为，逐步退回原有阵地，这是民企生存最艰难的时代。然而，国企就比民企更有生存能力吗？毕竟它们有党的关怀和银行的关照，但事实并不是这样，在获得资源的同时，上帝也给了国企另一面，体制和机制的制约，地方国企生不如死的景象四处都是。国企、民企，要如何寻找自己的生存之路？

24.1　国企、民企谁更有优势

攀成德公司在为某大型建筑央企提供战略规划服务的时候，咨询顾问曾经跟中高层领导一起探讨过大型央（国）企和民营企业之间的竞争。在行业竞争格局中，建筑央（国）企总体上在行业的顶层，优秀的民营建筑企业居于行业的第二层，分属不同的层级，国企的优势在哪里？民企的优势又在哪里？探讨的结论是，国企和民企各存在不同的优势，国企很难抢民企的业务，民企也很难抢国企的业务。

央（国）企的优势是"资源丰富，能干大事，如大树"，具体可概括为四个

265

方面：第一，"好品牌"，央企是中国建造代表，是大型项目的选择，其历史悠久，技术积淀深厚。第二，"好信誉"，信用等级高，能找到规模大、借贷周期较长、成本低的资金。第三，"员工优"，新人招聘选择相对宽裕、人员同化相对容易，企业内部优秀人才多、归属感强；干部综合素质好，能力强。第四，"企业长"，企业生命力顽强，即使在企业困难时，也还有各种再生的机会，如债转股、归属新集团等，央企最高领导人吐故纳新容易。

民企的优势是"市场化程度高，能出效率，生存能力强，如小草"，具体可概括为三个方面：第一，"机制活"，各种利益关系简单直接，分配以效益或者效率为中心；虽然没有万全之策，江浙大多数总包企业都能使企业内部充满活力。第二，"决策快"，管理简单直接，效率相对高，对市场和客户的反应快。第三，"适应好"，生存能力强，项目能大能小，收入能多能少，市场可宽可窄，模式可高可低。当然，民企也可以做得很长。

不同的特点，让国企、民企能找到适合自己的不同市场，形成不同的竞争优势。国企和民企特性不同，各自有各自的竞争优势，也可以从组织管理上看到一些端倪。近些年我们常看到建筑央企各种改革的新闻，从建筑央企的总部到下属的工程局，都在缩减部门，从30多个部门开始减，减少了很多部门，但是怎么减最后还有二十五六个。民企的组织部门有二十五六个吗？自然是没有。民营企业家在谈到企业的竞争时，都认为组织要高效，而衡量组织效率有一个重要的指标是"非项目人员占公司人员总量的比例"，优秀的民营企业这一比例能达到15%，而国企多数都在20%以上，民企的组织都比较精简，组织最臃肿的民企也比组织最精干的国企要精简。

24.2　国有企业如何求发展

24.2.1　大型企业的下一个十年向哪里走

下一个十年，大型国企强劲的增长动能在哪里？在经济新常态下，提高全要素生产率是核心任务，要想激发增长的新动能，最大的突破口就是要深化国有企业的改革，要朝真正的市场化方向改革，包括：真正按照现代公司的方式去治理，赋予董事会决策的权力，同时企业党委按照"把方向、管大局、保落实"的定位做好重大决策的前置，大力探索完善混合所有制改革，使得优秀的民企可以参与进来，国有企业也可以参与到优秀的民企和优秀的专业公司的改革中去；要激励管理层，也要让全体员工与公司的长远发展同呼吸共命运，要鼓励管理层用剩余的利润分红，给广大员工进行中长期的激励，让国家利益、企业利益、股东利益、干部员工的利益长期捆绑在一起，成为真正的利益共同体。

过去几年的低谷和调整期（可能还会持续一段时间），一定会有一批新的英雄企业诞生，只有在大环境下主动地应变、求变、善变，才能激活全部生产要素的巨大潜力，赢得更加广阔的未来。

大型国有企业未来的发展方向，有四点供借鉴：

第一，大力地培育工程总承包能力，成为真正的工程公司。

真正的工程公司是什么样的？可能很多建筑企业还不了解，但是从建筑企业到工程公司的转型，西方的同行早已完成。成为真正的工程公司，就意味着企业有自己的数据库、知识产权、设计创造能力，也有大的规模。我国建筑企业有数据，但没有库；有知识产权吗？企业普遍都说不清楚；有什么跟别人不一样的吗？有什么是独有的吗？绝大部分企业都没有。

建筑企业过去不是工程总承包，是单项承包，人为地把EPC割裂，把EPC的内在价值隔离，E挣E的钱，P挣P的钱，C挣C的钱，工程总承包就是要把价值链打通、相互融合，为业主提供更好的服务。当然，EPC≠E+P+C，而是要形成更紧密的联系，E要考虑P和C的因素，同样P要考虑E和C的因素，C要考虑E和P的因素。过去EPC三个关键环节都被分开，C更是被分成几块，未来都要合在一起，每个项目都有一个庞大的项目部，把业主不愿做的、做不好的很多事情都做好，这样锻炼下来，建筑企业的能力才能成长起来。

尽管业内一些企业在工程总承包探索方面已经取得相对不错的进展，但对于以传统建造业务为主的建筑企业而言，工程总承包模式无论是在技术、前期规划设计、采购的联动方面，还是在综合管理方面都对建筑企业有更高的要求。企业能不能把业主不愿做、做不好的事情做掉，关键还要看是否有能力而为之。传统的建筑企业习惯听命于业主、按图施工，而真正的工程总承包企业则意味着按规范、按标准来满足业主需求，两者差异巨大，成功做好工程总承包任重而道远。未来比较理想的模式是建筑企业跟业主共赢，业主能够侧重于"定土地""定方案""定标准""定预算""定工期"，建筑企业提供从前到后的一揽子服务，为项目提供全生命周期的服务。现在关键在于建筑企业的能力是否具备，即使目前不具备，企业也要按这个方向去努力，提升全过程、全专业、全业务的整体策划能力，全生命周期的计划管理能力，以设计为龙头的设计管理、设计优化、设计深化等服务能力，以及分包商的现场管理与综合服务能力。

在培育工程总承包能力方面，中建三局做了很多尝试，比如：整合设计资源，三局原来有六个设计院，后来提出要进行整合，打造最懂现场、最懂施工的设计总院；整合技术力量，成立支撑EPC模式的工程技术研究院；整合商务力量，提高全专业能力。这些探索和尝试，取得了一定的成果，值得国内建筑企业借鉴。

第二，全面对接多层次资本市场，成为真正的现代企业。

大型国有建筑企业目前仍是传统企业，央企工程局都在谋求转型，面临最普遍的困境是融资环境中降杠杆的刚性约束导致的两难境地，归根结底还是由于绝大多数企业与资本市场没有直接通道，没办法很好地实行产融结合。未来建筑企业一定要在资本运作方面谋求突破，已经有一些企业正在考虑或推进：（1）考虑通过并购上市公司的方式对接资本市场，上市很难，不上市更难，除了上市之外还有很多其他的融资方式。（2）通过真实的股权活动来解决明股实债的问题，解决新增基础设施投资项目的资本金问题，这可能是最现实的出路。关键是如何去挖掘真实的股权投资方，找到双方长期共赢的道路。（3）加速推进存量PPP项目的资产证券化，通过资产证券化的方式实现投资的退出，做PPP如果无法退出，中国是几乎没有企业能够做PPP的，因为PPP投资周期长，企业资产无法快速周转。除了资产证券化之外，还可以通过对存量和新拿的土地寻求股权活动，梳理企业的现有资产，探索商业、物业的ABS等退出模式来盘活资金。建筑企业的PPP项目，投资就两三年时间，经营则需要二三十年，投资之后如果退不出来，企业的经营将难以持续。

第三，推行门户观念，谋求更高水平、更深层次的强强联合。

建筑企业所处的市场环境发生了显著的变化，行业竞争态势也在发生变化，过去的"赢者通吃""零和游戏"式的竞争已经越来越不能适应新的环境，未来企业应该以更开放的观念、更包容的思维，推进集团内兄弟单位之间、同行之间、政企之间、银企之间开展更有深度和更广泛的合作，共同创造一个和谐共赢的市场环境。

央企工程局更应该找准自己的定位，有所为、有所不为，不与民营企业在一般的领域同质化竞争。未来领先企业应该致力于向平台化公司转型，它们有责任利用自身规模效应、品牌效应去构建良好的产业生态链，让更多专业公司、中小企业在生态链中找到自己的定位，共同做强整个产业。尤其是在大型基础设施建设和"走出去"的领域，更需要开展灵活的合作，避免类似2017～2018年PPP领域的恶性竞争再次发生。

第四，推进企业IT治理，加快数字化转型。

从当前的趋势来看，数字化技术对建筑行业的发展影响深刻，云计算、大数据、物联网、移动互联网、人工智能等，都对建筑业产生了很大影响。中建早在2016～2018年，就致力于以全新的思路和理念，打造一个基于私有云的企业互联网开放平台，参与其中的人员，都深感建筑行业信息化的难度远超他们的预想。企业如果缺乏科学的数字化战略，无论是业务架构、数据架构、应用架构、技术架构，还是底层技术平台，甚至微服务应用开发实施起来都很困难。

中国在消费互联网领域已经处于世界第一梯队，但在产业互联网领域还远远比不上发达国家，建筑领域的数字化产品尤为落后。建筑业中曾经去华为、阿里调研过的企业领导都深感建筑企业对数字化、信息化的理解还远远不够，重视不够，投入也不够，这两家优秀的企业早就将信息化、数据化上升到战略的高度进行布局，并且拥有庞大的信息化团队（华为超3000人、阿里超2000人），每年有数十亿元的预算投入，在这样的企业中，信息化团队不是企业的辅助部门，而是企业的管理中枢，响应速度非常快，任何策略的调整，它们都能够很快通过信息系统做出调整，不断地迭代优化。而建筑行业存在业态多元、组织庞杂、管理粗放、业务不规范、标准化水平低等问题，远比其他行业复杂，要真正实现业务的数字化，还有很长的路要走，正因为如此，数字化和信息化的能力一定是未来建筑企业真正的核心竞争力，不管有多艰难，一定要下决心去推动。

对于建筑业的传统增长模式来说，寒冬确实已经来了。当潮水退去，只有那些居安思危，已做好准备并善于变革的企业，才能接受严酷的市场洗礼，依然屹立于强者之林。大型国企现在要做的是，在未来更长的一段时间内承受结构性调整的阵痛，承受不确定商业环境带来的迷茫，同时要冷静地看到中国经济和中国建筑业的机会所在，通过扎扎实实的价值创新和效率提高，打造一条全新的高质量、可持续发展之路。我们坚信不久的将来，一定会有越来越多的中国建筑企业跻身于国际最顶尖的承包商序列。中国建造将与中国制造一起，为全世界贡献更多的中国智慧、中国方案。

24.2.2　中小国企如何突破重围

建筑业有一大批这样的中小型国有企业，它们由事业单位改制而来，一定程度上沿袭了原来事业单位的官僚文化，市场化意识及竞争意识严重匮乏，"等、靠、要"思想尤为突出，挑战严峻。它们面临的挑战主要表现在：公司90%以上的业务集中在本地区，虽然业务量还有，但很多都是上级部门分配性质的，随着整个建筑市场的下行，加上央企区域化拓展的进程加快，很多央企进入本地市场，房屋建筑领域稍好一些，但在基础设施建设领域，央企整体打包承揽大量的市政工程项目，基本垄断了本地的基础设施项目，本地的中小型国企明显感受到它们在本埠市场受到了挤压，生存空间被蚕食。与此同时，这些本地的中小型国企，虽然在多年前就开始拓展外埠业务，但由于缺乏整体规划、拓展主体不明确、激励不到位等因素，外埠市场拓展乏力，多年付出未见成效。这类企业应该以"内去行政化、外推市场化"作为全面提升公司经营能力、管理水平的突破口。

"内去行政化"主要有三个方面的措施：

第一，内部交易/分配方面，由于历史原因，公司内部业务之间的交易/分配是行政指定式的，如承接到一个项目以后，不是评估哪个子分公司的能力、资源更适合履约，而是考虑哪个子分公司的业务量完成相对较少，就照顾下；

又如商品混凝土子公司给市政工程子公司提供混凝土，完全是公司的一个通知，至于价格及核算都是领导层最后开个会、出个通知决定等等，此类事情不一而足。最好是划定一个时间线，在此之后所有公司拿到的项目，子分公司想要承揽的，必须进行内部比价，同时严格设定子分公司自己获取项目的比例，并与其主要领导的位置、薪酬直接挂钩；内部的分包、分供必须招标投标，同时按市场规则进行结算，杜绝一刀切的行政指令。

第二，人员任用方面，由于企业脱胎于事业单位，公司的人员任用，特别是领导干部的任用完全是"只上不下、只进不出"，所有人员都盯着那几个领导岗位。企业一方面可以建立多通道的职业序列，满足公司的发展需求和上千员工不同的职业发展诉求，打破千军万马盯着领导岗位的死局。另一方面可以按照发展阶段、人员能力，结合行业内优秀企业的做法，合理定岗、定编、定责、定薪，并且顶住压力进行全面的竞聘上岗，真正实现"能进能出、能上能下、能多能少"。

第三，组织设计方面，组织布局、职能设置以市场为导向，适当整合过多的行政职能部门，强化公司在经营、成本、审计方面的职能，实行不平衡管理；分配向公司急需的岗位、做出突出贡献的人员倾斜。同时，结合各业务单元与公司整体发展规划的一致性、管理成熟度等评估，建立科学的分权、授权体系。

"外推市场化"也有三个方面的措施：

第一，学习并适应市场规则。针对公司现有业务进行研究分析，基本原则是业务单元一定要盈利，否则要么换人，要么撤掉/出售该业务。如果是公司战略发展的业务，从长期来看能实现大盈利的，在明确目标的基础上可以容忍短期不盈利。同时迅速研习各目标区域市场游戏规则，分析与市场主要竞争对手的差距，及时弥补能力与资源的不足。

第二，金条要诱人，大棒要吓人。新市场的拓展、新业务的开展总是艰难的，而人又是习惯于待在自己舒适的地方，所以对于外出拓展业务又做出业绩的人员要加大激励，一方面是收入的激励，另一方面是"爵位"（公司职级及荣誉方面）的提升，塑造英雄和标杆，打造崇尚业绩的主流文化。对于明确了拓展指标但又不能完成的组织的主要领导，先扣发绩效奖金，再不达指标就换人。关键时期，必须下重手倒逼转型。

第三，制度流程方面。多数公司的制度都相当零散，到处在"打补丁"；流程繁琐低效，官僚主义盛行；该管控的点没有能力管控好，该分权、放权、授权的地方无数人签字、审核，到最后似乎是"大家都负责"，结果是"大家都不负责"。所以必须重新审视现有的制度和流程，以市场、客户、创造价值为根本出发点，合理分权、放权、授权，简化流程，迅速对市场和客户的需求做出反应。同时明确各节点责任人，管控关键环节必须重新审视现有的制度和流程，以市场、客户、创造价值为根本出发点，合理分权、放权、授权，简化流程，迅速对市场和客户的需求做出反应。同时明确各节点责任人，管控关键环节。

24.3　民营企业如何求生存

近几年，民营企业明显地感觉到项目签约越来越难、报价越来越低、付款条件越来越苛刻，面临的挑战越来越大。行业下行的趋势非常明显，从最近几年城镇固定资产投资的统计数据中可以得到鲜明的印证，民营投资的增长率可以忽略不计，主要靠国有投资来支撑，没有投资增长的市场透出一股淡淡的忧伤；海外建筑业市场情况也不容乐观，虽然"一带一路"带来了很多项目，但这些项目主要依赖援外或者"双优"的中国投资，多数民营企业难以参与。

民营建筑企业还有没有未来？或许还是有的。

首先，国内市场足够巨大。目前中国是全世界最大的建设市场，每年50多万亿元的固定资产投资、30多万亿元的建筑业产值，即使投资不再增长，也依然是一个巨大的建筑市场，民营企业还是有足够的发展空间。对比一下国内的其他行业，如汽车制造业10万亿元的销售额、医药行业3万亿元的销售额，在中国很难再找到一个超过10万亿元的行业，即使建筑行业出现下降，也是一个巨大无比的市场；中国的城镇化还有二三十年的进程，城镇人口的增加依然会带来新建数量，而目前已经建好的城市，需要做大量的功能完善，改造空间依然很大，城市的堵车，意味着公共交通建设会有相当长的过程，环境破坏，造成水、土壤、空气的污染，治理和修复，也会有长期的需求。

　　其次，中国建筑企业已经具有一定的国际竞争力。与中国其他传统行业的国际竞争力相比，中国的建筑行业在国际上的相对地位还是高的，我们建设了国内巨量的高铁、高速公路、跨江跨海桥梁、隧道，建设了超大面积的机场航站楼、商业中心和高入云霄的高楼，我们能以人类难以想象的速度把这些工程做出来、做好；可以说，中国建筑企业建造了绝大多数一百年内梦幻般的世纪工程，这些优势都能在未来的国际竞争中赢得优势，为中国建筑企业走向国际市场奠定一定基础。

　　最后，从全球视野看，传统建筑业市场相对于其他行业的市场较为稳定。我们见过作为生产资料的很多市场过山车般的起伏，而全球建筑业大市场却相对稳定，有起伏，但波动相对小；而且，建筑业是典型的订单模式，没有库存，在人类商业历史的长河中，建筑企业似乎以自己的长寿特征赢得了一席之地，日本金刚组1428年的历史，印证了建筑企业的长寿基因，虽然金刚组在其漫漫的历史长河中历经坎坷，但在一个狭小的细分行业可以长期不倒，建筑业技术进步慢，市场需求相对稳定，只要企业自身没有致命的硬伤，市场会给予企业活下去的机会。

　　那么，民营建筑企业如何在下行的环境中寻找自己的未来之路？

　　其一，要放弃机会主义心态和快速增长的梦幻。过去二十年的建筑业高速增长，让5000多万从事建筑的人习惯了"野蛮增长"的思维；股市有句话"树不可能长到天上去"，只有调整思维才能赢得生存的从容，这大概是整个中国建筑行业最大的挑战。"一万年太久，只争朝夕""互联网思维"这些固然不错，但对于传统建筑行业、建筑行业中的每一个企业而言，未必合适：不顾一切抢夺项目、不顾一切走向海外；行久者不在路有多远，不在速度有多快，急于成功，则企业很难静下心来修炼内功：中国企业很难做好EPC/PMC；在海外市场按照欧标或者FIDIC条款公开竞标的项目，盈利者寥寥；海外业务不少，但很难建立起国际化的管理体系，使用好国际化的资源。不放弃机会主义心态和快速增长的梦幻心态，核心能力的建设也终将只是镜花水月。

　　其二，在细分行业或者模式不再的情况下，坚决走上艰难的转型之路。对于民企而言，转型是一条艰难的道路，但不管难度多大，应该调整和转型的企业必须调整转型，而且必须做好长期的准备。做联营挂靠的，必须走上自营之路；在投资雪崩下降的行业，必须寻找新的市场机会；做传统施工总承包成功的，必须转型开始做工程总承包。转型不容易，企业领导们需要"站在未来看现在"的方式思考转型，既不急躁冒进，也不在困难面前无疾而终。

其三，在细分行业尚可的情况下，坚持做好自己能做的事。颠覆式创新往往只有1%能成功，作为传统行业的建筑业，坚持在自己的"一亩三分地"把自己能做的事情先做好。当前的一些企业，有试图做互联网的，有试图做平台的，成功者寥寥，而致力于做好"一亩三分地"的企业，活得滋润的企业依然不少，即使在房屋建筑领域，依然可以找到业务和利润增长的民营建筑企业，它们的秘诀在于内功扎实。

其四，做实内部管理。长寿的企业需要经历漫长岁月的磨砺，数百年寿命的手工作坊依然传来叮叮当当，"鲜花和掌声"都显得太过肤浅，"最曼妙的风景"是"淡定与从容"，好的建筑企业需要拥有这样的心态；如何用工匠精神做实项目？如何用五至十年的时间建立工程总承包的管理体系？如何从分包开始进入国际工程建设领域？这些问题值得企业领导们去思考。在完全的市场竞争中，做好施工组织设计远比请人喝酒吃饭重要，做好一个非洲项目远比接待一位非洲部长重要，做好企业的风险管理远比被主席和总理接见重要。

这是一个艰难的年代，民营建筑企业的领导者没有选择，在企业从银行贷款需要拿个人资产抵押的年代，领导者唯有克服困难坚定前行。

24.4　知彼善学，标杆企业有哪些发展经验

对于国企、民企如何发展，本节选取了两个标杆企业的发展经验来进行具体的分析，国企的标杆是中建，民企的标杆是金螳螂，尽管它们并非十全十美，但依然能够代表不同领域的领先水平。对标一流企业，是企业实现快速成长的有效途径，"他山之石，可以攻玉"，通过对标，可以学习优秀企业的经验，寻找自身差距，从而明确改进的方向。当然，对标杆企业的研究，既有企业发展"道"层面的内容，也有"法"和"术"层面的内容。最好的不一定是

最合适的，建筑企业切忌对这些发展经验生搬硬套，而要学习优秀企业的战略思维，根据自身的实际情况找到最合适的发展策略。

24.4.1 国企如何实现逆势增长

行业下行对建筑业的挑战不小，投资增速放缓，民间投资几乎没有增长，市政行业几百家中小型市政企业同场投标几百万元市政项目的场景不断在微信朋友圈出现，装饰行业上市企业普遍出现业绩增长停滞的局面。回望疫情前的几年，其中2016年应该算是最艰难的一年，大多数企业在这几年营业收入和利润持续下降，建筑行业似乎透出一股悲壮的信息。然而，在大势并不太好的背景下，依然有企业在"强劲"增长，看看中建在行业最艰难的一年经营情况：

"2016年，中国建筑业绩继续保持了较高增幅。公司实现营业收入9598亿元，同比增长达9%；归属于上市公司股东的净利润接近300亿元，同比增长约15%；加权平均净资产收益率为16%，继续保持行业领先水平；全年新签合同额首次超过2万亿元，同比增长约24%，其中，房屋建筑业务12965亿元，同比增长8%；基础设施业务5748亿元，同比增长83%。海外业务实现营业收入796亿元，同比增长30%，首次突破百亿美元大关。"

我们能大致理解数据背后的逻辑，营业收入更多反映的是过去的合同在现在的执行情况，利润和现金流反映经营质量，新签合同预示着未来的经营是否能持续。

为什么中国建筑能交出如此靓丽的答卷？

首先是应时而变。

从2016年的建筑市场来看，房屋建筑的增长基本停滞，中建在这一领域取得了8%的新签合同增长（尤其是前三季度保持了15%的增长），这是一个很不容易的业绩。中建在房屋建筑市场过去一直坚持"大市场、大业主、大项目"的三大经营策略，但在行业下行的过程中，中建迅速改变了策略，业务迅速向中端延伸，一些工程局的领导要求下属企业把每一个项目信息当成"碉堡"，以"拧着炸药包"的精神一个个攻坚克难，逐步从过去的"三大"思维中走出来，一些地方国企、民营企业诉苦，过去中建看不上的项目现在也来了，而且攻势凌厉，势在必得，正是这种奋勇向前的勇气，确保了房屋建筑业务的强势增长。

基础设施高端市场出现井喷，中建在基础设施方面的新签合同5748亿元，实现83%的增长，这既有外部环境带来的机遇（PPP模式在当时正处于最好的机遇窗口期），也有内部的努力（中建基础设施原来基数不如其他央企比例大），同时良好的资信、充裕的资金保障也为中建在基础设施方面的发力提供了背书。但不可否认的是，中建"十二五"期间的战略布局，并由此形成的在基础设施方面的竞争力，是取得基础设施业务快速增长的重要前提。"十二五"期间，中建及其下属工程局，在BT/BOT项目和基础设施项目施工总包的修炼，让中建对这一细分行业加深了理解，锻炼和积累了团队，同时对基础设施的项目管理、客户特点积累了深刻的认知，今天的果实来自昨天的耕耘，当战略机遇期出现的时候，自然会成为最幸运的人。

其次是品牌、实力、市场化早所形成的管理基础。

对于企业而言，最舒服的日子莫过于垄断，但最好的修炼在于市场竞争的残酷过程。在众多的建筑细分行业中，房屋建筑市场是市场化程度最高的，中国建筑在房屋建筑领域，需要和机制灵活的民营企业竞争，需要和在区域市场有政府支持的地方国企竞争，正是这种竞争激烈的生存环境，造就了中国建筑的市场生存能力，中建三局的"争先"文化、中建八局的"铁军"文化、中建五局的"信和"文化，都是与市场结合的产物。当它们在一个领域修炼出过人的功力后，即使进入新的领域时碰到困难，也会产生巨大的爆发力。十年前，中建进入铁路、公路、市政、港口航道、大型桥梁、隧道等陌生领域，虽然与传统优势企业相比还存在距离，但其进步的速度却是新进入者中最快的，也让传统优势企业惊出一身冷汗。

最后是前瞻的战略思维。

中国建筑的"十二五"战略规划，毫无疑问是中国建筑企业中最好的规划之一，其中让人印象最深的莫过于其中的"五化"策略（区域化、专业化、国际化、标准化、信息化）。回头来看，"五化"策略未必完全达到最初理想，但战略引领依然成为推动中国建筑发展的重要驱动力。中建五局某领导曾经提到，传统业务在房屋建筑领域的五局三公司，进入基础设施领域也做得很好，其中重要法宝之一就是标准化管理手册和作业手册，中建八局从局总部到项目部使用一套管理手册，使数万人的大型企业实现上下的管理贯通，高效管理，而很多建筑企业依然停留在"项目做得好不好，关键看项目经理"的阶段。

最难的行业，也有很好的企业，中国建筑今天的成就并非偶然，也许未来还会经历更大的挑战，但前瞻的眼光、积极的行动是战胜行业下行困难的利器。

24.4.2　民企如何实现自我造血

曾经，很多人用"雪崩式下跌"来形容2015年的建筑业市场、用"凛冬寒风，砥砺前行"来形容2016年建筑企业的处境，市场需求减少，拿到合同难，甚至已经到手的合同停工，继续做的业务工程款没有着落。在当时行业极为艰难的时候，金螳螂的调整，或许能给建筑企业带来启示。

第一，加强市场拓展。

面对市场下行萎缩和行业竞争的加剧，若不做出相应的调整，企业就会吃不饱甚至无活可干，正所谓"在生存面前一切都会变得可笑"。每个企业都知道需要加大营销力度，那么，金螳螂是如何做的？一是加大区域拓展的力度，在国内和国外两个市场增加营销机构和营销力量；二是与大型总包企业联合成立合资装饰公司，加大专业市场覆盖和延伸触角；三是紧盯项目，步步为营；四是鼓舞营销团队士气。金螳螂的应对措施具体且快速、招招落实，在行业下行的大背景下，其营销情况大大好于同行。

第二，成立资产管理公司，降低财务风险。

如何降低应收账款是建筑行业比较头疼的问题，金螳螂也不例外，从2015年的财务报告看，金螳螂的应收账款有160亿元，与其总资产240多亿元的数字对照，看起来非常显眼，一般来说应收账款按照合同来执行，若不能按时收取，只能依据合同走法律途径，并没有相应的抵押物。面对较大数额的应收账款，金螳螂并非束手无策，而是成立了自己的资产管理公司，通过建立良性循环的资金链，降低应收账款风险。如与金螳螂合作的甲方在支付工程款方面遇到问题，则可以通过抵押资产并支付一定利息的方式向金螳螂的资产管理公司借款，而所借的款项只能用来支付金螳螂的工程款。这样金螳螂的应收账款不仅有了保障，而且能够获得贷款的利息。

第三，控制管理成本。

业务下行，竞争的激烈和内部管理成本的刚性，一般都会导致企业毛利率大幅度降低，市场竞争会导致合同的毛利率下降，经济形势不好又会加剧工程款的回收难度，企业只有通过不断降低内部的管理成本来保持企业的毛利率。金螳螂在内部组织及管理流程方面不断优化，在保证产品质量不受影响的前提下，去除多余的管理要素、减少管理资源的投入，降低管理成本。

第四，正确对待转型。

金螳螂是专注细分行业的公司，互联网+正在影响建筑业，特别是家装行业，"站在风口上，猪都能飞起来"，诸多企业迎风而行。O2O模式的家装企业如雨后春笋般出现，而作为装饰行业的佼佼者，金螳螂也不例外，金螳螂与电商企业合作，期望新的经营模式能够将企业推向另一个高峰。然而，当O2O模式正如火如荼地进行时，金螳螂却发现与电商企业的合作逐渐偏离了企业原来的价值观念，于是果断地选择分手。但是这并不意味着金螳螂将放弃家装O2O的模式，相反，它开始打造以自己的核心价值观为主导的电商平台。打造电商平台不只是单纯地追求电商的速度，而是更加注重产品的质量和客户价值，脱离了客户价值，"互联网+"只能是一个玩物，而玩物是不长久的；无论企业如何转型，都必须紧贴实际、服务客户、注重长远。

第五，支持优秀的供应商。

与优秀的供应商保持良好的合作关系是企业平稳快速发展的一个保障，如何保持良好的关系则需要思考。装饰行业大部分供应商规模小，技术意识薄弱，也缺少较强的技术能力，小的企业比较难贷款。作为家装行业的佼佼者，金螳螂的装修部件化更需要配套厂商的支持，需要供应商提供高质量的产品，金螳螂从技术指导、资金支持两个方面对与其合作的优秀供应商进行支持。长期的合作关系，使得金螳螂对于供应商经营情况、管理水平的了解较为深入，因此金螳螂愿意为供应商提供技术指导以及资金支持，这样供应商不仅能为金螳螂提供符合要求的装修部件，而且能够更好地参与其所在市场的竞争，进而推动行业的发展。

25 中小企业的未来在哪里

在建筑业快速增长的阶段，大型建筑企业往高端发展，选择"大市场、大业主、大项目"和"高大新尖特"的业务战略，这样的战略，意味着大型建筑企业放弃低端市场，给中小型企业留出生存空间。近几年建筑业的市场环境发生了巨大的变化，从事高端业务的优势企业逐步进入中端市场，而从事中端业务的企业被迫走向低端，很多过去从事低端业务的中小型企业，逐步被挤出市场，生存苦不堪言。

有人预计，在市场萎缩的情况下，将会有大批企业死亡，甚至预计其中的30%很难在未来五年活下去，部分商业银行把建筑行业列入重点关注行业，更加剧了行业的恐惧心理。一些企业有这样的观点：除了央企、省级建工集团等银行会支持的企业，中小建筑企业很难活下去。果真如此吗？中小企业的未来在哪里？

25.1 中小企业的生存之路在何方

在行业下行的情况下，已经陷入困境的中小企业要解决生存问题很难，但是，这是市场竞争的必然结果，最先陷入困境的是竞争能力最弱的，弱势企业死亡是市场经济的正常规律，也是推动社会进步的力量。尽管如此，中小企业也要积极寻找生存之道：

第一，坚定生存的信念。研究表明，美国有70多万家建筑企业，其中超过500人的公司只有约1000家，可见，绝大多数是中小型建筑企业，即使在建筑业高峰已过的成熟社会，中小型建筑企业依然存在生存空间。一位学者说当下中国最急迫的是三个方面：国家的方向感、精英的安全感、老百姓的希望感。中小型企业如经济领域的普通老百姓，希望感是最重要的，无论是新建市场还是存量市场的维保，未来建筑行业一定存在大量的中小企业生存空间，有了生存的信念，中小企业需要努力去寻找自己的生存支点。

第二，找准自己的定位、形成自己的特点。既然是中小企业，不要什么都做，客户是谁、做什么，一定要聚焦。中小企业要坚信这样的生存信念："小即是美""浓缩的才是精华"。做一家有特点的饺子店、有特点的手工作坊，生存的法则就是特点，中小建筑企业的生存之路也是特点。那么，中小企业应该形成哪些自己的特点？

可能是服务"我能干的事情，别人都能干，但是我的服务贴心，我守信用，说到做到，让人放心"；可能是专业"我只做某个很小的业务领域"，大公司要养这样的专业成本太高，中小企业在某个专业服务一批大公司，分摊它们的成本，而且质量比大公司做得更好，与大企业形成优势互补；可能是低成本，中小企业没有过多人员和机构，没有过多制度和流程，灵活快捷，综合的管理成本低、反应速度快，做相对简单的业务，在保证质量的情况下，能显示出成本的优势。坚守自己的优势，不要有太大的经营半径，做好眼前的事情，经营老客户，是生存之道；不要太多的装备、技术投入，重视一线的作业，体现出工匠精神，是生存之道；不要太多的关系投入，甘做大型企业的铺路石、协助大型企业成功，走共生之路，也是生存之道。

第三，老板就是竞争力。大型企业的组织能力是主要的竞争力，而中小企业的老板就是竞争力，"小胜靠力、中胜靠智、大胜靠德、全胜靠道"，中小企业的老板恐怕四个方面都需要修行，曾经有一位劳务企业的领导总结说，做好劳务需要有"风里来、雨里去、泥里滚、酒里泡"的准备。

第四，安心做好"小"、做实"小"。要相信小有小的美，大企业、大企业家固然有令人羡慕的地方，但它们也有难处，大企业和大企业家很少能有退路，他们承担太多人的期待、承担太大的责任，他们必须在生存中寻找诗和远方，他们必须在没有希望的时候谈希望，而小企业可以非常宁静、从容。大企业的寿命很难长久，而有的中小企业却奇迹般长寿，如果说活下去是一种美，建筑中小企业的美未必亚于大型企业。日本金刚组并不是大企业，1400多年的超长寿命，给人们显示的是"基业长青"的奇迹，这本身就是一道卓越的风景。

第五，"结硬寨，打呆仗"。这是150多年前湘军的战术，清朝正规军在太平天国面前不堪一击，但非正规的湘军凭借"结硬寨，打呆仗"的"拙"劲，最终剿灭了太平天国。在建筑业激烈竞争的今天，大多数企业都在探讨业务的转型升级，探讨"四两拨千斤"的投资模式，希望找到一种巧妙的捷径，这是少数企业能为之的策略，大多数建筑企业需要"结硬寨，打呆仗"。也确实有这么一些企业，它们坚持在建筑业这个利基很薄的行业，做自营、做要求高而毛利润很低的业务。在工程建设领域，房屋建筑企业的毛利率很低；而在房屋建筑业务中，为房地产开发商做住宅是毛利最低的；在房地产开发商中，给万科做工程，除了毛利低，要求还很高，做这样的工程是苦差事。然而，正是做着这样的苦差事，一批中小企业获得了发展，查阅2018年万科建筑总包类A级合作伙伴名单会发现，在36家企业中，规模巨大、技术水平高超的知名建筑总包商比较少见，万科把施工总包的大部分业务机会给了那些有"结硬寨，打呆仗"精神的中小规模总包企业。所以在传统建筑业，踏实干活的企业也有很好的生存空间。与那些规模大、声名显赫的大型建筑企业相比，没有负债、踏实为上游企业干活的中小型建筑企业，生存能力未必差。

在建筑行业，大企业需要构建一种生态，在大企业的生态里，需要一批小而美的企业。攀成德公司的管理专家在南通参加一个劳务研讨会时了解到，两个从事劳务的企业已经成为某央企工程局依赖的合作伙伴。没有人会轻视企业的小，只要有特点，只要干出的活让人信服，只要体现出坚韧不拔的精神。未来的中国建筑行业，会出现更多小而美的企业，关键是这中间有没有你。

25.2 中小企业的管理之道在哪里

不少中小建筑企业在发展的过程中，核心竞争力及市场占有率并没有得到太大的提升，但外在的布局和排场、内在的架构和运营早已和超大型企业集团无异。往往这种"太超前"的思维并未给企业带来业务的全面突破，反而像是套上了"沉重的枷锁"，反应迟缓、决策低效、成本高企。

中小建筑企业患上"大企业病"主要表现在组织层级多、流程冗长；职能分工过细、制度繁琐；坐而论道者多、冲锋陷阵者少；官僚文化、形式主义盛行。当然，究其原因，除了心态上的问题，多数也是由于企业发展太快，身体没能跟上脚步。未来中小企业要更多地从企业发展阶段和资源能力出发，不必过多地追求管理的形式，而要化繁为简回到市场和客户。

第一，经营要以客户需求为出发点。中小建筑企业受限于资源和能力不足，不可能四面出击、处处建树，唯有"力出一孔"才能在市场上生存下去。这个"力"指的是公司的核心关注和资源；"孔"指的是客户需求。面对纷繁复杂、陷阱遍布且不断下行的市场，不少建筑企业领导经常感叹行业的高增长不再，沉浸在对昨天的怀念中。其实，中小建筑企业需要的只是盯着自己的主业，以客户需求为出发点，提升服务的质量和能力。

第二，管理以"化繁为简"为理念。不知道什么时候开始，在一些建筑企业管理者的理念里，总认为制度越多管理越规范、流程越详尽风险控制越好，于是企业里出现了各种管理制度及数不清的流程，看似管理规范了，实则效率降低了，员工往往把走流程当成了工作本身，本末倒置、工具变成了目的。中小企业应当努力做到组织纵向扁平化、职能横向归集化，制度简明、流程求精。

组织纵向扁平化：随着智能手机的普及，互联网的应用从PC端转到移动端，中小建筑企业要充分利用终端设备的普及和传递速度的提升，将主业的管理层级控制在两级，即"公司-项目部"，或"事业部-项目部"。而有不少的建筑企业，规模不大，下面的"诸侯国"倒不少，年终开会一坐，中层以上领导就有上百个。

职能横向归集化：专业分工一方面极大提升了管理水平，另一方面也增加了沟通成本，中小企业要在职能的专业分工和降低沟通成本之间取得平衡。职能部门的设置尽量走大部制，控制在十个部门以内（国有企业有特别要求的另当别论），人员编制少于五个的部门尽量合并组建大部门或者将主要职能归集到相近部门。

制度简明、流程求精：制度建设是企业管理的基础，但并非越多越好。第一步，盘点现有的制度，解决版本间相互矛盾的问题，攀成德的咨询顾问在某建筑企业服务的时候发现其部分制度还是十多年前的，但并没有声明注销，与最新版制度并行，相互矛盾的地方还不少。第二步，由归口部门组织各部门、层级一起界定清制度的纵向、横向边界，从源头杜绝政出多门、执行扯皮，同时制度设计要注重柔性，充分发挥中小建筑企业快速灵活应对市场的优势。第三步，将制度中的核心部分用流程、表单的形式加以提炼，求精不求多、重实效去形式，其实，中小建筑企业精心设计、完善40个左右的核心流程，就足够日常的正常运行了。

第三，激励要以"拉"代"推"。庞大组织的运转一般都是自上而下、层层分解的，其结果是上层拼命推，基层拼命应对。"推"的模式下，一方面看不出哪些"绳子"不受力；另一方面真正有张力的部分发挥不出来。中小建筑企业机制相对灵活，受到的掣肘和需要平衡的点较少，内部激励和分配可以更多地向效益创造者、奋斗者倾斜，并让他们更多地作为分配主持者参与到分配中来。对于职能条线，在制度框架下，以服务客户（决策层、下属单位均可视为内部客户）的质量作为评价内容和分配依据。内部客户评价不高或者提供不了价值服务的，基本就是那些"不受力的绳子"，也是未来整合或者撤销的对象。

当前中小建筑企业生存不易，未来也不会更加容易，但是路还是有的，中小建筑企业可以利用自己灵活、管理链条短、反应快、成本低等优势，努力寻找适合自己生存的细分市场，在管理上化繁为简。任何时候，成功的彼岸都不会拒绝那些有能力、能满足客户需要的中小建筑企业。

26　专业公司的未来在哪里

我们常常会听到这样的称赞——"这个公司做装饰非常专业""这个公司做防水非常专业",从这些平常的称赞中,可以感受到人们对于专业公司的信任,做事情专业,代表着高水平,所以对于给自己提供服务或者产品的企业,人们会非常关注其专业性。从企业的角度,有一些经历风风雨雨,依然坚毅挺拔的专业公司,虽然规模未必很大,但并不妨碍它们成为行业中令人尊重的霸主;在大型公司内部,对不同业务采取专业化的经营、专业化管理,其单个业务也可堪称世界级的大型专业集团。我国倡导的建筑业发展是以总承包为主体、专业分包和劳务为两翼的模式,鼓励各类型企业共同发展,但实际情况却是各类企业都想做总承包,都奔着"大而全"而去,不愿意、不甘心做专业公司。那么,专业公司的未来在哪里?

26.1　专业公司能走多远

我们坚信,未来,庞大建筑市场可以容纳足够规模的专业公司,更多的专业公司都应该,而且都可以在生态链中找到自己的定位,只有专业化才是企业通往巅峰之路的选择。

策略一:深刻地认识到专业公司的特点。专业公司有以下几个方面的特点,这是专业公司自身一定要认识到的:

与总承包共生。有的专业公司80%的业务来自甲方,而有的专业公司80%~90%的业务来自总包单位的分包,或者是与总包单位协同谈业务所得。专业公司要认识到这一点,在以后的发展中,公司的一部分业务来自甲方,另一部分则要通过和总包单位形成战略合作关系,进而从总包单位获得业务,这对于企业的业务拓展有很好的帮助。不要认为分包别人的活是很差的,有些顶尖的专业公司也是分包很多总包单位的业务。如果以后工程总承包模式发展起来，专业公司的分包特点会更加明显。

专业的公司干专业的活。专业公司要体现出技术性，尤其是在企业深耕的专业领域里，性价比一定要比别的企业高，这背后起决定性作用的就是企业的专业能力。专业能力体现在：企业在技术方面的研发和投入比别人更多，在面临挑战的新技术上比别人更加前沿，技术人员和作业人员比别人更加娴熟等。

客户服务的差异性。专业公司的客户服务和总包单位的客户服务存在一定的差异，专业公司可能既要面对业主，也要面对总包方，专业公司是多方向或者是多客户的服务，虽然最终客户是业主，但是交付的客户又是总包方，因此客户服务的差异性和特点要体现出来。

策略二：认识到专业公司的资本特性，企业要争取上市。无论是新三板还是中小板，企业要努力朝这个方向走，进入资本市场有几个方面的好处：

企业的治理结构规范和内部管理大幅提升。以前不透明的信息在上市以后必须透明，透明和公开对企业来说是一个强大的力量，会在企业的某些方面起到约束作用，促使企业的内部结构和管理更加规范有效。

企业的战略管理水平大幅提升。企业在认识资本市场的属性以后，会思考企业的发展战略。例如，一个战略为跟随型的企业在上市后，要不断向投资者公布企业的发展情况，这样企业的思维就会被引入到市场的更前端，企业慢慢地会引导市场。企业的前瞻性加强了，战略管理水平就能提升。

企业可以利用资本市场，实现更突破性的发展。进入资本市场的好处有：企业的经营模式会逐渐转型升级，价值链得以延伸；上市对于宣传企业的信誉有很大的帮助，能提升企业的融资效率，拓宽融资渠道，降低融资成本；对股东的财富积累也有比较好的效益。

策略三：咬定青山不放松，抓住"三个一"。

固化一种模式。专业公司总体的发展模式是清楚的，但是模式的细节还需要思考清楚，一是企业的业务来源，是直接从甲方来？还是和几个优秀的总包单位形成战略合作关系，从它们那里获得分包业务？二是企业的业务模式，是高端、中端、低端通吃？还是只做高端？如果去分析一些大企业的成功因素，就会发现它们都有自身的特点，比如中建是大市场、大业主、大项目，金螳螂这样的专业装饰公司定位在高端装饰，它们的业务模式都非常明确。

建立一套体系。在模式固化之后，企业需要建立一套与模式紧密相关的体系。建立这个体系的价值就在于，企业在做项目时，整个内部管理的规范性会大幅度提升。

培养一支队伍。模式固化、体系建立之后，企业还需要培养一支队伍，这支队伍和企业的品牌是同等重要的。好的队伍不仅是有好的个人，而且会形成高中低的优化搭配，形成各种能力之间的互补，进而提升企业在市场的竞争力。

当然，固化一种模式，建立一套体系，培养一支队伍不是短时间能够实现的，专业公司要有梦想，一年做不到就两年，两年做不到就三年，只要走在不断前进的路上，终究会成功，有目标的人不怕路远。

26.2　梦想的力量有多大

梦想，每个人都有，只是表现形式不同，有的人追求金钱、有的人追求及时行乐；对于企业而言，梦想可能是管理学的经典理论里面的几种：为客户创造价值、为员工创造价值、为社会创造价值、为行业创造价值、为股东创造价值。

人们常说宁静致远，对企业来说有梦想才能致远。因为有梦想才会有未来，才会形成团队。企业常说招人难，现在的"90后""00后"和"80后""70后"是不一样的，对于"80后""70后"而言，企业开的薪资高一些，他们可能还会到企业来，但是对于部分"90后""00后"来说，如果企业不能给他们梦想，单纯的高薪资对他们可能就没有那么大的吸引力。有梦想才会坚忍不拔，才会克服困难。企业在经营过程中会碰到很多困难，有梦想的企业不会在乎那些小的困难，中等的困难也能克服，大困难不一定能克服但一定会迎难而上。有梦想才会去创新，才会寻找生存的空间。梦想能够为企业前进提供驱动力，推动企业不断地去创新，去寻找新的发展机会。

专业公司要有梦想，尤其是领导者和领导团队要有梦想。祝愿建筑行业的专业企业走得更远更好！

　　只有方向正确，目标才有意义，只有方法正确，目标才能达成，不管是领先企业还是普通企业，不管是国企还是民企，不管是大型企业还是中小企业，不管是总包企业还是专业企业，都需要有明确的战略方向和发展重点，在此基础上，通过人的调整、组织的调整、绩效管理机制的调整确保战略落地。

　　从很多行业领先企业的实践中可以发现，未来不一定是新的企业淘汰历史悠久的老企业，而必定是新的发展战略取代旧的战略。在多变的环境下，建筑企业不能指望先制定一个完美的战略规划，然后按部就班实现转型升级。企业成功的关键是在方向大致正确的前提下，快速行动，坚持不懈，在不断调整中推动战略落地。

附　录

书中论及企业简称与全称对照表

序号	简称	全称
1	铁总	中国国家铁路集团有限公司
2	中国建筑/中建	中国建筑股份有限公司
3	中建一局	中国建筑一局（集团）有限公司
4	中建二局	中国建筑第二工程局有限公司
5	中建三局	中国建筑第三工程局有限公司
6	中建四局	中国建筑第四工程局有限公司
7	中建五局	中国建筑第五工程局有限公司
8	中建七局	中国建筑第七工程局有限公司
9	中建八局	中国建筑第八工程局有限公司
10	中建地产	中国中建地产有限公司
11	中海地产	中海地产集团有限公司
12	中建一局发展	中建一局集团建设发展有限公司
13	中建二局三公司	中建二局第三建筑工程有限公司
14	中建二局西南分公司	中国建筑第二工程局有限公司西南分公司
15	中建三局一公司	中建三局第一建设工程有限责任公司
16	中建三局二公司	中建三局第二建设工程有限责任公司
17	中建三局三公司	中建三局第三建设工程有限责任公司
18	中建三局西北公司	中建三局集团有限公司西北分公司
19	中建三局总承包公司	中建三局集团有限公司工程总承包公司
20	中建四局珠海公司	中国建筑第四工程局有限公司珠海分公司
21	中建五局三公司	中建五局第三建设有限公司
22	七局中建海峡	中建海峡建设发展有限公司
23	中建八局一公司	中建八局第一建设有限公司
24	中建八局二公司	中建八局第二建设有限公司

序号	简称	全称
25	中建八局三公司	中建八局第三建设有限公司
26	中建八局总承包公司	中国建筑第八工程局有限公司总承包公司
27	中建八局广西分公司	中国建筑第八工程局有限公司广西分公司
28	中建八局青岛分公司	中国建筑第八工程局有限公司青岛分公司
29	中国中铁/中铁	中国中铁股份有限公司
30	中铁一局	中铁一局集团有限公司
31	中铁二局	中铁二局集团有限公司
32	中铁四局	中铁四局集团有限公司
33	中国铁建/中铁建	中国铁建股份有限公司
34	中铁建设	中铁建设集团有限公司
35	中国土木	中国土木工程集团有限公司
36	中铁二十局	中铁二十局集团有限公司
37	中国铁建电气化局	中国铁建电气化局集团有限公司
38	中国交建/中交	中国交通建设股份有限公司
39	中国港湾	中国港湾工程有限责任公司
40	中国路桥	中国路桥工程有限责任公司
41	中国中冶/中冶	中国冶金科工股份有限公司
42	宝冶	上海宝冶集团有限公司
43	中国一冶	中国一冶集团有限公司
44	中国电建/中电建	中国电力建设股份有限公司
45	山东电建	中国电建集团山东电力建设有限公司
46	中国能建/中能建	中国能源建设股份有限公司
47	葛洲坝	中国葛洲坝集团股份有限公司
48	西北电力设计院	中国电力工程顾问集团西北电力设计院有限公司
49	中国化学	中国化学工程股份有限公司
50	中国天辰	中国天辰工程有限公司
51	中国五环	中国五环工程有限公司
52	成达工程公司	中国成达工程有限公司
53	中国核建	中国核工业建设股份有限公司
54	中国机械（CMEC）	中国机械设备工程股份有限公司
55	中国电力技术	中国电力技术装备有限公司

序号	简称	全称
56	寰球工程公司	中国寰球工程有限公司
57	北新房屋	北新房屋有限公司
58	北方工业	中国北方工业有限公司
59	北京城建	北京城建集团有限责任公司
60	广东省建	广东省建筑工程集团有限公司
61	上海建工	上海建工集团股份有限公司
62	上海一建	上海建工一建集团有限公司
63	上海七建	上海建工七建集团有限公司
64	陕西建工	陕西建工控股集团有限公司
65	云南建投	云南省建设投资控股集团有限公司
66	上海城建	上海城建（集团）公司
67	哈尔滨电气	哈尔滨电气集团有限公司
68	上海隧道股份/隧道股份	上海隧道工程股份有限公司
69	宝业	宝业集团股份有限公司
70	广厦	广厦控股集团有限公司
71	金螳螂	苏州金螳螂建筑装饰股份有限公司
72	东方园林	北京东方园林环境股份有限公司
73	湖北广盛	湖北广盛建设集团有限责任公司
74	莱钢建设	山东莱钢建设有限公司
75	西部中大	已更名为：华邦建投集团股份有限公司
76	远大住工	长沙远大住宅工业集团股份有限公司
77	中民筑友	中民筑友科技投资有限公司
78	中南建设	江苏中南建设集团股份有限公司
79	江河/江河幕墙	江河创建集团股份有限公司
80	龙信建设集团/龙信建设	龙信建设集团有限公司
81	山东德建集团/山东德建	山东德建集团有限公司
82	鹿岛	The Kajima Group
83	清水	Shimizu Corporation
84	大林组	Obayashi Corporation
85	金刚组	Kongo Gumi
86	竹中工务店	Takenaka Corporation

序号	简称	全称
87	大成/大成集团/大成建设	Taisei Corporation
88	安然	Enron Corporation
89	杜邦	DuPont USA
90	凯洛格	Kellogg Brown & Root
91	柏克德	Bechtel Corporation
92	福斯特·惠勒	Amec Foster Wheeler，被Wood集团收购更名为Wood
93	布依格	Bouygues Group
94	万喜集团	Vinci Group
95	豪赫蒂夫	Hochtief AG
96	兰万灵	SNC-Lavalin Group
97	阿里	阿里巴巴网络技术有限公司
98	宝钢	宝山钢铁股份有限公司
99	奔驰	Mercedes-Benz AG
100	波音	The Boeing Company
101	德隆	德隆房地产开发有限公司
102	格力	珠海格力电器股份有限公司
103	恒大	恒大集团有限公司
104	华为	华为技术有限公司
105	仁恒	仁恒置地集团有限公司
106	腾讯	深圳市腾讯计算机系统有限公司
107	万科	万科企业股份有限公司
108	海国投	北京市海淀区国有资产投资经营有限公司
119	麦当劳	McDonald's Corporation
110	巴林银行	Barings Bank
111	海航集团	海航集团有限公司
112	海南航空	海南航空控股股份有限公司
113	通用汽车	General Motors Company，GM
114	SOHO中国	SOHO中国有限公司
115	麦肯锡咨询公司	McKinsey & Company

参考文献

[1] W. 钱·金，勒尼·莫博涅，吉宓. 蓝海战略[M]. 北京：商务印书馆，2010.

[2] 斯蒂芬·P·罗宾斯. 管理学[M]. 北京：中国人民大学出版社，2017.

[3] 迈克尔·希特，R. 杜安·爱尔兰，罗伯特·霍斯. 战略管理：概念与案例[M]. 北京：中国人民大学出版社，2017.

[4] 约翰·皮尔斯二世，小理查德·鲁滨逊. 战略管理——制定、实施和控制[M]. 北京：中国人民大学出版社，2015.

[5] 斯蒂芬·罗宾斯，蒂莫西·贾奇. 组织行为学[M]. 北京：中国人民大学出版社，2016.

[6] 杨永胜. 从竞争力到核心竞争力——中国企业集团国际化的理论与实践[M]. 北京：中国发展出版社，2016.

[7] 鲁贵卿. 工程项目成本管理实论——项目成本管控的方圆之道[M]. 北京：中国建筑工业出版社，2015.

[8] 鲁贵卿. 建设工程人文实论[M]. 北京：中国建筑工业出版社，2016.

[9] 鲁贵卿. 建筑工程企业科学管理实论[M]. 长沙：湖南大学出版社，2013.

致　谢

本书的出版首先要感谢建筑行业和建筑企业。二十年来，大建筑领域的企业和它们的管理者像大地给我们营养，像老师、像兄长给我们不断思考、不断提高的机会。这些企业和他们的管理者不顾工作的繁忙，和我们分享他们的困惑、他们的思考和他们的信念，为我们提供了源源不断的思想源泉，可以说本书的核心观点是来自他们的困惑和他们的烦恼，来自他们的思考和他们的实践，来自他们的理想和他们的信念，虽然本书不能一一列出他们的名字，但我们对他们的感谢之情却无以言表，他们是（不分先后次序）：

中国建筑、中国交建、中国中铁、中国铁建、中国能建、中国电建、中国核建、中国中冶、中国化学等；

中国建筑一局（集团）有限公司及下属总承包公司、一公司、二公司、三公司、五公司等；

中国建筑第二工程局有限公司；

中国建筑第三工程局有限公司及下属一公司、三公司、总承包、投资公司、华东公司、西北公司、华南公司等；

中国建筑第四工程局有限公司及下属四公司、六公司等；

中国建筑第五工程局有限公司及下属三公司、土木公司、投资公司等；

中国建筑第七工程局有限公司；

中国建筑第八工程局有限公司及下属一公司、房地产公司等；

中交第一航务工程局有限公司；

中交第二航务工程局有限公司；

中交第三航务工程局有限公司；

中铁一局集团有限公司；

中铁二局集团有限公司；

中铁三局集团有限公司；

中铁四局集团有限公司及下属管理研究院、投资公司等；

中铁大桥局集团有限公司；

中铁建工集团有限公司；

中铁建设集团有限公司；

中铁十一局集团有限公司；

中铁十二局集团有限公司；

中国葛洲坝集团有限公司及下属一公司等；

中国冶金科工集团有限公司及下属宝冶、一冶、二冶、十九冶、二十冶、二十二冶等；

中国第四冶金建设有限责任公司；

七冶建设集团有限责任公司；

五矿二十三冶建设集团有限公司；

中国电力建设集团有限公司及下属水电三局、八局、十五局、十六局等；

中国核工业建设股份有限公司及下属中核中原、中核二二、中核二四等；

中铝国际工程股份有限公司；

中国中材国际工程股份有限公司及下属苏州中材、邯郸中材等；

陕西建工控股集团有限公司及下属五建、六建、七建、十一建、十二建、地产集团等；

上海建工集团股份有限公司及下属投资公司等；

上海隧道工程股份有限公司及下属隧道工程公司等；

北京城建集团有限公司及下属北方集团、路桥集团等；

山西建设投资集团有限公司及下属山西建工、二建、四建、安装等；

甘肃公路交通建设集团有限公司；

浙江交工集团股份有限公司及下属宏途公司等；

浙江建设投资集团股份有限公司；

四川华西集团有限公司及下属中国华西、四建、六建、十二建、安装等；

成都建工集团有限公司；

重庆巨能建设（集团）有限公司及下属公司；

湖南建工集团有限公司及下属五建等；

福建建工集团有限责任公司；

山东德建集团有限公司；

山东金城建设有限公司；

济南四建（集团）有限责任公司；

山东东海集团有限公司；

江苏省苏中建设集团股份有限公司；

苏州金螳螂建筑装饰股份有限公司；

南通三建集团有限公司；

龙信建设集团有限公司；

山河建设集团有限公司；

湖北广盛建设集团有限公司；

中元建设集团股份有限公司；

浙江博元建设股份有限公司；

河南天工建设集团有限公司；

平煤神马建工集团有限公司；

河南省第一建筑工程集团有限公司；

焦作建工集团有限公司；

上海家树建筑工程有限公司；

中庆建设有限责任公司。

感谢给我们支持的企业管理者、专家和朋友。他们是：丁烈云院士、王铁宏会长、鲁贵卿先生、张义光先生、易文权先生、杨永胜先生、张孟星先生、王传霖先生、王世峰先生、王洪涛先生、由瑞凯先生、朱素华先生、白小虎先生、张文斌先生、邵文年先生、耿树标先生、笪鸿鹄先生、程理材先生、陈祖新先生、黄裕辉先生、闫军先生、赖朝辉先生、靳海洋先生、曹晓岩先生、赵向东先生、杨曰胜先生、李淼磊先生、赵伯足先生、张燎先生、袁正刚先生、苗纪江先生、孙忠成（老关）先生、吴光龙先生等，我们也要感谢因病去世的中建一局五公司前董事长李欣荣先生，他生前和我们的探讨，丰富和深刻了我们对建筑企业变革管理的理解。我们需要感谢的人太多，是他们为本书提供了大量的思考角度和有价值的观点。

感谢给我们支持的协会、媒体和同行，他们的督促和鼓舞让我们没有一丝懈怠。他们是：中国建筑业协会、上海建筑业协会、武汉建筑业协会、深圳建筑业协会、《施工企业管理》杂志、《建筑时报》、《建筑》杂志、广联达、用友建筑、新中大、筑集采等。

感谢我们的同事，是同事们的研究和咨询实践使我们的思考更加接近实际、更有深度，并在实践中得到修正和检验。他们是：何成旗先生、陈南军先生、张世杰先生、张军辉先生、彭宏先生、彭培女士等。

攀成德专家何成旗老先生、事业合伙人陈南军先生花了大量的时间对本书进行了细致的审稿，并提出了一系列有价值的建议；攀成德的咨询顾问高秋航、李梦婉，研究员孙秀君，他（她）们为本书做了大量的资料整理、数据核对、文字校对工作；成书过程中，中国建筑工业出版社的范业庶先生、王砾瑶女士做了大量幕后工作。在此一并感谢！

最后，我们也要向广大读者表示感谢，感谢你们购买和阅读本书。建筑行业历史悠久、丰富多彩、博大精深，而我们水平有限、思考角度还不够多元、实践还不够丰富，对建筑业的理解和建筑企业的管理难以达到全面、系统、深刻、实战的程度，恳请大家多提宝贵意见，我们也会将本书不断更新下去，在第二版及后续版本中不断完善，我们知道没有最好，只有更好，希望我们的思考能为中国建筑业贡献一份力量！

中国建筑业太大，实践极其丰富，但离引领世界建筑业发展的大国建造还有差距，让我们一起努力，"路漫漫其修远兮，吾将上下而求索"！

作者

2020年春　上海